一本书读懂
中华商文化

厚德载物的中华商魂
智、勇、仁、强的商业精神

一本书读懂
中华商文化

刘 啸◎著

中国商业出版社

图书在版编目（CIP）数据

一本书读懂中华商文化 / 刘啸著 . — 北京：中国商业出版社，2018.2

ISBN 978-7-5208-0157-7

Ⅰ.①一⋯ Ⅱ.①刘⋯ Ⅲ.①商业文化 – 中国 – 通俗读物 Ⅳ.① F72-49

中国版本图书馆 CIP 数据核字 (2017) 第 327423 号

责任编辑：唐伟荣

中国商业出版社出版发行

010-63180647　　www.c-cbook.com

（100053　北京广安门内报国寺 1 号）

新华书店经销

北京晨旭印刷厂印刷

*

710×1000 毫米　1/16　17.5 印张　240 千字

2018 年 5 月第 1 版　2018 年 5 月第 1 次印刷

定价：48.00 元

* * *

（如有印装质量问题可更换）

序　言

中国人经商的传统像中国历史一样绵久悠长。秦汉前后的范蠡、白圭、吕不韦、桑弘羊，三国至唐宋时期的石崇、武三思、王安石，明清盛世的沈万三、郑芝龙、张允龄、胡开文，以及近代的乔致庸、胡雪岩、盛宣怀、荣宗敬、虞洽卿，当代的李嘉诚、王永庆、柳传志、任正非、张瑞敏、马云、李彦宏，都凭借其出色的商业智慧和经营才华获取了巨大财富，成为后人学习借鉴的楷模。

事实上，中国商人从一开始就表现出不同的地域文化特色。历史上，中国商人曾形成过十大商帮，各大商帮的经营项目、活动范围、商业理念各具特色。不同时期、不同地域的中华商人形成了独特的经营模式、商业智慧和财富理念，一直影响到现在。今天，伴随着全球化浪潮、电子商务的兴起，中国人正创造新时代的商业奇迹。

生意就是买和卖，做得好与坏不在于你付出了多少时间和金钱，而是取决于你有没有花费心思去琢磨对方的心理，因为买、卖是两种不同的学问。那么，究竟是什么因素决定了一个商人的成败？除了资金、技术这些硬件之外，哪些软件是华商驰骋商海的成功基因？在中国做生意有哪些规则与硬道理呢？

很简单，最根本的一点是——先做人，后经商。中华商文化的核心是在成功做人的基础上正确做事，进而在商业领域有所作为，拥抱财富梦

想,乃至实现经世济民的社会理想。有人说,做人与经商是两回事儿:做人要诚实,经商则多变。但诚实中不妨有些灵活,多变中亦不可丢失本分。要想在商业上取得成功,首先要学会做人做事,因为世情才是大学问。此外,天道酬勤、大胜靠德、诚信为本、开源节流……都是悠久的华商文化的应有之义。

马克思在《资本论》中指出:"一个社会不能没有商人,近现代社会更是如此。商人、商品和商业资本是推动社会发展的积极因素。"

本书全面、系统地梳理了中国从古至今的商业发展史、商业人物、商业事件、商业思想以及商帮文化,归纳总结出了中国商人本土化生存、发展、壮大的一般规律与经营智慧,提炼出了华商文化的要义,是现代创业者、企业家、管理者在商场一展宏图的重要读本。

目 录

上篇　华商文化溯源

第1章　商业简史：华商文化的历史起源与演化　　002

- 1. 部落交换是最早的商业体验　　002
- 2. 私有制的诞生孕育了商业　　004
- 3. 商朝划时代的"工商立国"　　005
- 4. 诸侯发展手工业催生了商品经济　　007
- 5. 秦汉"官商一体化"战略　　009
- 6. 三国纷乱背后商业暗流涌动　　011
- 7. 隋唐城市商业兴旺发达　　012
- 8. 伴随城市化发展的两宋商业　　014
- 9. 马可·波罗笔下的元代繁盛景象　　015
- 10. 明代迎来全民皆商时代　　017
- 11. 资本主义萌芽与行会组织发展　　019
- 12. 晚清票号业务开始勃兴　　021
- 13. 民国短暂的商业黄金时代　　022
- 14. 改革开放与全球化浪潮　　024

第2章　儒商文化：奉行"王道经营模式"　　027

1. 儒商如何构建信仰体系　　027
2. 儒商的修身之法　　029
3. 儒商的核心价值　　030
4. 儒商追求的理想人格　　032
5. 儒商推崇的经营策略　　033
6. 儒商企业文化建设　　035
7. 儒商的契约精神与礼乐文化　　037

第3章　佛商文化：以慈悲济世之心践行社会责任　　039

1. 读懂佛商的核心理念　　039
2. 用布施的行动获取财富　　041
3. 永远不做金钱的奴隶　　042
4. "有舍有得，大舍大得"的理念　　044
5. 慈悲事业是一世的修行　　046
6. 在建立自我中追求无我的境界　　048

第4章　道商文化：在尊重规律的基础上永续经营　　050

1. 陶朱公：中华道商始祖　　050
2. 经营者要有"上善若水"的品格　　052
3. "柔弱胜刚强"的智慧论　　054
4. 管理中奉行"无为而治"的理念　　055
5. 经商永远追求创新求变　　057
6. 多一些领导，少一些管理　　059
7. 在机遇面前要敢于取舍　　061
8. 心无二用是最大的发展智慧　　063

第5章 华商文化的精神：注重信义传统，坚守博爱美德　065

    1. 勤俭持家的传统　065

    2. 诚实守信的信条　067

    3. 开拓进取的精神　068

    4. 百折不挠的意志　070

    5. 灵活应变的策略　072

    6. 回馈社会的善举　074

第6章 中华商业老字号：百年老店基业长青的秘密　076

    1. 同仁堂：永远把产品质量放在第一位　076

    2. 胡庆余堂：以"戒欺"文化立世　077

    3. 瑞蚨祥：继承传统，开拓创新　079

    4. 成文厚：推陈出新，开放经营　080

    5. 绍兴女儿红：浓厚的历史文化底蕴　082

    6. 天福号：流程管理打造美味珍馐　083

    7. 茅台：成功源于独一无二的工艺技术　085

    8. 稻香村：前店后厂，自创经营模式　087

中篇　华商文化流派

第7章 晋商文化：以义制利成就天下第一商帮　090

    1. 跳出"小圈子"，晋商足迹遍天下　090

    2. 以义制利善结人脉，成就天下第一商帮　092

    3. "博大宽厚，包容并蓄"的商业精神　095

    4. 学徒制：构建人才圈子，打造团队优势　097

    5. 打破一切常规，让伙计顶身股　　　　　　　　　　100

    6. 招股共赢，持续拓展生意的边界　　　　　　　　　102

    7. 借助汇兑网络，获取丰厚回报　　　　　　　　　　104

第 8 章　徽商文化：兼具商人与文人双重身份的儒商　　108

    1. 靠诚信经营才能守住企业的未来　　　　　　　　　108

    2. 虽富犹俭，保持勤俭的好习惯　　　　　　　　　　110

    3. 薄利生财，聪明人的竞争方式　　　　　　　　　　112

    4. 经商第一是能吃苦，第二是会吃苦　　　　　　　　113

    5. "知人善任，以人为本"的经营之道　　　　　　　116

    6. 交情是做生意成功的资本　　　　　　　　　　　　118

    7. 未雨绸缪，生意头脑要灵活　　　　　　　　　　　120

第 9 章　秦商文化：恪守人硬、货硬、脾气硬的理念　　122

    1. 创业要有不怕牺牲的劲头　　　　　　　　　　　　122

    2. 深厚的文化传统是一种优势　　　　　　　　　　　124

    3. 敢做敢为的商业精神　　　　　　　　　　　　　　126

    4. 一旦看准机会就果断出手　　　　　　　　　　　　127

    5. 大商得道，小商得利　　　　　　　　　　　　　　130

    6. 吃是一种文化，也是一门生意　　　　　　　　　　132

第 10 章　豫商文化：发动商业大战是拿手好戏　　　　136

    1.《清明上河图》里藏着河南商业史　　　　　　　　136

    2. 豫商从来不会有止步的那一刻　　　　　　　　　　138

    3. 发动营销战是河南商人的看家本领　　　　　　　　140

    4. 商会资源是最大的竞争优势　　　　　　　　　　　142

5. 野蛮生长让河南商人更有竞争力　　144
　　6. 在"商德"的沃土里发展壮大　　147

第11章　鲁商文化：左手拿论语，右手拿算盘　　150

　　1. 深受孔孟文化影响的鲁商　　150
　　2. 有胆有谋，勇闯关东　　152
　　3. 吃苦耐劳，实干出业绩　　154
　　4. 鲁商发展的五个阶段　　158
　　5. 做生意推崇"以义制利"　　159
　　6. 大气做人，成就"大象经济"　　161

第12章　浙商文化：最有吃苦精神的草根创富商帮　　164

　　1. 借助家族的力量闯天下　　164
　　2. 到老乡群里扩展人脉　　166
　　3. 跑得勤，贵人才会离得近　　168
　　4. 为钱走遍天南地北　　170
　　5. 狼群战术，大家一致才能赢　　172
　　6. 走出国门，到海外建新圈子　　173
　　7. 敢做第一个吃螃蟹的人　　175

第13章　苏商文化：秉承温文尔雅的经商风格　　177

　　1. 无论出身怎样都要自强不息　　177
　　2. 共聚齐心做事的团队　　179
　　3. 一生只做好一个行业　　181
　　4. 稳中取胜是苏商最大的特点　　183
　　5. 坚持打造幸福企业　　186

　　6. 慈善是长征，而且永远没有终点　　189

第14章　粤商文化：奉行"商者无域"的生意经　　192

　　1. 利益交往，少空谈情义　　192
　　2. "商者无域"获取无限商机　　194
　　3. "专注"成就了今天的辉煌　　196
　　4. 快速结账，远离呆账、坏账　　198
　　5. "以钱生钱"才是经商的真谛　　199
　　6. 让家族生意"富过三代"　　201

第15章　闽商文化：海洋基因成就爱拼才会赢的天性　　204

　　1. 从蛇到龙的蜕变　　204
　　2. 爱拼才会赢的闽南商人　　206
　　3. 靠山面海，造就经商优势　　208
　　4. 借助文化图腾连接海峡两岸　　211
　　5. 一经承诺就要负责到底　　213
　　6. 共聚一群齐心创业的伙伴　　215

第16章　港台华商文化：借助家族纽带把生意做大　　218

　　1. 勤俭基因是发财的根本　　218
　　2. 台湾知识管理的典范　　220
　　3. 世情才是经商的大学问　　222
　　4. 经商要有不屈不挠的精神　　224
　　5. 从不惹事，但也绝不怕事　　225
　　6. 人弃我取，发现盈利之道　　227
　　7. 一分钱都计算清楚　　229

第17章　海外华商文化：低调、务实地走在成功的路上　231

　　1. 做事喜低调，做人不张扬　231
　　2. 抑奢从俭，去华存朴　233
　　3. 市场需要什么就做什么　235
　　4. 善于利用本地资源做生意　238
　　5. 成功是旅程，而非终点　240

下篇　华商文化趋势

第18章　电商崛起：新一代华商赢在互联网思维　244

　　1. 阿里巴巴与中国电商时代　244
　　2. 玩转微商，让钱包鼓起来　246
　　3. 开创颠覆式创新　248
　　4. 投身移动互联时代热潮　250
　　5. 利用直播软件赚取收益　252
　　6. 读懂"网红经济学"　254

第19章　商业趋势：将华商智慧与传统融入商业新世界　256

　　1. 中华复兴背景下的"一带一路"　256
　　2. 新时代呼唤"工匠精神"　257
　　3. 人工智能引发商业洗牌　259
　　4. 共享经济重构未来商业新模式　261
　　5. 掀起"大众创业、万众创新"热潮　262
　　6. 新零售带来的变革与机遇　264

上篇
华商文化溯源

第 1 章
商业简史：华商文化的历史起源与演化

1. 部落交换是最早的商业体验

在漫长的原始社会里，人们要面临各种天灾以及猛兽的侵袭，为了生存下去，人们不得不联合起来对抗自然灾害和猛兽，部落就是在这种情况下自然形成的。可以说，部落是原始社会最典型的社会组织。

在原始社会早期和中期，人们靠采撷果实、合力猎取禽兽为生，还没有形成社会分工，生产关系也是"公社集体所有制"。由于生产力低下，更不会产生剩余产品，当然也就不会有商品交换。

到了原始社会后期，生产工具得到了改进，生产力也得到了提高。在生产力的推动下，开始有了社会分工，不仅在部落当中出现了专门从事农业耕种、狩猎这样的分工，还出现了游牧部落从其他部落中分离出来的大分工。生产力提高之后，生产资料在满足本部落成员需求之后有了剩余。为了不让这些来之不易的生产资料浪费，也为了满足更多的需求，于是部落之间的交换行为开始偶然出现，个别的、偶然的、最为原始的"物物交换"出现了。

根据历史考察，我国早期的物物交换距今已经有六七千年的历史。属于早期仰韶文化的河南、陕西、甘肃省的村落遗址中发现了产于沿海地区

第1章
商业简史：华商文化的历史起源与演化

的海贝，这些海贝主要用来装饰，这就是自外地交换而来的物证。此外，在甘肃各遗址的墓葬中，除有沿海地区的海贝外，还发现了来自新疆的磨制玉片、玉缀，可见在这个时期，地区之间已经出现了交换关系。

据说，最初的物物交换是这样的一个过程：想要交换物品的部落会派出代表，把物品放在大家公认的交换场地，然后就找一个地方偷偷躲起来，不让前来参加交换的其他部落的代表看到自己。随后，其他部落的代表就会把要交换的物品放下，拿走自己需要的物品。等到对方离去之后，这位代表才会走出来拿走对方放下的物品。就这样，一次完整的物物交换就完成了。

到了原始社会末期，也就是父系氏族公社时期，手工业也发展了起来，制陶、纺织、酿酒等已经发展成为专门的行业，甚至一些地区的居民已经掌握了冶炼技术，生产力得到了极大提升。人类的社会组织形式，也由几个氏族公社组成一个部落，形成了专门从事农业生产、手工生产和畜牧业生产的部落。原始人类的产品除了满足自身需求之外开始有了部分剩余，为了获取自身没有的物品，在部落之间的边界上，开始了经常性、习惯性的物物交换。比如农业与畜牧业生产部落之间的交换，用蔬果换兽皮等。

《尚书·益稷》记载："懋迁有无，化居。烝民乃粒，万邦作乂。"这段话是说大禹曾经鼓励百姓贸易，将自己家里多余的东西拿出来交换。有虞氏部落首领舜也是一个擅长交易的部落首领，传说舜在做首领之前就曾因"顿丘（地名）买贵，于是贩于顿丘；传虚卖贱，于是债于传虚"而闻名。

《易经·系辞》有记载：（神农氏）日中为市，致天下之民，聚天下之货，交易而退，各得其所。这说明神农氏时有了交易的"市"，有"市"就会有"商"，各人也就会各得其所。

【华商生意经】

在交易地点、交易时间、交易的物品、交易的主体齐全的状态

下，人们以己之所余换己之所需，而己之所需恰为彼之所余，最终各取所需，都得到了满足，最早的商业活动也就在这个过程中应运而生了。

2. 私有制的诞生孕育了商业

《季氏将伐颛臾》中有"不患寡而患不均"，意思是说不担心分得少，但是却担心分得不均匀。但是到了原始社会末期，随着生产力的提高，生产资料有了剩余，如何占有和分配这些剩余的产品成了当时社会的主要矛盾之一。

在母系氏族公社时期，也就是原始社会早期，生产资料集中储存，生活必需品按公分配，部落成员也严格按照"公心"来对待分配，所以不存在多拿多占。当然，当时也没有多余的产品供给。到了父系氏族时期，虽然必要的生活用品和食物还在遵循平均分配的原则，但是部落首领在分配物品的时候已经有了优先分配的权利，逐渐地他就比普通部落成员有了更多的物品，"不患寡而患不均"的担忧成为了现实。剩余产品的不平均分配，直接导致了私有制的出现。而私有制的产生又为商业的形成奠定了基础，也是商业出现的前提条件。

随着权力观念的产生，部落的上层人物普遍认为自己比部落其他成员分配到更多的剩余产品是理所应当的事情。为了能够占有更多的剩余产品，他们还希望能够有"制度"来保护他们的"私心"，这就导致了私有观念的产生。

在父系氏族公社时期，比女性更加强权的男性掌握了社会权力，部落的首领开始认为女人也是自己财富和社会地位的象征。在那个时期，三皇五帝中的伏羲氏制定了"一夫一妻制"，这导致了家庭的产生，家庭的产生也就促进了私有制的产生。

手工业和农业的分工也是伴随着家庭的出现而产生的。恩格斯曾说：

第1章
商业简史：华商文化的历史起源与演化

"在野蛮的高级阶段，农业和手工业之间发生了进一步的分工，这就直接导致了一部分劳动产品的生产，而且产量日益增加。"家庭剩余产品的逐渐增多，使得个体之间的交换变得越来越迫切。

个体家庭的出现，也使得"人人为公"的观念逐渐淡化，取而代之的是"人人为我"的私有观念。个体利益以及私心逐渐成了社会的主导意识，这也使得原来的协同作业的公有制劳动形式发生了变化，逐渐演变成以家庭为单位的私有的个体经济。在这种经济结构作用下，以家庭为基础的私有财富结构逐渐建立了起来，也就是私有制的物质形态确立了。

在财富掌握到个人手里之后，随着生产力的不断提高，个人的私有财富也越来越丰富。而且在这个过程中，生产资料和生产工具也开始逐渐私有，归单个的家庭所有。由于产品剩余越来越多，部落之间的交换也越来越频繁，产品交换的频繁发生逐渐将原本发生在部落和氏族之间的交换推进到了以家庭为单位的个体交换。

在剩余产品交换的过程中，产品的所有权发生了转换，而在这之前私有观念已经形成，相应的，所有权的观念也就产生了。当人们承认彼此对交换的产品有了所有权之后，一项交换才算正式完成了。

【华商生意经】

分工不断细化，生产也不再是单单为了满足生活，产品有了剩余，个体家庭成为经济主体，占有的观念逐渐产生，这一切都为商业的产生打下了基础。正如马克思所说，"随着农业和手工业的分工，便出现了直接以交换为目的的生产，即商品生产——也就是商业产生了。"

3. 商朝划时代的"工商立国"

原始社会的物物交换带有了商业的一些特质，但严格意义上来说并不

是真正的商业。而真正的商业起源于何时，最有说服力的是商朝。

商朝的前身是一个居住在黄河下游的部落，商部落畜牧业发达，牲畜是商部落和外部交换的主要产品。相传，商部落的首领王亥就非常善于进行商品交换，他经常带着牲畜和其他部落进行贸易，而且获利颇丰。尝到了甜头之后，商部落成员就把交换商品当做了谋生的手段之一。

王亥后来还把生意做到了黄河北岸，不过在一次运送货物的途中被狄人有易氏杀害，货物也被抢走。王亥的儿子为父报仇，起兵攻打狄人，灭了有易氏，夺回货物，商部落的势力也扩大到了易水流域。而商部落的一部分人沿用了王亥的贸易路线、贸易手段，并加以扩展，最终产生了专门进行长途贩卖的商贾。

早期的时候，商人被称为"商"和"贾"，"通物曰商，居卖物曰贾。"这就是行商坐贾的说法。至于"商人"一词的由来，大多认为是在周灭了商之后。殷人善贾，周人重农。周朝很看不起四处做买卖的殷人，于是就蔑称殷人为"商人"，这是比较认可的"商人"一词的由来。虽然周朝看不起经商的殷人，但是也不得不依赖他们通过贸易让剩余产品流通起来。这也间接说明了殷人非常善于经商。

凭着精明的头脑和勤劳的品质，商部落生意做得风生水起，部落的势力逐渐扩大。到了王亥第七世孙汤的时候，商部落已经不仅仅局限于畜牧业，手工业和农业同样非常发达。而此时，夏朝已经走向衰败。夏朝最后一个帝王夏桀暴虐无道、荒淫无度，据说夏桀光女乐就有三万人，而且是"无不服文绣衣裳者"。

夏桀的无道也给商汤带来了机会，他鼓励商部落的妇女赶织"文绣纂组"，用来从夏朝那里换取大量的粮食。如此一来，不仅削弱了夏朝的实力，而且扩充了自己的势力。后来商汤起兵攻打夏桀，灭了夏朝，建立了商王朝。由于商业贸易为自己部落夺取政权提供了极大的帮助，所以商朝对商业非常重视。在商朝，商业得到了空前的发展，变得日益成熟。

商朝时期的商业还是集中在城邑里，城邑里有常设的"市"，"市"当中还设有各种"肆"。相传，姜太公在遇到周文王之前，就曾在商都朝歌

第1章
商业简史：华商文化的历史起源与演化

和孟津的"市肆"中做过负贩、屠宰和卖酒的营生。

当然，商朝不仅重视商业，还重视手工业、农业、畜牧业的发展。以手工业为例，商朝的制陶业与以前相比有了很大进步，不仅有大批量生产的大路货，也有专门为上层社会制造的精美陶器。另外，青铜冶炼技术也已非常纯熟，能够打造出精美的青铜器皿，也能冶炼出坚韧、锋利的青铜器具。商朝后期的后母戊大方鼎（原称司母戊大方鼎）就是这一时期的杰出代表作。

【华商生意经】

在商业、手工业、农业等良性循环下，商朝的经济呈现出良性发展。"商"文化在这个过程中得到了丰富，并发展到了新的高度，商朝也藉此成为当时世界上著名的文明大国之一。

4. 诸侯发展手工业催生了商品经济

原始社会晚期，手工业从农业中分离出来。但是手工业自从产生之后，就一直把控在上流社会手中。原始社会晚期，手工业被部落首领以及部落中的"特权阶层"掌握，生产出来的手工业产品也都由他们来支配。到了夏商时期，手工业也是被奴隶主和贵族来掌握，王室和各属国的奴隶主垄断了多种多样的手工业，生产出来的产品极大地满足了王室和奴隶主，他们之间并不需要什么交换。但是王室和奴隶主无法消耗掉所有的产品，产品出现剩余，就需要和外部进行交换。另外，为了进行手工业生产，王室和奴隶主也需要从其他地方换来生产资料进行生产，手工业的出现促进了商品交换。

周武王灭商之后建立西周，西周的手工业状况和商朝区别不大，实行"工商食官"的制度，指当时的手工业者和商贾都是官府管的奴仆，他们必须按照官府的规定和要求从事生产和贸易。在这种制度下，周王室和诸

侯都有官府管理的各种手工业作坊，属司空管辖。在官营工商业之外是否存在私营工商业，目前在学术界还没有统一的说法，但是当时民间的商业活动相比农业来说，显得比较弱小。

"商品经济"在原始社会已经萌芽，但是到春秋中期一直维持在一个比较低的水平。其实严格来说，当时只是具备了商品经济的一些特点，并不是严格意义上的商品经济。商品经济真正形成的时期，应该是春秋中后期。

春秋战国时期是一个诸侯纷争的时期，此时周王室衰微，失去了控制诸侯的力量，形成了"礼乐征伐自诸侯出"的局面。诸侯国之间战乱不断，互相兼并。为了能够在战争中立足，也为了能够富国强兵，走上霸主的地位，诸侯国采取了多种措施鼓励发展经济，巩固实力，增强统治。鼓励发展手工业，施行重商政策就是其一。

商品经济的繁荣发展必定会给国家带来大量的税收，这对增强国家实力非常有利。另外，随着生产力的发展和社会分工的更加精细，手工业的发展已经达到了一个很高的水平，剩余产品的增加，使得商业活动越来越成为社会经济生活的重要组成部分，政府也在逐渐失去对商业的控制。在这个过程中，就出现了专门为了商品买卖的生产者，商品经济也就在这个时候正式形成了。

生产力的发展，也进一步促进民间私人手工业的发展，政府对手工业商品交换的控制越来越弱。到了战国时期，手工业的经营方式主要有四种：一是个体经营的小手工业蓬勃发展起来，这些个体经营的小手工业是专门从事商品生产，为贸易的流通提供产品；二是"豪民"经营的大手工业迅速崛起，主要从事采矿、冶铁和煮盐，对开发山林川泽作出了巨大贡献，也为国家提供了大量税收；三是与农业相结合的家庭手工业普遍存在；四是官营手工业的规模越来越大。值得一提的是，在商品经济发展的过程中，诸侯国金属铸币逐渐兴起，金属铸币的大量流通为商业的繁荣提供了极大的帮助。

另外，商人对于诸侯来说也变得越来越重要，他们的身份逐渐被认可，取得了和市、农、工同等的社会地位。理所当然，商业贸易也越来越被重视，成为国家经济不可或缺的部分。

【华商生意经】

诸侯国意识到了经济对政治的重要作用，进而采取一系列重商政策，使得春秋战国时期的经济逐渐繁盛起来。

5. 秦汉"官商一体化"战略

秦始皇统一六国之后，华夏实现了地域上的统一。随后，秦又统一了货币、文字、度量衡、车轨。伴随着这些形式上的统一，巩固了秦朝的农业、畜牧业、手工业，商业经济也出现了繁荣景象。尤其是货币的统一，改变了当时市场上货币混乱的局面，极大地便利了全国各地的商品流通，推动了商品经济的发展，也为商人提供了许多便利。同时，货币的统一对国家税收的征收提供了很大的便利。

从战国时期我国就进入了封建社会，整个封建社会推行的最基本的经济政策就是"重农抑商"，这是因为小农经济是中国封建王朝建立的基础。虽然生产力的发展不断推动工商业的发展，但是政府方面却一直推行重农抑商的经济政策。虽然封建王朝承认了商人的地位，但是商人的地位并不高，排在了士、农、工之后。

当然，国家的抑制并不能阻止商业前进的脚步，尤其是在西汉初期，出于政治和经济的需要，政府不得不推行了一系列鼓励商业的政策。

西汉初年的重商政策主要是出于政治考量，由于连年战乱，国家财力紧张，据说当时皇帝出行都找不到四匹颜色相同的马，大臣出行更是只能乘坐牛车，国力贫乏可见一斑。为了缓解财政上的困难，国家确实需要富有的大商人的支持。

另外，在汉代初期，国家实行了轻徭重赋的政策，在一定程度上，这

项政策的实行也离不开商人和商业的支持。农民要以货币形态缴纳各种"赋"钱，他们就需要出售大量农产品以及劳动力，有时候还需要借高利贷，这一切都离不开商人手中持有的大量货币。还有，政府也需要购买大量的生活用品，或者其他的花销，而这些也需要通过商人和商业来实现。所以说，虽然政府重视农业，但是却又离不开商业经济的发展为国家提供的大量财政收入。出于这些考虑，即便是统治者不想重视商业、不想依赖商业也不行，因为商业的发展为他们的统治提供了基础。

战争使国家积贫积弱，但是一些富商巨贾手中却掌握了大量的财富。这些商人巨大的财力物力，也使得政府不得不实行重商政策。因为这些富商已经影响到了社会的方方面面，即便一些"国君"、官吏都要从他们手中借贷。

富商们手中虽然掌握了大量的财富，不过他们的身份地位并不高，所以一些富商开始买官，以此进入仕途，提高自己的社会地位。而西汉的惠商政策中也有卖爵政策，这也就造成了官商勾结，有些官员甚至直接进行商业活动，在宅邸中设立"市"。这种非法的商业活动和权力勾结可以说是当时社会的一大特点。

国家虽然推行了一系列重商政策，但是并没有放松对经济的宏观调控，一些事关国家命脉的行业被牢牢掌控在国家手中。而且国家也意识到了官商勾结对国家的危害。尤其是汉武帝时期，实行了一系列严厉措施来打击这种官商勾结的行为。

【华商生意经】

改革措施不仅维护了广大普通商人的利益，维护了正常的商业秩序，也使得国家开始更多的介入到商业活动中去，开始分割那些大商人的利润。国营经济的发展也使得国家对大商人的依赖大大降低，国家在商业政策上更自主。

6. 三国纷乱背后商业暗流涌动

东汉末年，政治腐败，战乱四起，军阀再次割据混战。在这种政治格局下，商业的发展自然受到了影响。一直到曹操平定了北方之后，这种情况才有所好转。

当然，并不是说战乱时期，商业就没有发展的空间。实际上，虽然当时三个国家呈割据之势，彼此之间呈对立的态势，但是民间的商业活动却从来都没有中断过。许多商人还在四处奔走，商业的发展虽然受到了一定的影响，但是在全国各地依然能够看到各种商业活动。

不仅仅是民间的商业活动不曾中断，即便是三足鼎立的魏蜀吴之间也没有断绝了贸易的往来。《吴主传》中有记载："魏使以马求易珠玑、翡翠、玳瑁。权曰：'此皆孤所不用，而可得马，何苦而不听其交易。'"魏国和吴国在商业上有一定的互补性，魏国的君主喜好海外的奇珍异宝，而吴国却缺少马匹等战略物资，双方的互补需求也为两国之间的商业活动提供了机遇。

另外，《丹阳记》中有记载：江东历代尚未有锦，而成都独称妙。故三国魏则市于蜀，而吴亦资西道，凡此诸端，实为蜀、魏、吴通商之明证。由此可见，在三国战乱时期，三个国家由于对对方的物资有需求，彼此之间的商贸往来还在继续。

当然，这只是上层之间的贸易。对于平民百姓，统治者禁止三国百姓互通有无。不过尽管统治者不允许民间私自交易，但是边境上的互市依然存在，这样的互市不仅仅是平时存在，即便是在战争爆发的时候也未曾断绝。通过互市，一些和生活相关的必需品就在三个国家之间流动开来。不难看出，虽然当时的政治环境并不理想，但是商业活动却依然存在，并且还在缓慢地发展。

不理想的社会环境并没有中断商业的发展，而且在政治和商业活动中，一些大商人也扮演了重要的角色。比如刘备起兵之初，中山大商张世平、苏双正巧在涿郡贩马，他们看中了刘备的政治才干，于是就赠予刘备

大量钱财和马匹,帮助刘备招兵买马,扩充实力。后来刘备在徐州遭到重创,世代经商的糜竺又站了出来,他不仅把妹妹嫁给了刘备,还赠送给刘备奴客二千,并资助他大量钱财,让其东山再起。

糜竺并没有什么政治才能,但是却善经商,家底丰厚,所以曹操、陶谦等人对他都青睐有加。陶谦为徐州牧的时候,糜竺做了他的佐使。陶谦病故,糜竺就根据陶谦的遗嘱,迎刘备为徐州牧。后来糜竺又跟着刘备投靠了曹操,曹操对糜竺兄弟许以官职,但是糜竺兄弟忠于刘备,并没有上任。由此可见,当时的富商巨贾在统治者眼中依然有很高的地位。

另外,为了增强国力,在战争中占得上风,三个国家也采取了一些措施来鼓励商业的发展。所以说,大的环境虽然不理想,但是商业还是取得了一定的发展。

【华商生意经】

三国时期的战乱没能中断国内的商业往来,而且就连中原和西域的商贸往来也没有中断。各国商人冒着战争的风险,长途跋涉,在刀光剑影中依然进行着商业活动,将商品运送到各地,满足人们的需求。

7.隋唐城市商业兴旺发达

城市的繁荣,一个重要的标志就是商业的繁荣。

在西汉时期,全国有六大商业城市。都城长安是当时全国的商业中心,也是和西域各国通商的中心;临淄是齐鲁地区的商贸中心、纺织中心,人口也比长安多了十万有余;河南地区的商贸中心一向是洛阳;邯郸是河东、河内的商业中心,有"富冠海内"之称;南阳的冶铁极为发达;巴蜀一带的盐、铁、布在成都集散。

东汉末年,战乱频繁,这些繁华的商业中心屡有迭起。一直到隋唐

第1章
商业简史：华商文化的历史起源与演化

时期，这些商贸中心才又见辉煌，尤其是长安和洛阳，分别成为首都与陪都。长安的繁华一时无两，成为最大的商业中心，也是和西域各国进行贸易的中心。

可以说，隋唐时期是我国商业的又一兴盛时期。在这个时期，国家统一，统治者减免关税，生产关系得到极大改善，生产力也快速发展，这些都为商品的流通提供了基础。这一时期商业日趋兴旺，其中最重要的标志就是城市商业兴旺发达。

在隋唐时期，国内出现了一批具有代表性的商业城市。比如广州、扬州、长安、洛阳等等。在京杭大运河开通之后，东都洛阳日益成为往来商船的集散地，成为南北物资的集散地。史书有记载："商贾贸易车马，填塞于市。"可见商业贸易之活跃。

另外，丝绸之路以及海上贸易之路的开通，使得这些城市"街道上中外商贾云集，市肆店铺各有专营"，甚至还出现了为商业服务的"银行"——钱庄，这是我国出现的最早的金融机构，比西方国家的金融机构要早六七百年。

文献中非常详细地记载了当时城市商业繁荣的景象："天下之舟船所集，常万余艘，填满河路。商贾贸易车马，填塞于市。诸番酋长入朝者，常请于东市交易，炀帝许之，先命整顿市肆，檐宇如一，咸设帷帐，珍货充集，人物华盛。卖菜者，籍以龙须席。胡客或过酒食店，悉令邀延就座，醉饱而散，不取其直。"这段话描绘了当时城市商业的繁荣，天下的车马都汇集到一些大的商业城市中，进行各种各样的买卖。不单单是陆上贸易繁盛，通过海上通道，世界各地的商船也来到这里集散，甚至会出现万艘商船齐至的壮丽景观。

到了唐代后期，南方的商业城市也兴盛起来。像苏、杭二州，人口曾一度高达十万户。更值得一提的是扬州，已经成为当时国内最大的商业城市——"商贾云集""富庶甲天下"。

当时的城市实行坊（住宅区）市（商贸区）分社的制度，在隋唐时期仍然保留。市内建市楼，市官在市楼内办公，以"察商贾货物买卖"。

013

【华商生意经】

随着城市商业的快速发展，商业活动逐渐打破了市的格局限制，市四周各坊、主要道路以及城门附近也出现了各式各样、大大小小的店铺。坊市格局被打破之后，人们不再按时进市，到了夜晚，街上还会有人。为了适应这些人的需求，于是就出现了小的摊贩。就这样，延续了两千多年的坊市格局被打破，形成了以街道为中心的城市商业格局。

8. 伴随城市化发展的两宋商业

宋朝是中国历史上一个别样的朝代，它从来没有真正意义上实现过华夏一统，但是却在经济、文化、科技等方面大放异彩。城市的设立已经不再是单单为政治服务，而是发展到了为商业服务而设立城市的新时代。

在隋唐时期，坊市制度依然盛行，但是到了宋朝时期，坊市制度已经基本解体。可以说，打破坊市制度的限制，是宋元商业的典型特征。从北宋开始，在城内城外都可以看到商业店铺，而且同一行业的店铺往往集中在一处，小商小贩、沿街摊点也非常普遍。

宋代画家张择端的《清明上河图》十分生动地再现了北宋都城汴京的繁华景象。画中以高大的城楼为中心，两边的屋宇鳞次栉比，有茶坊、酒肆、脚店、肉铺、庙宇、公廨等等。商店中有绫罗绸缎、珠宝香料、香火纸马等的专门经营，此外尚有医药门诊、大车修理、看相算命、修面整容，各行各业应有尽有，大的商店门首还扎"彩楼欢门"，悬挂市招旗帜招揽生意，街市行人摩肩接踵，川流不息。

北宋的都城汴京在当时是闻名世界的大都市，伴随着坊市的解体，街市也悄然生成，在这之后，城市商业活动不再受时间和地点的限制。基于这种变化，导致了城市整体变革，不仅是城市的功能性划分出现了变化，城市的整体布局结构也出现了变化，这些都使得中国古代的城市更加完善。

在当时，坊市制度完全解体，市场已经不再受限制，于是就朝着最有利于市场的方向发展，并借助一切有利的条件迅速成长壮大。两宋时期，大到豪华都市，小到一般城市，基本都有了专门用于商业交易的街市。

宋代的街市管理相对宽松，一些普通人也可以在街边开店，招揽生意。这种有别于以往的商业布局，极大地丰富、繁荣了商业城市。从某种意义上来说，这也是我国古代城市的革命性的变革和发展。

街市的出现虽然打破了坊市的限制，但并不是说两宋时期的城市中没有了集中交易的市。两宋的城市和以前相比还有一个明显的变化，就是夜市出现，并演变成常态。在宋代以前，官府实行宵禁，严禁夜市。有史书记载，宋太祖赵匡胤曾下令：京城夜市至三鼓已未不得禁止。自此之后，夜市不断发展壮大。到了徽宗时期，夜市变得更为繁华，有些地段甚至通宵达旦，人声鼎沸。一些酒楼、茶肆、饭庄也是通宵营业，还出现了大型的娱乐场所——瓦子，以及一些妓馆等等。

到了南宋，虽然其偏安一隅，但是城市的发展并未受到影响，反而更加完善。以当时的都城临安为例，城市的布局堪称完美，许多商业街都是通宵营业，临安甚至被称作"东南第一州"。可以说，南宋是古时杭州最为辉煌的时期。

【华商生意经】

在北宋出现了我国历史上最早的纸币——交子。交子的出现极大地方便了商品的买卖，尤其是商人之间的大额交易，不用再担心搬运铸币的麻烦。

9. 马可·波罗笔下的元代繁盛景象

中国历代封建王朝不实行抑商政策的寥寥无几，而元朝就是其中之

一，也由此带来了元朝商业的繁华，国内、国外的贸易异常发达。

元代的一些文人墨客的作品中也有对都市繁华商业的描写。欧阳玄的一首《渔家傲》中描写了九月的元大都花卉市场的盛况，其中有"一本黄花金十锱，富家菊谱签银榜"的记载，大意是说一株菊花的价格高达十两银子，但是富贵之家还是纷纷到花厂下订单。这也从侧面反映了元大都商业的繁茂。

另外，黄仲文的《大都赋》也生动地描写了元大都的繁华。"论其市里，则通衢交错，列巷纷纭。大可以容百蹄，小可以方百轮，仿可见，佛而闻。城南之走城北，去而晨，归而昏。华区锦市，聚万国之珍异；歌棚舞榭，选九州之秀芬……"文章描绘了元大都经济繁荣的景象，虽然有溢美之词，但是与其他史料相佐证，也基本符合当时的情形。

忽必烈宠爱的外臣、真金太子的好友意大利人马可·波罗也对元大都有过精彩的描述。马可·波罗于1275年到达元朝的首都，与元世祖忽必烈建立了友谊。他在中国游历了17年，曾访问当时中国的许多古城，到过西南部的云南和东南地区。回到威尼斯之后，马可·波罗在一次威尼斯和热那亚之间的海战中被俘，在监狱里口述旅行经历，由鲁斯蒂谦写出《马可·波罗游记》。

> 应知汗八里城（汗八里，蒙古语，指元大都，今北京）内外人户繁多……郭中所居者，有各地来往之外国人，或来贡方物，或来售货官中……外国巨价异物及百物输入此城者，世界诸城无能与比……百物输入之众，有如川流不息。

> 仅丝一项，每日入城者有千车。用此丝制作不少金锦绸绢及其他数种物品。

> 此汗八里大城之周，有城二百，位置远近不等。每城都有商人来此买卖货物，盖此城为商业繁盛之城也。

在马可·波罗的口述中，元大都几乎就是用黄金当地砖的天堂，其富丽堂皇在当时世界上无出其右。当然，马可·波罗的叙述并不局限于元大都，而是将元朝全国商业的盛景尽数口述给了鲁斯蒂谦。

第1章
商业简史：华商文化的历史起源与演化

《马可·波罗游记》在欧洲一经推出就引起轩然大波，有怀疑的，但更多的是想要去元朝一探究竟，也可以说是想前去淘金。

元朝的商业之所以能有如此盛况，一方面是元朝的统治者没有实行抑商政策；另一方面，大一统的格局，为农业、畜牧业、手工业、商业的发展提供了一个和平、稳定的大环境。再加上元朝的统治者重视商业的发展，采取积极的商业政策，也为商业的发展做了大量的工作。比如，他们鼓励通商，对于通商会给予一定的奖励，并且减轻了商人的赋税，这些都给了商人更多的利润空间，也就极大地刺激了商人的积极性。

【华商生意经】

可以说，元朝统治者做了许多促进商业发展的工作，极大地促进了商业的繁荣。在元朝，具有封建特色的自然经济开始逐渐瓦解，商品经济反而上升到了一个新的高度。

10. 明代迎来全民皆商时代

和元朝一样，明代也是一个重视商业的朝代。明朝人的商业意识比前代要高出许多，尤其是到了明中叶之后，社会上经商的风气特别浓厚，就连一向都瞧不起商人的文人也开始涉足商场。他们有的兜售字画，有的给商人撰写碑文、墓志铭，也有的编纂图书卖给读书人，这些人在经商的过程中都获利颇丰。

商业在整个社会经济中的地位不断提高，这是明代商业发展的一大特点。当然，商业的发展也给国家带来了大量税收，这也促使政府更加重视商业。可以说，在明代的时候，商业已经在国家政治经济生活中具有了较高的地位。

商业地位的提高也带动了商人地位的提高，而且统治者也不像以前的朝代那样歧视商人。比如实现贞观之治的唐太宗就说过："工商杂色之流，

假令术逾侪类……止可厚给财物，必不可超授官秩，与朝贤君子比肩而立，同坐而食。"可见，在盛世唐朝，商人也是被歧视的，商人不能做官，不能参与政治，这就极大地限制了商人的权利。

到了明朝，即便是明朝初期，统治者们对于商贾的限制就已经开始减少了。朱元璋曾表示，商贾不仅仅是服务于民间的，也是服务于官府的，这就在一定程度上提升了商业的地位。另外，在明代之前，商人的后人是不可以读书的。朱元璋认为这很不合理，于是就让儒士专门编书教育商人的子弟。明成祖朱棣也很重视商业，曾多次减免商人税收。统治者的鼓励让商人的地位大幅提升，他们也就更加放心大胆地从事商业活动。

所以，在明朝的时候，人们并不歧视商业活动，反而踊跃参与到商业活动中去，就连妇孺也加入到了商业活动中。在浙江，一些乡间信奉观音，在观音诞会举行许多活动。在这个时候，一些妇女儿童看准商机，出售一些纸锭、香烛，换取钱物。在江南，农历十二月二十四是传统的祭灶日，在这一天，许多儿童拿着画有灶王神像的纸画在市场上叫卖。

到了明朝中后期，"恤商""重商"的风气弥漫到社会的方方面面。加上此时明朝已经建国百余年，社会安宁，盗贼不作，人口繁多。这种自然经济和政治环境的稳定，给商业的繁荣奠定了基础。明代的戏曲家何良俊有过这样的描述。

> 昔日逐末之人尚少，今去农而改业为工商者三倍于前矣；昔日原无游手之人，今去农而游手趁食者又十之二三矣。大抵以十分百姓言之，已六七分去农矣。

何良俊所言也许有夸大的成分，但是"去农而改工商业者"与以前相比确实增加了许多。大量农民脱离土地转而进入工商业，使得这一时期的城市手工业和农村手工业都有了显著的发展，手工业的发展也拉动了商业的繁荣。

第1章
商业简史：华商文化的历史起源与演化

【华商生意经】

明朝重商的风气使得明朝的经济取得了长足发展，其结果也令人感慨不已。当整个社会对经商持支持和赞同的态度时，尤其是统治者支持商业的时候，商业的发展就会非常快。可以说，明朝确实已经有了全民皆商的意识，这种商业意识的延续和发展，在我国商业史上也留下了非常靓丽的一笔。

11. 资本主义萌芽与行会组织发展

明朝"重商""恤商"政策带来了商业的繁荣，也促使了资本主义萌芽形态的出现。不过因为各种原因，资本主义并没有在中国发展起来。

到了明朝中后期，商业已经非常繁盛，商品经济发达，手工工场的规模也不断扩大，加上变法和徭役制度的改革，一方面民众可以通过缴纳一定的钱财代替徭役，而且政府对农民的人身束缚也大大减轻，农民有了一定的人身自由，他们可以接受工场主的雇佣，出卖自己的劳动力。尤其是纺织业比较发达的江南，雇佣劳动变得非常普遍。

《醒世恒言》中有这样的描述。

苏州府吴江县离城七十里，有一个乡镇，地名盛泽。镇上居民稠广，土俗淳朴，俱以蚕桑为业。男女勤谨，络纬机杼之声，通宵彻夜。市上两岸绸丝牙行，约有千百余家，远近村坊织成绸匹，俱到此上市。四方商贾来收买的，蜂攒蚁集，挨挤不开，路途无伫足之隙；乃出产锦绣之乡，积聚绫罗之地。江南养蚕所在甚多，惟此镇处最盛。

这段话反映了当时苏州地区的丝织业非常发达，丝绸贸易也非常繁华，可以说这是当时中国商业最为发达的地区。

江南地区从事丝织行业的大都以夫妻店开始，他们开始的时候只有

一张织机,夫妻二人通力协作,共同努力。积累了一定的资产之后,他们就开始扩大生产,购买更多的织机,并雇佣其他人来进行生产,最后成为拥有数十张织机的工场主。其实这个过程也展现了资本主义萌芽诞生的过程——小生产者通过资本积累扩大生产。

这种雇佣劳动的现象在明朝后期就已经极为普遍,一位地方官员曾在他的作品中有过这样的描述。

我吴市民罔籍田业,大户张机为生,小户趁织为活。每晨起,小户百数人,嗷嗷相聚玄庙口,听大户呼织。日取分金为饔飧计。大户一日之机不织则束手,小户一日不就则腹枵,两者相资为生久矣。

其中的"大户""小户"大概就是资本主义早期手工业作坊中的雇主和雇工了。

在商品经济快速发展的过程中,一些规范行业秩序、分配社会资源的团体组织——行会组织出现并不断发展壮大。

中国的行会组织在隋唐时期就有了雏形,并且不断发展。经过一千多年的成长,到了明清时期,行会组织的规模已经非常大,而且发展得也非常好。到了清朝的时候,在一些大城市里,行会组织非常有实力,行会组织内部的行规也越来越规范,能够更好地服务于行业。

行会组织的存在,对商业的影响非常大。行会规定了关于学徒、帮工的限制,有关于非行会手工业者的排斥,对于市场上的价格、工资水平、生产资料的调配等等都有限制和管控。对于行会会员来说,他们可以借助行会发展壮大自己,通过行会维系自己的利益。当然,行会组织确实保护了行会会员的利益,对商业活动有一定的帮助。不过行会组织也在一定程度上限制了商业活动的发展,因为有许多行会组织各自为战,极大地浪费、分化了商业资源。

【华商生意经】

不管是资本主义早期手工业作坊,还是行会组织,在重农轻商的封建社会是不可能持续发展下去的,只能是以初级的、萌芽的状态出现,因为封建社会是不会孕育出近代工业的。

12. 晚清票号业务开始勃兴

票号开始于清朝初期,繁盛于清朝晚期,是一种专门经营货币汇兑业务的金融机构,类似于今天的银行。票号的总部一般设在北京,在全国各地都有分号,发行的庄票在各地都可以兑付。由于经营、管理票号的多是山西人,因此也称为"山西票号"或"山西票庄"。

票号之所以最先在山西兴盛起来,一方面是因为山西商人的资本积累已经非常雄厚,就连慈禧太后都找山西人借钱还国债;另一方面是山西商人大多从事长途贩运业务,商品流转和资金流转比较慢,而且需要垫付大量资金,如果资金不足就只能从社会上借高利贷。为了满足商人资金上的需求,山西商帮创办了账局,经营存放款。账局也就是票号的基础。最后,山西的商号遍布全国,每年统计商号盈亏都需要拉回山西总号进行统计、分红,总号和分号之间也有大量的资金调拨,如果雇佣镖行护送现银,则极不安全,所以,经营货币汇兑业务的票号就诞生了。

票号的首创者是平遥商人雷履泰。雷履泰是天津日昇昌颜料铺的经理,考虑到远道运送现金既困难又不安全,于是就尝试用汇票来结算和日昇昌有业务往来的商铺的账目。起初,这个方法只是在重庆、北京、汉口、天津试行。后来,雷履泰看到经营汇兑业务收入非常可观,于是就把兼营汇兑业务的日昇昌改为专营汇兑业务。由此,日昇昌以专营汇兑业务的票号载入史册,而雷履泰也成为公认的票号的创始人。

受到日昇昌的影响,在山西平遥、太谷、祁县等地,许多当地的商人

也发现了票号的商机,他们开始集资,共同开设一个票号。从此,票号不断发展壮大,逐渐成为一个行业。

到了道光年间,票号的影响力已经非常之大。江苏巡抚陶澍在道光八年(1828年)曾言:"每年从山东、山西、河南、陕西、甘肃等地来苏州买货的银款多达数百万两。各省商贾俱系汇票往来,并无现银运到。"而当时进行汇票往来的主要机构就是票号。

票号能够迅速发展壮大,根本上是因为他们的信誉非常高,而且在票号内部也有着严格的管理,票号对客人的秘密严格保守。这就吸引了一大批达官显贵将他们的钱财存入票号,因为他们不想让其他人知道自己到底有多少钱。

清朝时期,市场上流通的货币以白银和铜钱为主,但是这两种货币灵活性不强,而且对市场的反应不敏感,兑换率也不稳定,这些都影响着商业的发展。到了清朝晚期,鸦片战争之后,银票和钱钞这样的纸币相继出现,而最先发行这些纸币的就是票号。后来政府开始发行纸币,也称为"银票"和"钱票"。

【华商生意经】

到了19世纪70年代,政局动荡,加上经济危机,许多票号出现了挤兑风潮,无力支付挤兑风潮的票号纷纷倒闭。辛亥革命之后,票号生意越发衰落。民国初期,票号正式退出历史舞台,完成了它既喜且悲的一生。

13.民国短暂的商业黄金时代

辛亥革命之后,中国开始了共和年代,但是新政权也接收了旧社会留下来的烂摊子,千疮百孔的经济状况让国人感慨不已,尤其是破败的金融行业,更是让人唏嘘不已。

第 1 章
商业简史：华商文化的历史起源与演化

当时的实业家，有"棉纱大王"之称的穆藕初曾感慨，实业虽为社会所需要，然而依赖于金融业的调剂，纵览各国历史，农工商百业发展之主因，无不以金融机关为入手先著。金融与百业发生之关系，无异乎血脉与人体。血脉旺则人体健，金融流通无滞，而后百业始有发挥之余地。

有感于金融业对国家的重要性，一批像穆藕初一样的爱国实业家投入到了金融行业。尤其是在1916年前后的上海，这是中国金融业最为发达的地方，在这里形成了一个强大的银行群体，这些银行的管理者多是江苏和浙江一带的留洋学生。他们在国外受过系统的金融方面的教育，也有过在国外银行的从业经历，这些对他们的帮助非常大。这些人对国际金融规则了解透彻，又能结合中国国情，他们认为要想实现中国经济复兴，需要把工商业作为经营的重点。比如中国银行上海分行的行训之一就是"辅助工商"——抱定辅助工商实业的宗旨，凡可以增加国民生产力、改进国民生活的事业，当尽力为之。

于是，在各方的努力之下，民国时期，中国的商业再次出现了一个高涨的时期，虽然时间比较短，但也取得了不俗的成绩。这一时期，中国也出现了一批实力雄厚的实业家。

比如荣氏兄弟（荣德生、容宗敬），他们从晚清时期就开始创办实业。在第一次世界大战期间，他们的企业蹿升为中国面粉和棉纱两个行业的龙头。他们的"兵船牌"面粉具有国际竞争力，曾经在欧美和东南亚都有销售。1919年前后，"兵船牌"更是已经变成了世界知名品牌。他们创立的棉纱品牌叫"人钟牌"，上海的棉纱交易所，曾经就以此为标准进行交易。

荣氏兄弟在上海、无锡、汉口等地创办了大量实业，纺织行业有9家企业，面粉行业有12家企业，还有其他一些附属企业。在面粉和纺织行业，荣氏兄弟占据了半壁江山，即便在外国的知名企业家眼里，荣氏兄弟的实力也不容小觑。

1912年，荣德生在家乡无锡太湖旁边种了3000棵梅花，建了一个公

园,就叫梅园。从一开始这个梅园就不是私家园林,建好以后就开放,任何人都可以不用买门票进入。

当然,荣氏兄弟不仅仅在实业方面有所建树,他们还致力于教育事业。他们在无锡办了许多学校,有4所男子小学、4所女子小学,还创办了工商中学和一个"豁然洞"读书处,读书处就在梅园里。后来他们还建立了江南大学,为中国培养了一大批人才。

【华商生意经】

在民国的黄金时代,实业家、金融家共同创造了一个璀璨的年代。金融家的活跃为实业家的发展提供了充足的资金,进一步推动了民族工商业的发展,为中国创造了大量的财富。商业的发展也为金融业的发展提供了强有力的支持。

14. 改革开放与全球化浪潮

中华人民共和国成立之后,经过几年时间的改造,逐渐形成了单一的公有制经济体系,中国的农业、商业、手工业在这个过程中得到了复苏,并取得了不小的成就。但是随后到来的三年自然灾害,以及"文化大革命"十年浩劫,给中国经济带来了毁灭性的打击,甚至一度到了崩溃的边缘。

"四人帮"被粉碎之后,百废待兴。1978年,中国共产党十一届三中全会召开,会议肯定了"解放思想,实事求是"的思想路线,逐步推行改革开放的政策。在商业领域,国家推行了"三多一少"的举措,特别是实行了"多种经济成分"共同发展的举措。这些举措使得中国的经济迅速地活跃起来。

改革开放的政策推出之后,国家一方面对国营商业、供销社进行改造,一方面逐步放开国内市场,让私人经营和小商小贩迅速地活跃起来。经过将近二十年的发展，到了 1996 年，全国私营商业达到了 19.8 万户，从业人员多达 165 万；个体商户更是超过了 1000 万，从业人员将近 2000 万。

随着私营商业和小商小贩的活跃，中国的经济逐渐复苏。而社会主义市场经济体制的进一步推进，政策的进一步放宽，使得中国逐渐形成了国营、国有控股、供销社、中外合资、私营商业共存的商业形态。多种经济形态共同存在，相互竞争，相互合作，极大地激活了市场，使得中国的经济在短时间内实现了飞跃。

1978 年前后，中国商业实现了从统配统销到自由流通、从直接控制到间接调控、从国有集体一统到私营为主、从单一业态到多样化的转变，中国商业迅速完成了市场化的飞跃。不仅给经济发展注入了活力，也改变了国民的生活。

改革给中国经济带来了腾飞，而开放就是要让中国融入到全球化当中。可以说，改革开放为中国参与经济全球化奠定了思想基础。当然，加入世贸组织，势必会给中国商业带来极为深远的影响，因为这意味着中国开始参与到世界经济大循环当中。而国际贸易的原则、规范也会越来越多的规范国内的商业企业。

当然，融入到全球化当中势必会对中国的经济产生冲击，比如降低关税、非关税措施弱化等原则，使得国外的商品大量涌入国内，一些行业的利润势必会受到冲击。尤其是纺织、轻工、建材、煤炭、皮革等劳动密集型、资源密集型企业，上行压力明显增大。因为国内这些企业在创新能力、附加值方面普遍不足，如果不能适应全球化标准，很有可能会被淘汰出局。

当然，有危险的地方，往往也有机遇。中国加入世界经济圈之后，也就意味着可以有更多的市场，可以大力拓展新兴市场，实施市场多元化战略；另外，还可以利用跨国公司的销售网络带动国内产品的出口，拓宽出口渠道，将中国的商品更多地推向国际市场。

【华商生意经】

　　全球经济一体化是世界经济发展的必然趋势,必定会形成一个你中有我、我中有你的经济共同体。中国要想在世界经济中占得一席之地,必须适应新的经济规则,不断完善、壮大自己的实力,不断强化商业竞争力。

第2章
儒商文化：奉行"王道经营模式"

1. 儒商如何构建信仰体系

信仰一般是指对某种思想或者宗教的信奉和敬仰，也可以是对某个人或者某一事物的信奉和敬仰，并把这些当做自己的行为准则。信仰带有主观和情感体验色彩。

哲学家定义的信仰："一种强烈的信念，通常表现为对缺乏足够证据的、不能说服每一个理性人的事物的固执信任。"白岩松也曾说过："有信仰的人不一定幸福，但是没有信仰的人一定不幸福。"可见信仰对于一个人的重要性。

在每一个有信仰的人看来，信仰都具有神圣性，这种神圣性使信者严以自律，使信者的思想具有很高的稳定性，也可以激发信者内心的力量。可以说，信仰确立了个体的人生意义和价值标准，也成为个体毅然前行的巨大动力。反之，信仰的缺失将使人生变得迷惘彷徨，了无生趣。

但是中国在一段时间内却出现了信仰缺失，或者说是信仰紊乱。现在我们每天打开电视或者在网上浏览新闻，总会看到"航班延误，游客围攻机场工作人员""机场爆炸""商场砍人""孩子被摔""城管打人"……这个社会时常会暴露它的戾气。而之所以会出现这样的状况，很大原因是信仰

的缺失，或者说是信仰出现了偏差。

可以说，信仰对于每一个个体、每一个团体、每一个机构，甚至是一个国家或民族而言，都是非常重要的。因为没有正确的信仰，就没有正确的人生观、价值观、世界观，也就不会有崇高的精神。一支没有信仰的球队不可能踢赢比赛；一个没有信仰的军队不可能打赢战争；一个没有信仰的商人，也不可能有多大的成就。

儒商的信仰体系是在儒学的基础上构建起来的。儒学的影响渗透到了社会的方方面面，商人也不可避免地受到了熏陶，尤其是儒商，更是商人和士人的结合。所以，儒商是将儒家文化转入到了自己的价值链中，并以此来作为自己的信念和行事准则。

传统文化以儒家思想为主体，是一个载体，承载了仁、智、礼、义、信、勇等儒家学说的核心价值。这些核心价值可以看做是不同价值观、世界观的基因，不同的排列方式可以看做是某一类人的价值特征。比如以仁、智、礼、义、信的排序来塑造政治家，那么就可以造就一个儒官；塑造军人的时候，按照智、信、仁、勇、严，则可以打造出一个儒将。

在传统文化熏陶下成长起来的儒商，其身上也有这些核心价值的排序。当然，这个排序与儒官、儒将的排序有所差别。被奉为"商圣"的战国商人白圭将"智、勇、仁、强"作为商人的基本品德，这也是对儒商的基因序列的一种排列。当然，儒商身上并非只有这"四德"，而且现代儒商身上所具有的儒家传统文化，更多的是"智、信、仁、勇、义"，正所谓诚信、仁爱、不取不义之财，这是儒商最为推崇的价值理念，也可以说是儒商最直接的信仰。

【华商生意经】

儒商信仰的构建基础就是儒家的核心价值观，是儒家传统文化的内化。这些文化基因渗透到了他们的思想观念当中，塑造了他们的价值观，成为他们的信念和行事准则。

2. 儒商的修身之法

儒学推崇人格完善，对于管理者的要求自然也很高。在儒家看来，管理者必须具备健全的人格、善良的内心以及良好的德行，品德不够完善的人没有资格做管理者。至于管理者的修身则是管理者的自我管理，自我提升。所谓修身，就是管理者对个人身心的修养、修炼，以使自己的品格更加完善。

儒商的修身有志向、德行的修炼，正所谓"志意修则骄富贵，道义重则轻王公"。一个人有了高洁的志向和良好的品德，就不会被富贵、名利左右。而儒商讲究的更是大志向，儒商的志是"独善其身""兼济天下"的大志，他们要实现的是"修齐治平"这项伟大的事业。所以，儒商"以智谋财"不是根本，而是完成使命的手段，他们要博施于民，为家国天下的公益事业作出更多的贡献。

修身离不开学习，潜心向学是修身最根本的途径，也是最直接的手段。在儒家看来，学习是"明理""求道"的途径，是学习如何做人做事。所以说，儒商所说的学，不仅仅是学习知识技能，更多的是学习圣人之道。当然，儒家有一套系统的学习理论，比如不耻下问、学思结合、知行合一等等。

通过不断学习，儒商就要实现"明理尽性"的目的。所谓"明理"，就是明天理，通晓人情事理。这里的"性"指的是人性。儒家认为，人之性，受之于天，所以人性是与天理相符的。儒家的人性归根到底指的是"仁义礼智"之性，也就是儒商所追求的完美人格。

儒学推崇的一个重要品德是"诚"，教化人们要诚实、忠诚、诚信、诚恳、虔诚，教导人们要做到真实不虚假，守信不背。儒家认为，人不诚无以为善，人不诚无以为君子。缺少了诚，则会人心不善、社会无序、天理不存，可见儒家对"诚"的重视。所以，儒商也将"诚信"视为经营的不二法门。

商人经常要面临各种诱惑，深陷各种欲望。而儒家对"人欲"也有很

深的理解。儒家承认"人欲"源自天性,人生而有欲。但是他们也认识到了放纵欲望会带来严重后果。所以,儒家主张用理性克制欲望,用天理制约人欲,倡导"克己寡欲"。

圣人说:"吾日三省吾身。"一个人,只有不断地反省自我,才能不断进步,才能始终成长。反省、改过、迁善是人们成长的根本途径,一个人只有肯反省,才能知进退、明得失、辨是非。所以,儒商一直讲"反省内求",明白自己的所得和所失。如有所失,必定及时改过;如有所得,则以此为例,继续前进。

儒商的立身准则是笃信力行,同时也是他们的修身法则。笃信,就是坚定地信仰圣人之道,严格遵守天理天道,虔诚地接受圣人的教化。力行就是坚定地践行圣人之道。众多儒商在日常的生活和工作中,都在努力践行圣人之道。这种苛刻的要求在外人眼里看来很怪异,但是他们自己却认为这是完善自我修养所必须做的。

【华商生意经】

儒商的修身其实是严格按照儒家的价值体系在完善自我,提高自我,最终实现自己"修齐治平"的社会理想。

3. 儒商的核心价值

儒家讲"仁爱",商人重"利益",所以,在儒商身上存在着"义"和"利"这样一对矛盾体。其实儒家对于"义"和"利"有着很深的认识。

儒家承认"利"对于民众、对于社会有其积极的一面,也承认人们对于利益和财富的追求无可厚非,符合人性,也符合天理。在儒家看来,人们谋取利益是正当的,也是合理的。儒家还认为,要想教化民众,就要先让他们富裕起来;国家要想富强,也是以民富为根本。

正所谓"民以食为天",民众应该"制恒产",因为"有恒产"才能

"有恒心"。而且追逐富贵是人的天性，是人最本真的欲望，也可以说是天经地义的事情。因此，儒家认为人们经营商业，赚取利润是符合天道、天理的。

但是儒家也很清楚地认识到了"逐利"会腐蚀人的道德和精神，也会给社会带来许多负面影响。儒家认为，"利"会扭曲人性，会把人性中许多阴暗的东西带出来，会让人变得贪婪，道德沦丧。过度追逐利益甚至会让一个人丧失人格，毁坏"天道"。所以儒家一方面肯定牟利无可厚非，但也对"逐利"保持警惕，重视对"利"的制约。

君子重义，小人重利，儒家对于"利"的负面影响看得非常透彻。尤其是对士君子而言，对于"利"更要有清醒的认识，要从价值层面去堪破，不能因"利"害"义"。儒家讲究对欲望的控制，对"利"的超越，这是儒家进行修身的重要方面。

儒家对"利"有着辩证的认识，在追求利益的过程中，儒家讲究牟利的合理性，正所谓"君子爱财，取之有道"，商人在谋取利益的时候，手段必须合理、正当。这是因为儒家不仅仅追求目的之善，也讲究手段之善、过程之善。

《论语·里仁》中有这样几句话。子曰："富与贵，是人之所欲也，不以其道得之，不处也。贫与贱，是人之所恶也，不以其道得之，不去也。君子去仁，恶乎成名？君子无终食之间违仁，造次必于是，颠沛必于是。"

这段文字很好地阐释了儒家的"义利观"，既君子有所取，有所不取，合义则取，不合义则不取。绝不可以在谋取利益的时候采取不正当的手段，更不能见利忘义。

受儒家传统文化影响的儒商在进行商业活动的时候也是如此，其取利的行为必须符合"义"，不能违背天理人性，不能违背儒家的核心价值观。

另外，儒商在进行商业活动的时候还应该秉持"诚实守信""仁爱"的价值观。因为"仁"和"信"也是儒家所推崇的价值观、人生观。作为儒商，其商业活动必须是在"诚信"这一原则指导下进行。

【华商生意经】

儒商需要有高度的社会责任感,要热衷公益,要堪破财富,不被金钱所累。要有"兼济天下"的胸怀,要有散财于民的魄力,要有以商弘道的觉悟。只有这样才符合"士魂商人"的品格,才能实现"修身、齐家、治国、平天下"的理想。

4. 儒商追求的理想人格

儒家的教育说到底是人格的教育,纵观儒学的观念、价值体系,无不是在对人进行道德教化和人格塑造。在儒教看来,人格有高低之分,也有贵贱之别。当然,儒学上的人格之分并不以这个人的社会地位和财富为标准,而是以这个人的德行为标准、以境界为标准。

在儒学看来,有德的人贵,无德的人贱;德行高的人贵,德行不高的人贱。儒家根据德行以及人格的高低,把世人分成若干等级:恶人——小人——常人——君子——贤人——圣人。

我们知道,大多数的人都是普通人,也就是常人。这些普通人没有什么高贵的德行,也不会做出丧德的事情。他们没有多么高的觉悟,但是也不会做出反社会的事情,只是庸庸碌碌。他们虽然也追求私利,但是却不会损害其他人的利益,也不会损害公众的利益。他们对其他人没有威胁,也不会主动危害他人,他们的德行在小人之上。常人堕落了则为小人,升华了则成君子。

普通人之下,就是小人和恶人;普通人之上则是君子、贤人、圣人。恶人和小人是德行败坏的人。当然,这两类人德行败坏的程度不一样,小人德行败坏的程度比较轻,对社会的危害也远不及恶人。

君子则是儒教最为推崇的人格。因为圣贤的人格境界过高,普通人很难企及。而君子的品格则是社会当中大多数人通过努力就可以达到的,其实君子的品格也是许多普通人想要达到的境界。儒学的教化就是帮助普通人达到君子的标准。

儒教教导人们要"怀德",要以德正心、以德律己、以德立身;儒教还教导我们要"好学",学人道,学事理,学做人,学做事。

儒商作为"儒"与"商"的结合,同时也就兼具了"儒"和"商"的品格特征,是儒家士大夫的品格和商人品格的复合。也就是说"士魂""商才"是儒商追求的绝佳品格。所谓"士魂"就是士大夫的精神境界、灵魂以及信仰,而"商才"就是经商的才干。

士魂,通俗地说就是儒家的五常,也就是"仁、义、礼、智、信"。所以说,作为儒商,身上必须具备这五个品格。儒家讲"仁",仁是儒学的核心,所以儒商要有仁爱之心。儒学推崇"义",教人正义、正当,所以儒商不取不义之财。儒学讲"礼",所谓"礼之用,和为贵;不学礼,无以立;礼尚往来"。所以儒商讲究和气生财。儒家讲究"智",这里的智不是小聪明,而是大智慧,是"天时地利人和"的大智慧,所以儒商也是以智取利,可以说智是儒商追究的终极目标。儒家推崇"信",正所谓言必信、行必果,"诚信"是儒学最根本的世界观,所以儒商也讲究以诚待人、以诚待物。众多成功的商人都把诚信视为人的立身之本、处世之道。

【华商生意经】

儒商需要具有儒学精神、儒家气度,以儒家"仁、义、礼、智、信"的道德理想和追求去从商、经商。因此,儒商所追求的人格归根到底就是道德人格,是儒家所推崇的道德品格。

5.儒商推崇的经营策略

商人趋利天经地义,在经营上,不管是西方商人,还是我国传统的儒商都是为了谋取利益,但是在经营策略以及经营理念上双方却相去甚远。

西方商人更为直接、纯粹，他们把商业活动和日常活动区别开来，只专注于商业本身的性质、规律和效益。他们在经营过程中只承认经济利益最大化，不考虑其社会效益。这样的经营理念，造就了西方商人一切以利益为准则的经营策略。

我国传统的儒商则不把商业活动看做纯粹的盈利行为，而是把它看做更为广义的社会和生活活动，因此，在进行商业活动的时候会把经商之道和处世之道、经济手段和非经济手段结合起来。如果说西方商人更注重利益，那么儒商则更看重做人、做事。儒商普遍认为要学做生意，就要先学做人，明白了处世之道，才能明白经商之道。

西方商人和儒商经营理念的不同是因为所处的环境、人文不同造成的。双方在经营策略上的不同最主要的是体现在商品定价上，也就是选择什么样的价格定位来实现利润最大化。商业活动的最终目的是为了获取利润，而利润则是以商品价格交换来实现。所以说，商业活动中的价格策略是重要的经营手段之一。我国的儒商普遍采取的是薄利多销的策略，而西方商人更多的是根据市场行情来定价。纵观中国商业史，从先秦到现代，儒商们始终把薄利多销、贾法廉平作为经营手段。当然，薄利多销、贾法廉平在儒商那里不仅仅是一种经营策略，也是一种社会伦理。在儒商们看来，那些囤积居奇、哄抬物价的贪利者，实为"贪贾"，为儒商们所不齿，也被世人和商界所鄙视；而贾法廉平、薄利多销则是"廉贾"，历来是儒商们的追求，也被世人和商界褒奖。正因为被世人和商界认可，所以薄利多销就成了儒商的经营传统。当然，儒商推行薄利多销也有其追求利润最大化的打算。儒商认为只有商品与资金流转起来，利润才会更大。儒商的薄利多销与儒家文化有着紧密联系，因为儒家思想中有"重义轻利"以及"均无贫"，这些思想决定了儒商不会单纯地追逐利润。

另外，儒商在经营活动中不仅仅注重经济利益，还注重社会效益。如果一件商品有非常可观的利润，但是它会给社会带来不好的风气，损害人们的精神，儒商们不会为了利润而去经营这些商品。儒商的经营活动受到了道德的约束，经营的商品也多是和人们生活相关的普通物品。

受到儒家思想影响的儒商们,在商业活动中严格遵守公正合法、等价交换、诚实守信的原则。他们反对制假贩假,把保证商品质量作为商家的基本品德,孔子就有"器不雕伪"的说法。

【华商生意经】

和西方商人随行就市、依市定价的经营法则不同,儒商们身上有着深深的道德约束,不会随心所欲地进行商业活动,也不会单纯地以利润最大化来进行商业活动。他们身上有很深的家国情怀,经营策略上也是以"社会利益"为先。

6. 儒商企业文化建设

企业文化,或称组织文化,是由价值观、信念、仪式、符号、处事方式等组成的一个组织特有的文化形象,简单而言,就是企业在日常运行中所表现出的各个方面。企业文化是企业的灵魂,是推动企业发展的不竭动力。它包含着非常丰富的内容,其核心是企业的精神和价值观。这里的价值观不是泛指企业管理中的各种文化现象,而是企业或企业中的员工在从事经营活动中所秉持的价值观念。

企业文化对一个企业非常重要,是企业发展的动力所在。所以,许多的企业都在构筑自己的企业文化,但是太多的企业在建设企业文化的时候流于表面,缺少内涵。

现代中国企业大多学习西方企业,企业文化建设也是学习西方企业。但是这些企业没有立足于本国国情,而是照搬了西方企业文化。这些被照搬过来的"文化"在中国演变成了一套套"制度规范",但是却缺少了文化——没有核心价值、没有精神信仰、没有伦理规范。

在这种情况下,中国众多企业的企业文化有一个相同的特色——表层有创造,中间学西方,内涵假大空。所谓表层有创造,指的是企业文化的

视觉识别系统各个企业有自己的创造,其实就是企业文化的标志、内外装饰等视觉看得到的内容有自己的创造。这是企业文化建设过程中,中国少有的自主创造的部分。中间学西方,就是整套的制度规范照搬西方企业,没有自己的内容。核心假大空就是企业文化的核心部分,即经营理念、企业价值观、经营伦理等方面的内容空洞无物,只是千篇一律的口号。

可以说,从西方照搬过来的企业文化并不适合中国的土壤,来到中国之后,这些企业文化成了无源之水、无本之木。

因此,要想打造属于自己的企业文化,就要立足本土,从中国传统文化中寻找适合本企业的企业文化。而中国是一个以儒学为传统文化的国家,千百年来,儒学文化已经渗透到了社会生活的方方面面。所以,要打造属于本土企业的企业文化,就要把儒家精神、孔子的思想、儒家的经典义理在现代企业中进行发挥创造,才能真正形成具有中国特色的企业文化。

要根据儒家传统来打造自己的企业文化,就要了解儒商文化是一种讲究"诚信""中庸""仁爱""立人""达人""双赢"的哲学。在建设企业文化过程中,就要以这些儒家文化为出发点,结合本企业的特色,来打造属于自己的企业文化。

儒商文化是经过历代儒商的成功实践不断总结出来的,它本身就是一种企业经营管理之道。儒商文化的诸多内容,在今天的企业发展中仍有十分积极的作用,甚至可以直接被用作企业文化的核心内容。比如诚信经营,就是注重产品质量,信守合同,不逃废债务;比如重义轻利,就是守法经营,注重环保,在创造经济效益的同时,创造社会效益;再比如儒商文化中的"仁爱"观,就是要求企业切实关心职工的利益,实行人本管理。

【华商生意经】

儒家思想作为中国传统文化的主流思想,其对于企业经济活动与文化之间的融合起着积极的作用,是中国企业进行企业文化建设的根基所在。

7. 儒商的契约精神与礼乐文化

中国传统文化和西方文化是两种不同的文化，根植于不同环境中的文化对社会的影响有着巨大的差异，在商业活动中也有着非常大的差异。西方的商业活动是建立在现代文化精神上的产物，深受西方现代文化精神影响。可以说，有什么样的文化精神，就有什么样的商业活动，两者具有非常高的同一性。中国的文化精神是以儒家传统文化为基础形成的，所以，要想了解中国的商业活动，就需要先了解儒家传统文化。

现代西方在商业活动中推崇"契约精神"，而中国的商业活动则深受"礼乐精神"的影响。契约精神和礼乐精神代表了两种不同的文明，也决定了两种不同的商业模式。

契约精神讲究"权利本位"，而"礼乐精神"则推崇"伦理本位"。西方的"权利本位"是以人的权利为本位，强调个人权利神圣不可侵犯。受契约精神的影响，西方社会的一切秩序都以权利为根本，而权利是人们生存的目的和意义。在契约精神约束下，个人、机构、国家都是权利的主体，也是权利的产物。权利靠契约来维系，人与人之间、人与组织之间、人与国家之间的关系都可以通过契约来维系，甚至父子、夫妻、朋友之间的关系也是通过契约来维系。

在契约精神的影响下，家庭、企业、机构都是靠契约来构建。父子之间需要订立契约，夫妻之间需要订立契约，就连人和上帝之间也可以订立契约；政治关系需要契约来链接，经济关系也需要契约来约束。在西方，可以说从宗教到政治，从经济到文化，社会的各个方面都在契约精神的主导下。我们也可以这样理解，整个西方就是由契约创造出来的。

中国的礼乐精神与西方的契约精神有着根本的区别。礼乐精神讲究"伦理"。所谓伦理，就是把各种各样的社会关系都当做一个伦理体，不管是人与人之间，还是家庭之间，抑或是企业之间，甚至是整个国家，都可以被看做是一个伦理体、一个道德体。一切的社会关系都是伦理关系，父子之间、夫妻之间、亲朋之间、公司之间、民族之间等等，所有这些关

系都是伦理关系，都是人伦关系。

儒家有五种人伦关系，分别是父子、夫妻、兄弟、君臣、朋友。即便是人与神的关系、人与自然的关系在儒家看来也是伦理关系，这种伦理关系被称为"天伦"。在儒家看来，父子、夫妻、兄弟等之间的伦理关系不是由契约和法律来界定的，而是与生俱来的，是天命关系。即便劳资关系、民政关系，在儒商们看来也不是契约精神，而是体现了君臣关系，属于"天道"。

【华商生意经】

中国传统文化中的伦理关系深深影响着儒商，使得儒商在商业活动中把伦理关系看得比契约精神更重。当然，这并不是说儒商不注重契约精神，而是和契约精神相比，儒商更看重伦理关系，这也是为什么在中国做生意，人们更愿意通过"关系"来进行。

第3章
佛商文化：以慈悲济世之心践行社会责任

1. 读懂佛商的核心理念

纵观商界人士，你会发现，有些商人不论在任何场合，都是那么从容淡定，几乎没有久经沙场的戾气，反而带着一种返璞归真的单纯与真诚，言谈举止都令人如沐春风，而且他自身的恬淡气息也会对交谈者产生影响，与其共事与合作，有一种非常舒适且愉悦的体验。譬如海航董事长陈峰，凤凰卫视主席刘长乐，美国苹果公司创始人史蒂夫·乔布斯等都是佛商的代表人物。

那么佛商到底讲的是什么？有怎样的一种精神力量，让无数成功的商人追随着它呢？不言而喻，佛商智慧对企业家来说有着非常重要的启迪和解脱作用，它帮助企业家从商界的泥淖中抽脱出来。一位功成名就的佛商曾说：佛讲究修心的力量，佛商正是一种修心之商。佛商有虔诚之心，能够礼敬诸佛；佛商心存敬畏之心，重视因果报应；佛商以慈悲为怀，以善待人；佛商有智慧之心，能够坦然面对困境和灾难，并做出正确的判断和解决之道。

佛商以自身独有的智慧、觉悟和取舍之心，游刃于凶险的商界之中，显得从容又淡定。它以内修化解外界的压力，让企业家能够眼明心亮地去面对、解决困境。虽然目前工具书中对佛商一词还没有明确的定义，但对

于佛商的解读是多层面的。

首先是广义上的佛商。中国佛商网总裁杨寿良曾说：真正的佛商，应该是智慧之商、慈悲之商、快乐之商，有明确的信仰、有慈善的行动、有智慧的见地、有平和快乐的心态。因此，广义上的佛商宽泛地来说指的就是有慈悲心、公益心的商人。即使该慈善家不信佛，但是他不仅热爱公益事业、善待员工等，还具有卓越的佛慧的企业家，就都可以称为"佛商"。

其次是狭义上的佛商，简单来说就是以佛学理念为基本指导，将佛的智慧与商业之道结合起来的企业家。可以说是"佛+商"的结合体。在这个层面上，讲求的不单是指信佛这一形式，着重的更是有佛心、佛智、佛行这一品性。所以说，信奉佛法，追求佛慧，做事合乎佛行的企业家基本上都称之为佛商。

最后，佛商与普通商人之间的本质区别体现在能够承担责任、热爱公益事业、以慈悲为怀的慈悲心，以真诚、善良、仁爱等品性待人的菩提心，有忘我的、持久的修行之心。而且佛商最重要的核心思想就是：慈悲、取舍、因果、智慧、平等、缘起等。佛商在经营企业时，以佛家的智慧、观念、心境等指导和规范自己的商业行为，从而形成自己的一套商业哲学和智慧。不仅能够指引企业家坦然应对危机、解决问题，增强企业的管理和提升其整体形象等，还能帮助企业家平衡工作与家庭的分歧，使其放松压力、享受生活。

从小的方面来说，佛商的智慧对其自身的发展有着绝大的益处。从大的方面来说，佛商的种种行为也有助于建立和谐社会，让商业在良性环境中运作与发展，有着不容小觑的社会意义。

【华商生意经】

佛商讲求的是一种境界和能力，是一种通过智慧的修行使个人事业、家庭都得到发展的途径，是一种拥有福气和通往幸福的智慧、慈悲之商。

2. 用布施的行动获取财富

佛家经典《地藏经》中有一句话"舍一得万报",说的就是只有懂得舍去,才能拥有更多的收获和福报。一般来说,在布施这一行为中,收益最大的往往就是布施的人,而不是接受布施的人。对于一个企业家来说,只有不吝惜身外之物,能够为员工谋福利,为社会作贡献,他才能广集人才、广结人心,他的企业才能蒸蒸日上。所以,布施也是一种获取财富、收获成功的不二途径。很多佛商都深谙此道,并将它实际运用到自己的创业中,使其立于不败之地。

首富李嘉诚曾说过这样一段话:"我觉得,顾及对方的利益是最重要的,不能把目光仅仅局限在自己的利上,两者是相辅相成的,自己舍得让利,让对方得利,最终还是会给自己带来较大的利益。占小便宜的不会有朋友,这是我小的时候我母亲就告诉给我的道理,经商也是这样。"

李嘉诚曾公开说过"我是一个学佛的人",他也是佛商的主要代表人物之一。他的母亲庄碧琴就是一位虔诚的佛教徒,在小的时候,母亲就教导他要学会给予,学会诚信待人、不贪图小利、恪守承诺等佛家品性。而李嘉诚不仅自身严格按照母亲的要求,还将其运用到下一代的教育之中,用佛学启发孩子做人的道理和智慧,比起教会他们做生意,李嘉诚更注重的是教会他们如何做人。所以"超人"李嘉诚的两个儿子在商界也都取得了不错的成就,为人称赞,有着"小超人"的美誉。

对于亚洲首富李嘉诚来说,内心的富有才是真正意义上的财富。他以智慧心、慈悲心等逐步建立起自己的商业王国,并在事业发展的同时,热心公益事业。早在1980年就专门成立李嘉诚基金会,用以对教育、医疗、文化等公益事业有系统性地提供资助。2006年,又宣布将捐出自己资产的70%、大约350亿元的股权用于公益事业。不论是在香港还是在内地,李嘉诚都广结良缘,慷慨布施,造佛像、修寺庙,兴办教育、支援医疗、支持科学研究、推广文化等为民众造福。

李嘉诚说:"人生在世,能够在自己能力所及的时候,对社会有所贡

献,同时为无助的人寻求及建立较好的生活,我会感到很有意义,并视此为终生不渝的职志。"

他关心的不是财富的多少,而是企业员工的生活、社会的整体发展,他以一颗宏伟的仁爱之心,运用自身的能力、财力,为员工着想,为社会谋福。这样广结布施的企业家,怎么会不受到员工的喜爱和追随,怎么会不受到来自社会各界的赞誉和帮助。一个懂得为他人着想的人,必定会收获来自四面八方的支持。他的布施越大,他收获的财富也越大。或许这就是首富李嘉诚成功的秘诀。

【华商生意经】

佛商以一颗慈悲、智慧之心,广结布施,注重员工的利益,注重社会的发展,在一定程度上就能够集天时地利人和于一身,从而获得成功。二者是相互促进、相互转化的,缺一不可。

3. 永远不做金钱的奴隶

企业家的共同特点之一就是谋求财富,获得成功。但如何看待、运用财富则显示出企业家为人处世的不同之处。以李嘉诚为首的一类企业家,是将财富最大化地还给人民、造福国家,这是财富的主人。但还有一类是将财富视为生命,并不惜压榨、破坏他人和社会的利益来为自身谋求福利,这是财富的奴隶。对于一个志存高远的企业家来说,永远不做金钱的奴隶。获得财富的终极目的是收获成就和幸福,而广结布施、善待他人则是将财富良性转化的最有效的途径。

佛商代表之一的福耀玻璃董事长曹德旺在一次访谈中曾说:"尽管捐了几十亿的钱,但我认为自己是企业家不是慈善家。财富只是我在马路边上捡到的东西,按照佛教提倡的精神,跟大家共享一下。佛教是我的灵魂。"面对自己收获的财富,他并不将其据为己有,而是以一颗淡泊奉献

第3章
佛商文化：以慈悲济世之心践行社会责任

之心看待财富，将其运用到需要的地方。这样的灵魂是崇高且伟大的。

企业家曹德旺有着"玻璃大王""慈善大王"的称号。在中国大街上行驶的汽车中，每三辆就有两辆的汽车玻璃产自他的企业。在成为业界霸主之余，他的慈善事业也随之水涨船高，不仅创立了股权捐赠模式，为了严格将公益落到实处，他还与中国扶贫基金会签署了"史上最严苛的"协议，监督基金的流向。在长达30多年的慈善事业中，他累积捐赠多达70亿元。

据相关数据显示，2003年至2005年，曹德旺累积捐赠4194.6万元，用于公共建设和扶贫领域。2006年，捐赠现金2131万元、实物8.5万元，用于教育、医疗、公共建设等领域。2008年，捐赠2471.31万元，用于教育、医疗等领域。2009年，捐赠2765万元，用于社会公益。2010年，捐赠102828.96万元给福建省慈善总会，用于救灾、扶贫，位居当年"中国慈善家"榜首。2011年，捐赠363474.8万元给河仁慈善基金会，用于教育、扶贫等，稳居"中国慈善家"榜首。2012年，捐赠5179.76万元，用于社会公益、教育、环保、扶贫等领域。2013年，捐赠10600万元给福建省慈善总会。

从佛商曹德旺的捐赠数据中可以看出，在企业日益壮大、获利的同时，他的慈善事业也更上一层楼。年限之长、数额之多、领域之广，在中国乃至全世界都少有人可以做到这一步。对于企业，曹德旺尽心尽力；对于慈善，曹德旺更是亲力亲为。为了将公益落到实处，为了成千上万的贫苦人民能够真正得到福利，他对自己的每一笔捐赠都会跟踪追究。2009年，他与中国扶贫基金会签订协议，开展全程透明的公益模式就是最好的证明。

2011年，曹德旺又带头在北京成立了"河仁慈善基金会"。面对采访，他说："我成立这个基金会的初衷，是想带头让中国有些人拿一部分钱出来分给穷人。钱这个东西呢，多了也没用。初衷只是想改变社会的一种文化、一种追求，不是说一定要做什么。"

曹德旺是名副其实的"慈善大王"，是名副其实的佛商代表。他不仅

自身有着乐善好施、有容乃大的慈悲之心,还致力于带动身边的人,改善人民的生活状况,改善社会的风气,这是一种崇高而伟大的仁爱。

【华商生意经】

企业家只有从致力于收敛财富的怪圈中走出来,做财富的主人,善于运用、发挥财富,才能更一步地发展财富、收获财富。

4. "有舍有得,大舍大得"的理念

佛学有一句话说得好:"舍得舍得,有舍有得,大舍大得,欲求有得,先学施舍。"说的就是舍与得的关系。舍得是一种人生境界,体现的是胸怀宽广的做人高度;舍得是一种人生智慧,小舍小得,大舍大得,体现的是爽朗大气的做事风格;舍得是一种心态,体现的是有取有舍、淡泊洒脱的人生追求。这一佛学理念渗透在生活的方方面面,对人的发展起着重要的影响。而且在企业经营中,也是不可多得的智慧之语,深受诸多佛商的重视。

只有真切关怀员工的企业家,才能得到员工的爱戴和追随;只有把员工当成一家人,时时为他们的利益着想,才能聚拢人心,形成坚不可摧的企业人文凝聚力;只有对员工不计得失,大方给予,才能有所收获,得到意想不到的收获。这一切对于蒙牛企业的总裁牛根生来说,就是他日常践行的原则。而且他并没有将其视为教条的规范,就是发自内心的想对员工好。一切对员工负责,就是对企业负责,二者毫不悖论。

宽泛来说,牛根生的创业历程,完全就是广义上佛商的所作所为。牛根生领导的蒙牛企业在短短的几年中,从最初的一无所有到现今行业的领军企业,每年以3.194亿元的净利润把伊利乳业远远甩在其后,成为中国名副其实的巨无霸产业。这其中蕴含的最为核心的智慧就是"有舍才有得"。

第3章
佛商文化：以慈悲济世之心践行社会责任

1978年，年仅20岁的牛根生进入养牛场工作，五年之后入职伊利，从一名低层的洗碗工开始做起，逐步升任车间主任、厂长等职，直至1992年做到了生产经营副总裁的位置。然而1999年，《中国证券报》上的一则公告则使其完全从高空坠落。"伊利股份有限公司鉴于公司生产经营副总裁牛根生同志不再适于担任该职，公司董事会决定对其予以免职。"这一突然的消息对于年已40岁的牛根生来说打击颇大。

此时的牛根生离开了他打拼了将近20年的企业，心里很不是滋味，40岁的他来到人才市场，几乎没有出路。但是身材魁梧、声音响亮的牛根生并没有被现实打败。素有"乳业怪才"之称的他，决定凭借自身的经验和能力创办自己的企业。

上天总会对宽以待人的人施以厚待，在创业之初，对于一个企业来说最为缺乏的就是核心人才，而这一点对于牛根生来说，解决起来竟出奇的顺利。一些在伊利的老同事听说牛根生要独立创业的消息，都纷纷辞职，义无反顾地加入进来，与其共同面对这一挑战。企业在创业之初，往往是最为困难的，稍不留神就会功亏一篑，那么这些人为什么还要加入呢？

牛根生曾说："也许是我在伊利就喜欢给下属发钱，名声在外。"在伊利任职时，他的最高年薪达至108万元，而他并不吝惜钱财，常常将其拿出来，与大家一同分享财富。一个面对财富毫不吝啬、面对下属宽以待人的人，一个热爱分享、懂得取舍的人，就会得到众人的爱戴和拥护，这是毋庸置疑的。而牛根生就凭借这一品性得到了众人的支持。

蒙牛集团冰淇淋公司总经理孙玉斌面对采访时曾说："牛总出来没有拉过我们一个人，总是教育我们在伊利好好工作。为什么在当时那种条件下，我们还要跟着他干呢？我们一直在他的培养下，学到了很多东西，也认为他有能力重新做好一家企业。"源于对牛总的欣赏和信任，这些人选择与其一同从头开始面对挑战，终于步履艰辛地将这个从零开始的企业，打造成乳业帝国的龙头。

【华商生意经】

许多商人创业的成功,当然离不开众人的支持和帮助。但是,最为重要的是为人豪爽大气,懂得取舍的不凡品性为其积累了福气和恩惠。勇于舍才能有所得,这是亘古不变的佛商真理。

5. 慈悲事业是一世的修行

佛商为什么能够凌驾于道商、儒商之上,很重要的一个原因就是它讲求的慈悲心、公益心。这不仅是对企业家个人修养的培养,对社会的和谐发展也有着深切的影响。一个懂得分享,能够深切体会社会疾苦的商人,必定是一个有着悲悯情怀、人间大爱的人。这样的人身边必定聚拢人才,聚拢着福气与恩泽。他将自己的所得分享出来,为员工、为贫苦的人、为社会造福,与此同时,这些感受到他善意的人,也会以各种各样的方式对其有所回报。对于佛商来说,慈善不是一时的所作所为,而是个人一世的修行。

"慈善大王"曹德旺曾说:"做慈善不是富人的专利。做慈善要量力而行,我捐几十个亿,和你们拿工资的人捐几千块是一样的,因为你已经尽力了。即使没钱,你还可能给人以笑容,展示你的同情心,对地位比你低的人客气点。比如说,有个穷人偷了超市的面包被老板抓住了,这时如果你在场,掏出五块钱对老板说'这个面包我买下了,你就放他走吧。'这也是一种慈善行为。"可见对于佛商曹德旺来说,慈善不分地位高低,慈善不分数额多少。这是人发自内心的一种行为,不以金钱定性定量。只要你怀抱着一颗爱人之心,对他人有同情心、有悲悯心,这也是一种慈善。

而且对于佛商曹德旺来说,慈善不需要高调,它早已渗透在日常生活中,成为自己不能不做的一件事。曹德旺的慈善观源自父亲的教导,而曹德旺自身又将这一观念传递给自己的下一代,成为曹家不可或缺的传统。

曹家几代经商，到了爷爷一辈，才逐渐没落。随后曹的父亲和舅舅又重新将事业做起，逐步壮大。但是随着时局的不稳定，在从上海举家迁回福建老家的运船上，装载着全部家当的运船不幸沉落，使得曹家瞬间落入贫穷之地。

在曹德旺小的时候，父亲就常常给予其教导，使他印象最深刻的是，"如果发现在你家门口躺着一个人，第一件事要把他扶起来，问他要不要喝水，有病要送到医院去。这是做人起码的道理和准则，要学会同情、理解人家。"这一系列的言传身教，奠定了曹德旺最初的慈善观。

家庭的贫穷，使曹德旺过早地肩负起了照顾家庭的重担。为了让家人的日子过得好一点，他种过白木耳，当过工地炊事员、修理工等等，这些苦难的经历使他深切地体会到了底层百姓的艰辛，也更加磨练了其坚忍不拔的性格。他相信，一定能凭借着自己的双手过上好日子，帮助更多的贫苦的人。

1983年，一个偶然的机会使曹德旺承包了福建省青山市高山镇的一家处于亏损状态的玻璃厂。长期的苦心经营，使这家亏损的玻璃厂逐渐好转，而曹德旺也由此开始，一步步登上了自己人生的巅峰。但是事业上的成功，并没有使其忘了自己的本心——做慈善。其实在其创业之初，曹德旺就已经开始做慈善，随着事业的壮大，他的捐赠金额日益增多，范围也逐渐扩大。

最为重要的是，他将自己的慈善观又言传身教给了自己的下一代。他的儿子曹晖在进入福耀集团之初，便从最底层的员工做起，与工人一同吃住，关系甚好。曹晖不仅爱护员工，还与父亲一同建立了"河仁慈善基金会"，一同致力于慈善事业，将家族的传统发扬光大。

【华商生意经】

慈善对于佛商曹德旺来说，不只是捐款那么简单。他将其视为自己的一种人生态度和追求，是自己人生精进的一种修行。让家

人、自己和员工幸福,让社会能够朝向好的一面发展,这是曹德旺慈善的终极目的。

6. 在建立自我中追求无我的境界

宋代有个叫青原惟信的禅师,曾这样描述自己参禅得悟的过程:"老僧三十年前未参禅时,见山是山,见水是水。及至后来,亲见知识,有个入处,见山不是山,见水不是水。而今得个休歇处,依前见山只是山,见水只是水。"这几句话是什么意思?其实说的就是一个普通人个人境界的三个变化过程。首先是最为普通的"见山是山、见水是水"的境界;其次是经过探寻,提升之后发现"山不再只是山、水也不再只是水"的升华境界;最后是返璞归真的至高境界,将事物看透、看穿,"山就是山、水就是水"的解脱状态。

其实换句话说,这三种境界也可以理解为一个人从寻找自我,到建立自我,最终放下自我,达至无我的高深境界。但凡是修炼至无我境界的人,必定是一个高人,一个令人信服的人,一个成功的人。佛商代表李嘉诚就是最好的明证。

"创造自我,追求无我"是李嘉诚送给企业家的八字箴言,也是其传奇人生的珍贵体会。一个"创造自我"的人必经要经历以下过程。第一,他要学会认识自我、了解自我,给自己一个清楚的定位,清楚自己能做什么、要做什么。这对企业家来说非常重要。第二,他要学会忠于自己的内心,忠于自己最深的信念和选择,跟着这一动力去前进。第三,要懂得坚持、维护自己的信念,不要总是摇摆不定,认定了一件事情,就大刀阔斧地去做,不要轻易畏惧和动摇。

在"创造自我"之后,由于你对自身有了比较透彻的理解和认识,对任何事物也都有了自己的看法和观念。这时候往往就会变得比较固执,一不留神就会陷入自负、自大、偏执的怪圈。不但不利于个人成长,还会给自己的发展带来阻碍。有人说"企业家天生就是偏执狂",没有主见的人当不了企业家,但过度地坚持己见就是专横和刚愎自用。

那么如何从封闭的自我之中走出来呢?第一,要打开自己的视野,扩充见识和观念。第二,要懂得天外有天、人外有人,自己虽然很高明,但是他人也有可取之处,要取人之长、补我之短。第三,就是在不断接受的过程中,放下一些旧的不恰当的认识,吐纳归新。只有打破自我的局限,才能敢于放下自我,进入一种无我的境地。

有一次,马云等一批内地企业家到香港拜见李嘉诚。李嘉诚是华人世界的超级老大哥,众人都以为他会姗姗来迟。可是没想到,电梯门一开,年已70岁的李嘉诚就等在门外,一一与大家握手问候。就餐时为了避免主次桌的尴尬与麻烦,李嘉诚专门采用抓阄的方式,轻而易举地解决了这一难题。而且在一个多小时的吃饭时间内,李嘉诚不偏不倚,每桌都与大家聊个15分钟,这份体贴、细致的安排令众人非常有感触。在活动结束之后,李嘉诚逐一与大家握手道谢,就连墙角站着的服务生也不例外。李嘉诚身上的这种气度与能力就是一种无我的高深境界。

【华商生意经】

从商业巨亨李嘉诚的身上,我们可以看到,虽然他是社会名流、商界大家,但是他不以大佬自居,待人温和,一举一动都能考虑到他人的感受。这一切都建立在他有一个完整的自我,但时时又能放下自我、追求无我的基础之上。

第 4 章
道商文化：在尊重规律的基础上永续经营

1. 陶朱公：中华道商始祖

在中国历史的长河中，长达 500 多年的春秋战国是一个百家争鸣、英才辈出的时代，在这些闪烁的群星中，有一个很特殊的人，他前半生从政，辅佐濒临灭亡的越国成为春秋五霸之一，可是在政治生涯走到顶峰时却毅然决然地弃政从商。他，就是范蠡，人们喜欢称之为"陶朱公"。

作为老子道学思想的第三代传承人，范蠡是我们所熟知的道商始祖，千秋商圣。范蠡生于公元前 536 年，本是楚国宛地三户人，从小就酷爱读书，十几岁就学富五车，并且有着独到的思维见解。

范蠡年轻时，表现出了很独特的思维，经常语出惊人，震惊四座，遇到问题时可以准确抓住问题的本质，思考得更为透彻，接触过他的人都对其称赞有加。无论从商还是从政，这种迅速洞悉事物本质并准确果断地做出决策的能力都非常重要，也是一个成功领导者所必备的素质之一。

为什么说范蠡是老子道学思想的第三代传承人呢？范蠡年轻的时候跟随计然学习过"贵流通""尚平均""戒滞停"等"计然七策"，"计然七策"是中国古代最早的商业理论。计然非常了不起，是当时天下闻名的战略家、思想家和经济学家，对治理国家的策略极有研究，善于从经济学的角度来谈论治国方略,发展国民经济。而计然正是老子的弟子,所以说范蠡从计然那里学到的经世致用的学术思想是正宗的黄老道学。

范蠡初到越国,未受到越王重用。不久,越王勾践兵败会稽山,很多越国大臣都相继背叛了越王,只有范蠡与文种对越王忠心不二,更自愿随勾践赴吴国为奴。吴王夫差很是欣赏范蠡,多次拉拢范蠡,想要重用范蠡,可是范蠡始终不为所动。

吴王夫差放勾践君臣回国后,范蠡运用他学到的"计然七策",帮助越国发展经济,越国最终以弱胜强,实现了"三千越甲可吞吴"的神话,帮助越国成为了当时的霸主。

老子《道德经》说:"功成、名遂、身退,天之道。"传承着老子道学思想。范蠡功成名就之后,依然保持着清醒的头脑,由于深知越王勾践为人,他毅然辞官隐退,带领家属随从来到千里之外的齐国,在齐国海边耕种土地,不久便积累家产数十万金。

齐国纳范蠡为相,三年之后,齐国经济便如日中天。而此时的范蠡恐怕自己的盛名会引来杀身之祸,在归还相印、散尽家财之后便离开了齐国,悄悄来到陶地。

范蠡认为,陶地处天下之中,为交易的必通要道,由此可以致富,以为后半生的保证,自此居住下来自称陶朱公。

史料记载,范蠡经商成功之后,为了答谢恩师,集毕生之所见所想,以及恩师计然的言传身教,撰写了一本书——《范子计然》。《范子计然》被视为一部商业奇书,经营奇书。

在中国的经济思想史上,范蠡被称为"中华道商第一人",人们通常把经商事业称为"陶朱事业",把世代经商为业称为"陶朱遗风"。明清年间的《理财致富十二法则》《理财致富十二戒律》《商场教训》《经商十八法》正是在范蠡的《致富奇书》《陶朱公术》基础上撰写的,这些后来都被视为"商人之宝"。

史学界和学术界都对"道商"范蠡有着极高的评价,说他文武双全、德才兼备、忧深思远、坚忍不拔,"忠以治国、勇以克敌、智以保身、商

以致富",是"治国良臣、兵家奇才""商学大师""经营之神"。

【华商生意经】

说到底,都是因为范蠡懂得运用和把握道的规律,身上传承着黄老道学,可以"以道经商",甚至达到了"道商合一"的境界,才能有此成就。因此范蠡也被世人尊奉为"文财神""商圣"和"道商始祖"。

2. 经营者要有"上善若水"的品格

上善若水,水利万物而不争,处众人之所恶,故几于道。水具有虚静至柔的品格,人要像水一样,能屈能伸。领导和管理者更应该学习水包罗万象的智慧。

无形的水始终从高处流向低处,同时又能屈能伸,可以很好地适应任何环境,任意改变自己的形状,一千种器具中的水便有一千种变化。水是无私的。水润万物于不知不觉之中,不求任何回报。同时水又是最强大的,强大到可以滴水穿石、翻江倒海。

在老子看来,水能够滋养万物,又不与万物争功夺利,水是最接近大"道"的。最完善的人要像水一样心胸宽广、海纳百川,有道的人就要学习"水"的德行,这也是管理者应效法的品格。

诸葛亮年幼时丧父,16岁时自己依靠的叔父也离开了人世,于是在隆中隐居了起来。在隆中的十年中,诸葛亮读了大量经史和诸子百家的著作,变得学识渊博,又根据当时天下局势,形成了一套政治见解。刘备三顾茅庐之后,诸葛亮便大放光彩。

十六国时代的王猛,在天下大乱的时候,远离乱世,隐居于华山深处,静观天下局势。穆帝永和十年(354年),桓温北伐之时,王猛身穿麻布短衣与桓温纵谈天下大事,桓温很是欣赏他。不过王猛心思缜密,很有远见,拒绝了桓温的好意,继续隐居读书。当苻坚向尚书吕婆楼求教之时,吕力荐王猛。苻坚与王猛一见面便如平生知交,大谈治国安邦之计。

在乱世之秋未遇明君的时候,诸葛亮和王猛隐居起来静观天下局势,为天下思考治国安邦之道,一旦遇到明君,便可大展宏图。这种所谓的"识时务者为俊杰"其实就是一种"上善若水"的表现。

现代经营者应具有"上善若水"的品格,学习水的大度宽容,学习水的不求回报,学习水的谦虚待人的品德。有了"上善若水"的品格,自然而然就会向理想迈出了一大步。

水总是朝着低的地方流动,水是协调平衡的一大"行家"。就企业领导者而言,水协调平衡的方式最值得借鉴和学习。企业只有在整体上内部平衡时,才能适应社会需求的变化。经理人可以制定反映企业整体意愿的规章制度,这样企业的整体意志就会得到平衡,企业内部的各种冲突也可以得到很好的解决,整个企业便可以迅速适应不断变化的社会需求。

水是哪里低就马上流向哪里,管理者如果可以像水一般,哪里有问题就赶到哪里,给员工解决最实际的问题,无疑会赢得员工的一致好评。海纳百川,有容乃大。管理者要虚怀若谷,善于倾听,善于纳谏,体察员工,平易近人,让员工感觉你就是他的朋友,而不是一个冷酷的上级。

【华商生意经】

经营者应该努力达到"上善若水"的心境,大度包容,处世谦卑。主持事务时,要懂得通过从根本上理顺问题的方式去解决问题;当要有所作为时,要懂得选择合适的时机。看上去你不与人争,却不会有任何的忧患。

3."柔弱胜刚强"的智慧论

"道"是《老子》哲学的核心概念,而《老子》又认为水是最接近于"道"的。"天下莫柔弱于水,而攻坚强者莫之能胜,以其无以易之。弱之胜强,柔之胜刚,天下莫不知,莫能行。"水是最柔弱的东西,但是滴水却可以穿石。最柔弱的东西里面往往蕴藏着强大的未知力量,即便是最强硬的东西也无法抵抗。

《老子》认为的"柔弱胜刚强"是一门大智慧。举个例子,一块坚硬的石头掉在地上,可能会砸出一个大坑,如果掉在棉花堆,则会被很好的包容。硬碰硬只会两败俱伤,懂得以柔克刚的道理才是有大智慧的体现。"四两拨千斤"就是典型的以柔克刚。当一个弱小的人处于困境时,只能采取以柔克刚来克敌制胜。

老子哲学所说的柔弱并不是"软弱无能"的意思,其实是想强调要低调处世与做人,换句话说就是善于以柔克刚。这样不仅可以保护自己,与人们和谐相处,也可以让人暗蓄力量、悄然潜行,在不知不觉中走向成功。

性情刚烈的人情绪易于激动,缺乏理智,造成了容易冲动的性格。冲动是魔鬼,恰恰也是"刚强之人"的软肋。以刚克刚并不是明智之举,真正的强者都懂得以柔克刚,这才是真正的大智慧。

一个月黑风高的晚上,路易斯在一个偏僻的公交站下了车,只身一人走在回家的路上。一个抢劫惯犯紧随其后,打算伺机予以强暴。就在他离路易斯仅仅几步之遥的时候,路易斯突然转过身来,十分诚恳而信任地对他说:"天黑人少,我一个单身女子回家太不安全了。很高兴能在这里碰到你,你可以送我回家吗?"

男子一时惊慌失措,连忙说:"可以,这是我的荣幸,女士。"一路上,路易斯一直主动和男子聊着天,并没有把男子当成陌生人来看的意思。这个原本图谋不轨的男子竟不知不觉地将路易斯安全地送至了家门口。显然,路易斯纯善的行为打消了男子罪恶的念头,唤醒了男子善良的一面，也保护了她自己。

路易斯很好地感化了对方，消除了男子心中的罪恶想法，用以柔克刚的办法使自己免于一场灾难。纵观历史，我们不难发现，柔和之人常常用以柔克刚的方式来做事，刚烈之人也很容易被柔和之人征服、利用。春秋时期的晏婴巧妙地用两个桃子除掉了齐景公乃至齐国今后的心腹大患，二桃杀三士的故事也广为流传。

早在春秋时期，老子从世间万物由强到弱的转化中看到实行柔性管理的必然性和重要性。老子曾在《道德经》中说："至虚极，守静笃。万物并作，吾以观复。"

时间证明，"柔弱"的方式比"刚强"的方式更具优越性，实施柔性战略，建立柔性管理方式，不仅仅在以前，在现在也起着大作用。如今提升企业的市场响应能力，增强企业的生产能力和竞争水平，就需要向柔性管理转型，在管理方式上要遵循柔性化原则，克服刚性管理方式带来的弊端。

由于柔性管理本着以人为本的理念，故而施行柔性管理可以充分挖掘人的潜力，调动人的积极性和创造性。同时，柔性管理要求对管理制度进行再造，建立任人唯贤、进出自由、能上能下、民主决策、既有分工又有合作的用人制度。

【华商生意经】

柔弱是种宽容之美，不争之美，"柔弱胜刚强"蕴含着人生的大智慧。以柔克刚运用得当，会让人获益终身。

4. 管理中奉行"无为而治"的理念

"人法地，地法天，天法道，道法自然。"老子认为，世间万物都离不开道，而道最根本的规律就是自然。对待万事万物都应该顺其自然，使其

处于符合道的自然状态,不对其强加干涉,从而影响到事物的自然进程。

在此基础上,老子提出了"无为而治"这个概念,这并不是提倡管理者无所作为的意思。作为道的重要属性,"无为而治"更多指的是管理过程中要尊重自然规律,采取顺其自然的管理行为。

"无为而治"是中国管理哲学的一门大智慧、大学问。著名的法学家韩非子就认为,他所提倡与主张的法治理念与治国体系就是源自于老庄哲学"无为而治"的理念。

老子说:"是以圣人处无为之事,行不言之教。""无为而治"对管理者有着重大意义,只有不断提升素质,自我修养,树立"无为"的态度,积极地探索管理的规律,用符合规律的方法进行管理,才能实现"无为而治"。

今天,在管理体系中,上层领导者越来越重视"无为而治"的理念和方法。当然,并不是说管理者无所事事,放任员工不管,而是要求与员工们共同合作、共同协商,共同制定大家都认可的规章制度,从而保持政策的持续性与稳定性。

在管理中倡导"无为而治"可以有效防止下属出现抵触心理,使下属在不知不觉中接受管理要求,在极大程度上减少了管理的心理阻力。管理者要尊重员工,给员工充分发展的自由空间,不要把自己的意志强加给员工,应帮助员工实现目标而不占有他们的劳动成果。

杰克·韦尔奇有一句经典名言:"管得少就是管得好。"其实这就是典型的"无为而治"的思想。管理者要有"无为而治"的理念和态度,提高自身的修养,不断按着"无为而治"的要求恪守准则。

首先,管理者要尊重自然规律,按照规律办事,不要与"道"相背而驰,也就是要遵道善为。因为"无为而治"是合乎规律的,是尊重万事万物的发展规律的,是顺其自然的。只有管理者明白了这一点才能实现效率最大化。

其次,管理者要相信下属员工的积极性、主动性和创造性,相信他们能自主管理;同时也要本着以人为本的理念,时刻考虑到下级的感受。

"得民心者得天下",员工和下属只有认同你才会发挥更大的主观能动性。

同时,懂得"无为而治"的管理者必定是一个很聪明的企业管理者,他把企业制度隐藏在了"无为"之后,必然可以快速发展。

海尔集团的董事长张瑞敏曾说:"我经营海尔主要是'无为而治'。我只抓大事,企业的大事就是文化、组织、战略。所谓的超级领导,就是当你的下属没有你的管理时,仍然能够正常工作。"在张瑞敏看来,在"无为而治"的理念指导下,可以产生井然有序的企业管理体系,在某种程度上看,"无为"可以说是极大的"有为"。

目前,国内很多企业领导者都觉得自己高高在上,于是独权、滥权,时常干预员工的工作,限制了员工的自我发挥,埋没了员工的潜能。因此,弄清"无为而治"的含义对企业具有很强的现实意义。

【华商生意经】

善于管理者都掌握了"无为而治"这门学问,或者说这门艺术。他们把管理这门艺术修炼到了无为而治的境界,让人瞠目结舌的同时,也使得自身在管理这个大池塘里如鱼得水,挥洒自如。

5. 经商永远追求创新求变

《易·系辞下》云:"穷则变,变则通,通则久。"这句话蕴含了事物发展的自然规律,即求新与求变。事物发展到极致的时候就要开始变化,并且通过不断变化才能进步,这样才能长久下去。变者胜,不变者淘汰,此是历史变迁之理。

经商更是如此,面对商业困境时,要学会变通,通过变革来改变现状。只有懂得随机应变,才会有进步。

所以当你无望的时候千万不要安于现状,安于现状你只会越来越失败,更不要自暴自弃,你只需要告诉自己要改变现状,思考新的方法和策

略,提出新概念、新思想,方可转危为安,化险为夷。

很多时候,固有的思维模式和思维惯性在很大程度上会成为你的绊脚石,事物在随时变动,不知道求变,会很难适应变化的大环境,最终只会被淘汰。而改变的最好方法就是学会创新。

在2008年严峻的经济形势下,浙江大丰实业有限公司经济不仅没有受到影响,反而实现了巨大增长,全年合同成交、销售收入、货款回收、利润总额均比上年增长了50%以上。

"大丰"曾经过了10多年的摸索,不断创新,最终确立了"巩固发展现有产业,整合内外资源,致力走向系统集成供应商"的发展战略。这与"大丰"追求卓越、创新求变的企业精神是分别不开的。

"一个企业要立足于长远发展,必须站在技术最前沿,形成具有自己特色、拥有自主知识产权的核心技术,只有这样,才能拥有真正的竞争力。"公司董事长丰华介绍说,"大丰"是一个重视创新发展战略的公司,同时技术研发创新工作也走在国内同行业前列。

"大丰"通过技术创新不断提升产品科技含量,同时也在摸索新的营销策略和经营方式,这种创新求变的理念不仅使公司免受了金融风暴的浪潮,还为国内企业做了很好的示范。

要知道成功不可能被复制,不要只照搬他人的做法,只有自己敢于创新,多尝试,才可能摸索出自己的一套方法。进行创新必须多思考、多学习、多实践,才会有创新。要知道创新并不是你呆坐在板凳上凭空想象出来的。

这世上本没有路,走的人多了也便成了路。而经商做生意就是要打破常规,敢于创新,寻找一条别人没有走过的路。

1952年,日本的东芝电气公司在仓库积压了大量的电扇,为了打开销路,公司内部可谓是绞尽脑汁,可是依然没有什么反响。

有一天,一个小职员向董事长石坂提出了把电扇颜色变成彩色的建议。不过,就是这个不起眼的建议改变了公司的状况,第二年东芝公司推出的第一批浅蓝色电扇在市场上还掀起了一阵抢购热潮,几个月之内就卖出了几十万台。

原来在当时，全世界电扇都是一个单调的黑色。不过自此之后，电扇就不再都是黑色的了。

对于任何企业而言，创新求变都是成功的不二法门。如果企业想要长久发展，经营者思想就不能太过保守，那样只会固步自封。墨守成规工作模式不会有一点突破，那样只会让企业原有的优势变成自己的劣势，自然也不会长久存活下来。

【华商生意经】

打破常规并不是随随便便就能做到的，这需要极大的信心和勇气来放弃传统的做法，而且要确保新做法的可能性及可能带来的后果。最好结合传统做法来完善新做法，取长补短，这样才能创造出优秀的、最可行的做法。

6. 多一些领导，少一些管理

《道德经》里有这样一段话："太上，不知有之；其次，亲而誉之；其次，畏之；其次，侮之。"意思是最高的统治之道是使老百姓不觉察其存在，其次是让人民热爱他、赞美他，再次是让人民畏惧他，最后是让人民轻侮他。

春秋时期，田单跟随齐襄王视察民情，经过淄水，看到一位老人光着脚蹚水过河。到了岸上，老人经受不住严寒，昏倒在路边。田单急忙脱下皮衣，给老人穿上，并派人找来一碗热汤。

看到这种情形，齐襄王有些不高兴了，他认为田单抢了自己的风头，于是对身边人抱怨："田单对老百姓施恩惠，不就是打算借此逐步夺取我的国家吗？应该时刻提防着他啊。"

随行的另一位大臣贯殊走过来，表情严肃地说："大王，您应该顺势

表扬田单,就说:'寡人忧虑百姓饥饿无食,田单收容他们,并且供养他们;寡人忧虑百姓寒冷无衣,田单脱下皮衣,给他们穿;寡人忧心百姓劳苦,而田单也忧念百姓,合于寡人的心意。'"

齐襄王点点头,依照贯殊的建议赏赐田单,并且夸奖他的爱民之行。老百姓看到这种情形,纷纷议论:"田单爱护老百姓,原来是大王教的呀!"

由此看来,许多时候,领导人只要保持气定神闲的姿态,处理好各层面的关系就会赢得大家的拥护。反之,如果随意发号施令、责难下属,就会给人"处处与人交恶"的印象,从而在工作中遇到问题会一筹莫展。

今天,远景规划、人本管理和变革管理日渐成为左右公司成败的重要命题。在这种大环境下,经营者需要用什么方式来带领员工实现公司目标?有效的做法是,多一些领导,少一些管理。

"管理者试图控制事物,甚至控制人,但领导者却努力解放人与能量。"这句话实际上阐明了领导者与管理者之间的区别:管理者是对企业员工、具体工作进行安排,是执行者,要及时发现并解决问题,其目的是建立秩序;而领导者是确定企业发展的整体方向、制定战略、把握方向、激励和鼓舞员工,其目的是推动变革。

事实上,在任何时候,管理和领导都缺一不可。"纯粹的管理"和"纯粹的领导"都不能很好地发挥作用。在商业经营中,我们主张多一些领导,并不是排除一切管理,而是要强化领导的优势,多一些领导,少一些管理。

(1)在关键时刻需要有力的领导

在相对稳定和繁荣时期,有限的领导与强力的管理相伴似乎使公司运转良好;在公司发展时期或重大转折的关键时期,有力的领导伴随着某种适度的管理,可能更符合公司运作的要求。

(2)领导是真正的制胜之道

无论什么时候,如果过分强调规范的管理体制而忽视领导作用,公司就不会取得重大发展,经营很容易走向盲目。特别是不断激化的竞争和逐

第4章
道商文化：在尊重规律的基础上永续经营

渐成熟的商业环境使公司的生存与发展变得更加严峻，在此情况下，大老板仅仅做管理工作是远远不够的，公司更需要的是大老板的领导和决策能力。管理虽然重要，但领导才是真正的制胜之道。

【华商生意经】

作为企业领导者，管得过多、过细，往往会打破正常的管理秩序，使管理处于混乱状态，增加员工工作压力，影响企业的整体效益。管理应具有层次，而领导者在工作中应体现出这种层次，避免"越俎代庖"的现象发生。

7. 在机遇面前要敢于取舍

国家的发展涉及到军事、政治、经济各个领域，具有周期性长的特点，因此最高决策者在制定发展战略的时候必须深谋远虑、懂得取舍，从而顺应大势。对此，庄子说："上诚好知而无道，则天下大乱矣！"意思是，君主一心追求圣知而不遵从大道，那么天下就一定会大乱了！

庄子认为，君主如果想拥有天下，必须在圣知大道之间做选择，懂得取舍，从而坐拥天下。显然，大是大非面前存大道而舍小利，照顾到未来的发展趋势，是抓住机遇创大业的关键。比如，战国时代的赵武灵王推行"胡服骑射"，可谓取舍的大智，卓绝千古。

符合未来的发展趋势，并且对多数人都有好处，即使遇到再大的苦难，也要努力去干。这是领导者应有的魄力。对经商活动来说，面对众多选择的时候，必须站在经营高度考虑全局，做出正确的抉择。

商人做生意谋的是利，是为了让顾客消费自己提供的商品而使自己获取利润。当每个顾客带来的利润有限时，尽可能多地争取顾客就显得十分重要。这时候，可以采用"欲擒故纵"的策略——让利，做到先"舍"后"得"。

从单一商品获利上来看，商人利用价格对比的差异，让出一部分利润，用低价商品吸引顾客，最后能够获得不菲的收益。例如，我们通常看到的打折、大减价、大甩卖等，就是这种操作技巧。

有一家"创意药局"，店主将售价200元的膏药，以80元卖出。由于80元的价格实在太便宜了，所以"创意药局"生意兴隆，门庭若市。他以不顾赔血本的方式销售膏药，膏药的销售量愈来愈大，赤字也愈来愈高。但是，整个药局的经营却出现了前所未有的盈余。

原来，前来购买膏药的人，几乎都会顺便买些其他药品，"创意药局"卖这些药品当然是有利可图的。靠着其他药品的利润，不仅弥补了膏药的亏损，同时也使"创意药局"的生意做得有声有色。

商人不做亏本的生意，然而做生意不能计较一时的得失，为了赚钱，必须先花钱，也就是成本投入。钱必须花在刀刃上，花得值，这就要算清楚成本与收益的关系，最值当的是花最少的钱赚最大的利润。

早年，史玉柱领导的巨人集团曾经以经营高科技产业闻名，后来看到房地产赚钱，进入房地产业，要盖70层高的巨人大厦；看到保健品赚钱，进入医药保健产业，一下子推出100多种产品，想成为世界华人首富。结果，没过两年，巨人分崩离析，从巅峰掉到了谷底，倒欠3个多亿，成了"首负"。

因此，要想成功，必先懂得放弃。尤其是今天各行各业竞争都非常激烈，经营者如果想带领团队获得成功，就必须学会在放弃中建立自己的竞争优势。

现代社会是一个市场竞争日益激烈的社会，任何一个企业想要在竞争中获胜，都需要有正确的经营方向。一般来说，高明的经营者不会不分轻重，把有限的资源"天女散花"般搞小而全，而是会果断砍掉拖后腿的业务，集中优势兵力打歼灭战。

比如，对于不良资产业务、需要独立分拆发展的业务、不符合企业战略转移方向的业务、处于衰退产业的业务、受资源和能力约束使企业无法经营的业务等，经营者在关键时刻要敢于决断，不忘"会舍才能得"的原则。

【华商生意经】

机会面前,经营者要做一个勇士,不做懦夫,这就是敢于取舍。但是,敢于取舍不等于胡乱取舍,能够把握时局、善于分析利弊,进而做出正确的决断,这其实是取舍的智慧,同样不可缺少。

8. 心无二用是最大的发展智慧

"其溺之所为之,不可使复之也。"庄子认为,人需要有专注的精神,对自己所做的事业注入全部的精力,才会有所成就。专注,其实就是我们常说的"一心不可二用"。

在商业圈里流传着一句话,叫"懂哪行做哪行。"也就是说,经营者必须对所从事的行业特别了解,而且要深入,能掌握别人不能掌握的技术,能看到别人看不到的市场和利润点。怎么做到这一点呢?那就要专注,力争使自己成为这一行的行家。成功的经营者,都可以堪称本行业的专家。

在今天这个快速变革的年代,人们面对着越来越多的不确定性,变化是这个时代唯一不变的主题。想在自己的领域内有所成就,必须以专注的精神建立优势,实现做深做透、做专做强。

在2004年度"CCTV中国十大年度经济人物"颁奖典礼上,腾讯集团CEO马化腾是获奖者之一。他发表了自己的获奖感言:"专注做自己擅长的事情。"

在组织管理、业务发展上专注地做事,就会使企业获得成长的机会,这是一种专业的经营理念。而腾讯集团始终按照这个方向前进,才走到了今天。

世纪之交的网络热潮曾经吸引了无数风险资本加入其中,大潮过后,人们看到的是一片衰败的景象。在那个网络寒冬,许多人纷纷离去,而留下来的人则迷失了方向,采取了遍地开花的策略。

作为一家即时通讯运营商，腾讯公司把自己的命运吊在了"即时通讯"这一条线上，走出了与多方有实力的企业携手合作的商业模式。专注之后是收获的喜悦，腾讯公司最能体会其中的味道。

心无二用，才会心到，进而手到、眼到，真正把事情办成、做到位。否则，永远都不会逃脱"其兴也勃，其败也速"的失败周期律。老子说"上德不德，是以有德"，意思是最高尚的德者不标榜自己有德，因为不刻意求取，所以有德。

香港泰国进出口商会会长孙振文说："内行看门道，外行看热闹。做生意要成为专家，才有赚钱的机会。"所以说经商是一门大学问，是学问就会有内在的门道，如果摸准了这一门道去实践，那么就容易掌握做生意的规律，赚钱也就比较容易了。

（1）要有勤奋的精神和坚忍的毅力

有了专业水准，再加上辛勤付出，不辞劳苦而百折不挠，脚踏实地，自然可以把专业能力转化为强大的生产能力或业务能力，这是决胜市场的基础。

（2）要绝对内行

内行，才能业精于勤，才能成就自己的专业和专长，超越竞争对手。如果水平不够，不能在同行中占有一席之地，自然难以在市场上立足。

【华商生意经】

做生意与做人一样，要踏实经营，放弃"空手套白狼"的手法。天上不会掉馅饼，没有付出就不会有收获。因此，一旦选择某个行业，就要沉下心做事，为客户提供周到的服务和优质的产品，成为该领域的专家，从而得到丰厚的回报。

第 5 章
华商文化的精神：注重信义传统，坚守博爱美德

1. 勤俭持家的传统

整体来说，华商涵盖的范围非常之大，是当今中国及全球华裔商人的总称。既包括传统的晋商、徽商、浙商等，也包括新兴的潮商、粤商等。虽然华商的范围十分之广，但不得不说的是，在中国几千年传统文明的教养和浸润下，整个华商都十分注重传统美德的传播和发扬。不仅企业家自身继承了这些传统，还将其融入到整个企业文化中，用这些优良的品质带动企业文化的发展。其中勤俭持家的品质就是多数成功企业家身上所具备的。比如说：李嘉诚、王永庆、任正非、牛根生、宗庆后等等，他们都因节俭的品质而为外界所称道和赞扬。

迅速发展的当下，一股奢侈浪费的风气刮得正热。受社会上种种不良风气的影响，越来越多的人丢弃了中华民族历来所推崇的优良品质，走向道德的滑坡。但是这些声名鼎赫的华商在拥有了巨大的成功之后，依旧秉持着往昔的作风，丝毫不受外界的影响，过着勤俭节约的生活，不能不令人敬佩。正因为有了这些人的坚持，我们的优良传统才能得以延续，社会上的不良风气才能得以纠正和消灭。在这些华商身上，最为闪亮的就是其对传统精神的发扬和继承。

华为总裁任正非的勤俭节约历来都是为社会各界所称道的，媒体上也有相关报道。但对于这点，其本人没有大肆宣扬，因为这就是其生活的常态，不是一时的作秀和编排。1996年3月，任正非率领团队十多号人到贝尔格莱德洽谈项目，入住当地的香格里拉酒店时定了一个大的总统套房。但并不是他一个人所享受，而是为了节约，整个团队的人要一起住在这间套房里。

1997年时，任正非带员工前往巴西亚马逊热带雨林旅游。出发之前，一行人在当地商店购买旅游鞋。总共分为三个档次，分别是每双35雷日尔、45雷日尔、55雷日尔，当时华为给每个出差员工的补助是每天75美元。员工们纷纷选择了价格为55雷日尔的名牌鞋。任正非却拿起了最便宜的35雷日尔的普通鞋子，还对员工说："我是来巴西出差的，和你们常驻人员不一样，我的鞋穿一次就扔掉了，不用买名牌的。"但是，当旅行结束返回驻地之后，员工却发现任正非在卫生间将这双普通的运动鞋刷得干干净净，回国时还将其装进了箱子，带回了国内。

由上述两个事件，足以看出华为总裁任正非勤俭的好品质。这是其几十年如一日的生活常态，但这只是其对待自己生活的态度，工作上的任正非，为了对用户负责，为了将华为品牌推向更大的市场，也是十分舍得的。节俭不是抠门儿，而是要将每一分钱花在正确的地方，发挥出其应有的作用。

为了扩展华为的国际市场，在2000年的香港电信展上，华为邀请了世界上50多个国家的2000多名电信官员、运营商和代理商参加，分别安排头等舱、一等舱的往返机票，入住在五星级宾馆，还分发了上千台笔记本电脑。为了这次活动，华为耗资两亿港元。这也是华为第一次非常高调地向外界展示自己的实力和野心。事实证明，任正非这次的"出手阔绰"是十分值得的，之后，华为迅速打开了国际市场，走上了国际化路线。

第5章
华商文化的精神：注重信义传统，坚守博爱美德

【华商生意经】

"勤俭节约"也是相对而言的，华商在需要金钱帮助其打开市场、发展企业时，也要相应的"奢侈"一把，在一贯的生活作风上可以继续坚持自己的习惯和要求。

2.诚实守信的信条

在中国，"仁、义、礼、智、信"这六个字几乎是传统文明的基石，是实现民族腾飞和发达的关键。曾经有上百年，中国的GDP在世界上都是遥遥领先的，靠的就是这上百年来传统文化的积淀。论语只有短短的11000多个字，却治理了中国2000多年，不得不赞扬中国传统文化的伟大力量。

而对一个企业的发展来说，究其内核，"诚信"的作用不容小觑。"诚信"是企业的立身之本，是企业的发展之道。如果没有"诚信"可言，这个企业是没有发展前途的，必将在前进的车辙中灭亡。

马云在接受采访时曾说："阿里巴巴最骄傲的工作，是证明了诚信值多少钱。"以阿里巴巴为领头的诸多企业用"诚信"证明了企业的力量。而以"三鹿奶粉"为首的一些企业则因破坏"诚信"，破坏消费者的信任，而破产倒闭。

"诚信"是企业发展的首要条件，古人曾说："对人以诚信，人不欺我；对事以诚信，事无不成。""诚信"是中华民族历经几千年的历史流传至今的传统美德，不仅是企业家对个人修养上的追求，也是其对企业文化的精神注入。只有保持"诚信"才能立于不败之地，永葆企业青春常驻。可以说阿里巴巴的成功就是对"诚信"最好的诠释和证明。

阿里巴巴在创业之初非常简单，没有人相信他们所做的事情。大多数人都认为他们是疯子、是骗子。那么他们在既没有金钱保障，也没有资源支持的情况之下，是如何突出重围，走了出来呢？靠的就是"团队精

神——诚信"。最开始的阿里巴巴，帮助外贸公司在网上接进出口订单，收取年费。但是一年下来，订单的交易总额还赶不上企业交的年费多。

阿里巴巴的员工就觉得心里十分过意不去，主动跟企业说明："电子商务是有市场前途的，只是现阶段还没有发展起来，要不然我们给你们退钱，明年就别签了。"结果客户听到这话，在感动之余还反过来安慰他们说："外贸业务从线下转到线上，是需要时间、需要培养的。你们这么为我们着想，我们也相信你们。"在秉持着"诚信"的基础之上，阿里巴巴凭借着众人的努力和坚持就这样一步步地走了出来，发展壮大。

阿里巴巴不仅在企业整体文化上注重"诚信"，在对员工的要求上，"诚信"也是必不可少的条件。一个人即使再有能力，假若他缺乏"诚信"，公司还是会毫不留情地开掉他。在公司逐步走入正轨之时，有两个员工，他们自己的销售业绩超过了公司销售团队的60%，但是在随后的调查中，发现这两个员工存在着贿赂现象。要是选择开除这两个人的话，公司就会减少收益，不赚钱；但是不开除的话，就违背了公司本身的价值底线。经过一番商议，公司还是决定将这两个人开除。

"不贿赂"这一要求至今还写在阿里巴巴的员工守则里，谁要触犯，就会立即开除。阿里巴巴的"诚信"要求不仅帮助公司走出了困境，还是其发展壮大的关键因素。

【华商生意经】

诚实守信对于华商来说绝对是不可违背的信条。因为这是其做人的根本，是企业发展的基石。

3. 开拓进取的精神

华商的一大特点就是具有开拓进取的精神，吃苦耐劳、勇于拼搏历来就是他们的代名词。不仅身居国内的华商们如此，在海外奋力打拼的华商

第5章
华商文化的精神：注重信义传统，坚守博爱美德

们更是秉持着这一观念。

这些海外华商往往都是白手起家，最初来到海外时，过的都是风餐露宿的生活。面对陌生的环境，面对艰辛异常的生活，他们没有坚挺的靠山，没有三头六臂的绝技，有的就是一颗不怕困难、勇敢无畏、追求卓越的中国心。他们相信通过自己的努力，一定能在海外站稳脚跟，取得一定的成就。所以苦与累都是人生的必经之路。以陈弼臣、李文正、陈凯希等人为例，他们成功的秘诀其实很简单，那就是开拓进取、永不放弃的执着精神。

金融巨头陈弼臣原籍中国广东潮阳，是大众俗称的潮商。他的父亲是曼谷一家公司的普通职员。陈弼臣5岁时被送回潮阳读小学，后因家境贫穷，不得已而辍学。他17岁时离开中国，前往曼谷，干过售货员、搬运工、厨师等各种各样的活计。

不论对待什么工作，不论在任何时候，陈弼臣都勤恳工作、任劳任怨，绝不会偷懒、耍小心眼。凭借着自身的努力和学习，经过4年的辛苦打拼，陈弼臣终于从一家公司的秘书升任为总经理一职。之后，他又在几个朋友的帮助下，一同创办了一家五金木材公司，自己当起了老板。

有了自己的企业之后，陈弼臣并没有满足于现状，而是依旧保持着积极进取的精神，伺机进一步壮大发展。上天不会辜负一个努力的人，在恰当的时机下，陈弼臣又继续发力，创办了3家公司，经营木材、五金、粮食等业务。由于陈弼臣自身来自底层，懂得生活的艰辛，待人接物都十分温和、平易近人，对待身边的人从来都是一视同仁，从不以财富的多少、地位的高低而评判他人，谦虚、宽厚是他骨子里的秉性，开拓进取、勇往直前也是其性格中的一大利器。

接连创办的几家公司，在陈弼臣的用心经营下，业绩都非常不错，与亚洲各地的各大银行都建立了友好、密切的联系，生意日渐兴隆，经济实力也得到了扩充和巩固。在这样的基础之上，野心勃勃的陈弼臣与泰国的10位商人联合集资20万美元，创办了盘古银行。在之后的几十年内，银行业绩平均保持着每年20%的增长率，跃然成为泰国银行界的翘楚，而

陈弼臣也为泰国民众所熟知,成为泰国的头号富翁。

陈弼臣在异国他乡从一个一无所有的穷小子,到头号富翁的地位,这其中的转变可谓是精彩绝伦。而他能够取胜的因素,除了外部环境的需要,最关键的当是其自身具有的优秀的领导才能和出色的智谋,以及从不言弃的开拓进取的精神力量。他的儿子在谈及父亲时曾说过,"父亲是一位能够在逆境中进取的领导者。"

【华商生意经】

从潮商陈弼臣的创业经历可以看出,无论身在何处,心依旧是中国心,中华民族的精神依旧流淌在骨子里,生生不息。

4. 百折不挠的意志

"锲而舍之,朽木不折;锲而不舍,金石可镂。"说的正是遇到困难,不要轻言放弃,只要坚持不懈地努力下去,即使再艰难的事情也能够克服。深受中华文明熏陶的华商,正具备这一特质。百折不挠的坚强意志,使他们穿过层层风险,依旧能够怀抱热情,勇往无前地继续奋进。以陈凯希、韩卫东、连瀛洲等为首的华商的身上,最为人所称道的就是这一特质。

"有百折不挠的信念所支持的人的意志,比那些似乎是无敌的物质力量有更强大的威力。"这句话印证在海鸥集团创始人陈凯希的身上,是十分恰当和准确的。提起陈凯希,马来西亚和东南亚的华人和华裔社会,几乎无人不晓、无人不知。不仅他的创业故事为人传说,他孜孜不倦地为促进马来西亚与中国两国人民外交而尽力的这份情谊也令人动容。

陈凯希,祖籍福建省安溪县。和许多华裔一样,他的童年生活颠沛流离,十分凄惨。因家境贫穷,初中二年级就辍学打工。在橡胶园割过橡胶,在罐头厂削过菠萝,摆过地摊,修过自行车……为了生计,能赚钱

第5章
华商文化的精神：注重信义传统，坚守博爱美德

的营生他几乎都做过。但是命运并没有因此厚待这个努力的年轻人，1965年2月13日，生活困苦的陈凯希因为信仰社会主义体制而以政治犯的身份被捕入狱，一关就是8年。但是在狱中的这段生活，并没有消磨掉他的意志和勇气，陈凯希反而将这段日子作为自我反省和提升的时机。

陈凯希曾表示过，在狱中的这段生活，使他学到了许多东西，也想清楚了很多事情，并对未来有了较为明晰的规划，那就是从商。出狱之后的陈凯希对当今经济形势做了严谨的分析，认为马来西亚的华裔们虽然远居海外，但是在传统和文化的影响下，对中国商品的依赖程度还是非常之大，所以在马来西亚从事中国商品进出口的生意还是十分有前景的。

有了明确的方向，陈凯希赶紧联系了几位朋友，集资了16万林吉特，在马来西亚西海岸的一个小县城内开办了第一家小店，以经营中国药酒为主。

但是天不随人愿，由于当地居民对商品缺乏一定的了解，小店生意并不景气，第一年处于亏本状态。在股东们纷纷嚷着撤资的情况下，陈凯希并没有因此而泄气，他相信自己的判断，在和平的大环境的支撑下，药酒这一保健品具有十分广阔的前景，目前所缺乏的就是宣传和推销。于是他根据店名——海鸥，提出了著名的"海鸥精神"，那就是"要与众不同，敢做别人不敢做的事，像海鸥一样拥有毅力、勇气，确定人生志向，努力展开双翼高飞。"

之后陈凯希另辟蹊径，采用将药酒推荐给中药材商店的方式，扩大销售渠道。因为在马来西亚，中药材商店可谓是遍布四野，分布十分之广。将药酒推销给药店，无疑是开辟出了成千上百个零售店。与此同时，陈凯希还加大了广告宣传力度，举办各种各样的活动来增加药酒的知名度。

在一系列强劲的宣传和推销行动下，海鸥公司代理的药酒的销售额取得了前所未有的增长，药酒的种类也得到了相应的扩充。此时，海鸥公司销售的药酒已经逐渐占据了马来西亚的市场，成为药酒业的佼佼者。经过一步步的发展，海鸥公司已经成为一个规模巨大的企业，拥有20多家子公司、18家门市部等，经营的范围也涉及到饮食、娱乐、旅游、金融等

等方面,但仍以销售中国商品为主。

经历了种种磨难之后的陈凯希,终于登上了企业大亨的高位。但是他并没有因此而忘本,华商的精神依旧留存在他心中。积累了一定财富的陈凯希,从未间断过对公益事业的支持,不仅在 1991 年中国遭遇洪涝时出手捐赠 20 万林吉特,还积极促进马来西亚与中国的各种交流活动,促进两国人民友谊的发展。

【华商生意经】

即使身在国外,但内心仍时时牵挂祖国,这是海外华商的共通之处。这种精神支撑着华商在海外发展壮大,也促使他们日后回报故土。

5. 灵活应变的策略

信息时代的飞速发展,变化之快常常令人应接不暇。如果没有及时跟上时代的脚步,那么就面临着被淘汰的危险。这需要企业家们保持着高度的敏锐度和灵活度,面对挑战,能够做出相应的策略,迎难而上,而不是站在原地,固步自封。经营有道的华商们,往往是时代的弄潮儿,他们具备足够的危机意识,对时代的发展有着足够清醒的意识和反应能力。

从传统走向现代,这是企业的生存之道。过往的经验和知识可能并不适应于当下的社会,所以华商们需要从危机中不断学习,转变策略,为企业开拓出更大的发展空间。就像前 IBM 公司的董事长郭士纳先生说的:"长期的成功只是在我们心怀恐惧时才可能。不要骄傲地回首让我们取得过往成功的战略,而是要明察什么将导致我们未来的没落。这样我们才能集中精力于未来的挑战,让我们保持虚心、学习的饥饿及足够的灵活。"

第5章
华商文化的精神：注重信义传统，坚守博爱美德

面对社会大环境给出的每一道难关，潮商林佑钦都见招拆招，圆满地完成任务。林佑钦是潮汕人，而潮汕人善于经商，头脑精明，素来就有着"东方犹太人"之称。出生于乡村的林佑钦，自小就十分聪慧，有经商头脑，18岁就独自开办了一家专卖空白录像带的商店。

林佑钦凭借着自身的努力，在没有任何背景的支撑下，一步步地从乡村走向了大都市。20世纪80年代中期，中国第一台VCD影碟机问世。在松下、索尼等国际大企业还处于观望之时，林佑钦分析之后认定了它的发展前景。他当即决定停掉潮汕的生意，转而以VCD为突破点，进军广州。事实证明，他的判断十分准确。

1997年，广东金飞仕影音发展有限公司成立，林佑钦任总经理一职。随后又根据时势发展，相继成立了香港金飞仕影音企业有限公司、金飞仕科技工贸有限公司、飞仕影音音像制品有限公司等。2006年又转变思路，成功进军地产行业，成立了广东置美地产发展有限公司。

涉及多个领域的业务，使得林佑钦不得不适时转变经营策略，求得稳进发展。于是，他将旗下公司进行整合，创立了广东飞晟投资有限公司，集能源、房地产、航空、文化创作等多个领域为一体，开启多元化的发展。

2007年，善于抓住时机、拓展领域的林佑钦在汕头市举行的春季招商引资活动中，又投资39亿元，计划建设一个有150万立方米的石化仓储基地。此时，林佑钦从一个投资商人转身一变，开启了自己商业生涯中的第二次新的博弈。这一变化，不仅再一次印证了潮汕商人林佑钦的商业才能，也展示了其灵活多变的商业策略。紧跟时代的发展，不断超越自我，勇猛向前，这是中华商人的一大特质。

【华商生意经】

每一次的转变，都会迎来新的机遇。华商们把生意当做终生的事业，永不满足，永不停歇，走向卓越，没有尽头。

6. 回馈社会的善举

有人曾说："一个企业家最高的境界是成为慈善家。"显然，这一说法在诸多华商身上都有所体现。他们沿袭中华文明传统，切实践行心系天下的使命。无论社会如何变迁，他们心中的这份中国心依旧在燃烧。在拼搏出自己的地位、财富和声望之时，他们自动地挑起为民造福的重担，勇于、乐于用实际行动来回馈社会、回馈祖国。这也是华商们的精神传统。

华商代表之一邵逸夫的身份早已不能只是用"娱乐大亨""商业大鳄"等词语来形容，最为人所瞩目的当是其为世人所熟知的慈善家的身份。可以说每个人心中都有一座邵逸夫楼。多年来，邵逸夫捐献了47.5亿港币的资金用于内地的科学教育与文化事业，几乎每个省市的高校都有一座赫然挺立的"邵逸夫楼"。他还模仿诺贝尔奖，成立了"邵逸夫奖"，基金高达50亿港币。

虽然邵逸夫不是香港最有财富的企业家，但他确实最热衷慈善事业的人。他在香港的口碑主要源自他打造的影视帝国，而在内地则全是其慈善事业为其赢得的口碑。邵逸夫最看重的就是教育，他曾说："中国要强大，教育太重要了。我看到国家教育事业在进步，心里很高兴呀！我的捐款重点在教育，培养人才，做些实际的事情，这是我最大的心愿。"

邵逸夫的慈善重点在教育，但又不只是教育。1999年，台湾"9·21"大地震，邵逸夫捐款2500万港币用于救灾工作；2005年，捐献1000多万港币救助南亚海啸重灾地区；2008年，向四川地震灾区捐献1亿港币；2009年，捐献1亿港币用于台湾"8·8"台风灾害事件……邵逸夫用自己的实际行动，低调却高尚地完成着自己的心愿。这份崇高的社会责任感和仁爱之心，永远为人民所敬仰。

1990年，中国科学院紫金山天文台为了表彰邵逸夫为中国教育事业作出的贡献，特地将新发现的2899号小行星命名为"邵逸夫星"。2008年，中华人民共和国民政部授予邵逸夫"中华慈善奖终身荣誉奖"，以此表彰他的慈善事业和慈善精神。

第5章
华商文化的精神：注重信义传统，坚守博爱美德

【华商生意经】

对事业、财富、成功的渴望驱使着一代代的华商努力拼搏，打下自己的一片天地。难能可贵的不仅在于他们赤手空拳、凭靠着自己的力量获得了成功，更体现在他们发达之后，仍旧保持着那份可贵的心系天下的仁爱之心。他们践行着心中的那份对祖国和人民的深切的责任感，用实际行动来回馈。这是华商们最为伟大的善举。

第 6 章

中华商业老字号：百年老店基业长青的秘密

1. 同仁堂：永远把产品质量放在第一位

同仁堂的创始人是乐显扬，他的曾祖父乐良才是一名走街串巷行医卖药的铃医，在明代朱棣迁都之际，从宁波来到北京。乐显扬毕生致力方药，精研修合之道，具备了丰富的学识和经验。后来，他当上了清代太医院的吏目，于 1669 年（清康熙八年）创办了同仁堂药室。

乐显扬的儿子乐凤鸣继承祖业后，在北京前门外大栅栏路南开设同仁堂药铺，并提出"炮制虽繁必不敢省人工，品味虽贵必不敢减物力"的训条，为同仁堂制作药品建立起严格的选方、用药、配比及工艺规范，在社会各界赢得了良好信誉。

因为药品疗效显著，声誉与日俱增，同仁堂博得了清政府的赏识，由皇帝钦定：供奉御药房需用药料，代制内廷所需各种中成药。从此，同仁堂开始了承办官药的历史。从 1753 年到 1843 年，这整整 90 年中，同仁堂被外人持股，经营权多次更迭，后来在乐平泉手中才恢复了祖业。

乐平泉锐意进取，清偿了债务，生意日渐红火，进一步奠定了同仁堂稳固的基础。他不但密切与清政府的关系，捐了官衔，成为一名"红顶商人"，还建立了一套理家治店的措施。比如，嫁到乐家的妇女都要参加包金裹药的工作,这紧密地把乐氏家族的命运与同仁堂的兴衰联结为一体,构成了同仁堂家族式经营方法的一大特色。

自近代以来,社会动荡不安,同仁堂经历了种种磨难,经营者苦苦支撑衰败的家业。1948年,乐氏第十三代传人乐松生接任同仁堂经理。

1954年,乐松生向国家递交了公私合营申请。1957年,同仁堂中药提炼厂正式成立,开创中药西制的先河。1979年,同仁堂厂、店牌号正式恢复。1989年,"同仁堂"被认定为驰名商标,受到国家特别保护。2001年7月,中国北京同仁堂(集团)有限责任公司正式揭牌,开始了公司制管理的新篇章。

北京同仁堂历数代而不衰,载誉达300年之久,成为中国医药史上的一个奇迹。这一成就的取得,主要得益于经营者坚持品质第一,从而为同仁堂树起了一块金字招牌。即使在动乱年代,同仁堂也不放松对质量的监控。

质量就是生命,效益决定发展,在竞争激烈的商场上,质量是赢得客户信任的基本砝码,有了质量,才能占有市场份额,实施名牌战略,占有优势地位。质量关乎着一个公司的发展,一个行业的兴衰,一个地区的繁荣,甚至一个国家经济的起伏。

【华商生意经】

同仁堂质量文化可以概括为:"以质为命,至优至精,崇尚仁德诚信。"它所形成是一种对药品质量高度负责的文化理念,是以药品疗效为核心的全面质量保障体系和现代制药规范,渗透于制药、营销管理和各项工作之中。

2. 胡庆余堂:以"戒欺"文化立世

胡庆余堂是清同治十二年(1874年),由胡雪岩创办的国药店。胡雪岩故世后,胡庆余堂曾数次易主,但店名仍冠以"胡"字,"胡庆余堂"

信誉声名远扬。今天,这里仍继承祖传验方和传统制药技术,保留了大批的传统名牌产品。

胡庆余堂以宋代皇家药典《太平惠民和剂局方》为基础,收集各种古方、验方和秘方,并结合临床实践经验,精心调制庆余丸、散、膏、丹、胶、露、油、药酒方400多种,著有专书《胡庆余堂雪记丸散全集》传世。

今天,胡庆余堂中药博物馆是我国唯一的国家级中药专业博物馆,面积4000多平方米,分别由陈列展厅、中药手工作坊厅、养生保健门诊、营业厅和药膳餐厅等五大部分组成。

一个企业的开办意味着一个良好的信誉的开始,有了信誉,自然就会有财路。这是必须具备的商业道德,就像做人一样,忠诚、有义气。企业一般有其特定的顾客和客户,只有不断积累信誉,才能抓住这些救命稻草,获得回头客。不注意自己的信誉,在经营中欺骗顾客,只能关闭企业利润来源的大门,到头来搬起石头砸自己的脚。

对于自己说出的每一句话、做出的每一个承诺,一定要牢牢记在心里,并且一定要能够做到。办企业要注重积累信誉,有了信誉,就有了市场,也就赢得了利润。

胡庆余堂沉淀的丰富独特的文化,可以说是中国传统商业文化之精华,也是胡庆余堂百年老店经久不衰的法宝之一。其中,"戒欺"文化最令人称颂。

(1) 戒欺

著名的"戒欺"匾额系胡雪岩清光绪四年四月亲笔所写店训,它告诫属下:"凡百贸易均着不得欺字,药业关系性命,尤为万不可欺。"

(2) 是乃仁术

今天,胡庆余堂门楼上还保留着胡雪岩所立"是乃仁术"四个大字,这一祖训反映了诚实守信、治病救人的仁义精神。

(3) 真不二价

遵守"采办务真,修制务精"之祖训,胡庆余堂所生产药品质量上乘,提倡货真价实,"真不二价"。

【华商生意经】

办企业要注重积累自己的信誉，做生意是建立信誉的过程，信用是交易的基础。老子认为：事物得到同一，便有了顺利与祥和；事物失去同一，也就失去了和平与安宁。表现在经商活动中就是：厚道做人，表里如一，讲求信誉，才能广结善缘，赢得合作伙伴和顾客的信赖。

3. 瑞蚨祥：继承传统，开拓创新

1862年（清同治元年），济南人孟鸿升以经营土布为生，并给店铺起名"瑞蚨祥"。后来，他到上海、青岛、天津等地设立连锁店，经营规模逐渐扩大，经营品种也日益增多，增加了绫罗绸缎、皮货等高档商品。

1876年，第二代传人孟雒川进京经商，出资八万两白银在大栅栏买到铺面房，成立北京瑞蚨祥绸布店。到清末民国初年，瑞蚨祥已成为北京最大的绸布店，拥有五个字号，即东鸿记茶庄、瑞蚨祥总店（也称东号）、鸿记皮货店、西鸿记茶庄和西鸿记绸布店。

1900年，瑞蚨祥毁于义和团的洗劫，不久重建开业。恢复以后的瑞蚨祥仍然以货品纯正、花色新颖著称。

1954年，瑞蚨祥率先实行了公私合营，五个字号合并为一，改成以经营绸缎、呢绒、皮货为主的布店。现在北京瑞蚨祥绸布店基本保持了原来的建筑风貌，天井式的房屋结构，门面上的石雕、罩棚等仍保存完好。

公司完成原始积累后，必然会追求进一步的发展。这时候，在经营管理过程中又会出现许多以往没有遇到过的新问题。为此，不少公司领导人提出了"二次创业"的口号，并相应地采取了各种措施，实现新的突破。瑞蚨祥能够在漫长的发展过程中不断突破自我，得益于持续创新的精神。

（1）创造舒适温馨的购物环境

长期以来，瑞蚨祥在经营上坚持"至诚至上，货真价实，言不二价，

童叟无欺"的理念，店员热情待客，全面介绍，服务周到；注重店容卫生和职业着装，讲究语言文明，绝无不干不净的秽言出口，为顾客创造了一个舒适温馨的购物环境，前来光顾的人络绎不绝。

(2) 继承传统，开拓创新

改革开放以来，瑞蚨祥发扬销售面料和帮助顾客加工服装相结合的好传统，在研制传统服饰方面付出了很多的心血，尤其在加工展示东方女性和中国丝绸特有风韵美的旗袍上成绩斐然。

【华商生意经】

"二次创业"成功，相对于以往的发展和积累，其实是一次战略上的创新，关键是建立"归零心态"。在此，经营者要牢记："长期的成功只是在我们时时心怀恐惧时才可能。不要骄傲地回首让我们取得以往成功的战略，而是要明察什么将导致我们未来的没落。这样我们才能集中精力于未来的挑战，让我们保持虚心、学习的饥饿及足够的灵活。"

4. 成文厚：推陈出新，开放经营

成文厚起源于山东济南，最初是经营笔砚、课本、农村读物等商品的小店铺。20世纪30年代初，成文厚的买卖愈做愈大，哈尔滨、吉林、丹东等地都相继出现了成文厚分号。而北京成文厚是在1935年成立的，负责人是刘国梁。

20世纪40年代初，北京得泉簿记学校校长贾得泉编辑出版了《改良中式簿记》一书，第一次介绍了科学的复式记账方法和借贷式账簿的样式。于是，成文厚老板刘国梁主动与贾得泉合作，于1942年推出了借贷式新式账簿，广受欢迎。

1955年11月，成文厚成为北京市首批公私合营企业。1980年，成文

厚在原址进行了翻建，同时恢复了老字号。目前，成文厚公司下设：成文厚账簿商店、成文厚卡片商店、成文厚批发部、成文厚现代办公用品商店等。

早年，成文厚出售的账簿以其样式新、质量优、信誉高而誉满京城。面对新的社会环境和市场环境，成文厚在保持和发扬传统经营特色的同时，不断推陈出新，坚持开放经营，走扩大市场商品占有率的经营之路。

成文厚的发展之路带来很大启示，企业在经营过程中要始终适应市场的变化，根据形势发展调整经营策略。这种创新来自多个层次：营运创新、产品创新、战略创新，当然还有管理创新。每个层次对企业的成功都能作出贡献。

（1）营运创新

在一个超竞争的世界里，卓越的营运能力是十分必要的。但是一旦缺乏类似丰田的管理创新和宜家的商业模式创新的话，仅有营运创新则难以产生有决断力的长久的经营优势。

（2）战略创新

战略创新常常提出一项新的大胆的商业模式而使成熟企业时时提防。一种颇具威胁的商业模式也为提出者带来数亿美元的收入，但这种独到的商业模式容易被解构，也常常受原来管理体系的阻碍。

（3）产品创新

毫无疑问，一个受顾客青睐的产品会给公司带来大量的订单。但是，没有强有力的专利保护，许多产品很快就会淡出市场。另外，技术的迅速变革使得产业新贵能快速超越昨日之星。

【华商生意经】

排列一下不同层次的创新就会发现，越高层次的创新对价值创造以及竞争地位的维系就越有作用。管理创新无疑是最高层次的创新。理解这一点对进一步关注管理创新则更有益处。

5. 绍兴女儿红：浓厚的历史文化底蕴

"女儿红"是浙江绍兴著名的"花雕酒"。中国晋代上虞人嵇含《南方草木状》记载，女儿红酒为旧时富家生女、嫁女必备之物。

从酒质来看，女儿红酒是一种具甜、酸、苦、辛、鲜、涩6味于一体的丰满酒体，加上有高出其他酒的营养价值，因而形成了澄、香、醇、柔、绵、爽兼备的综合风格。

绍兴女儿红酿酒有限公司是绍兴东路酒的代表，位于浙江省绍兴东麓的东关镇，占地130亩，其属于长江三角洲开发区。目前，公司以黄酒、白酒生产与销售为主，也有果酒、保健型酒等。

女儿红酒以优质精白糯米、生麦曲和鉴湖水为原料，采用独特工艺酿造后，再经多年陈化而成。该产品色泽橙黄透明有琥珀光，味道醇厚甘鲜，具有半干型优质绍兴酒特有的馥郁芳香，酒体协调，含20多种氨基酸，营养价值较高，被誉为"液体蛋糕"。

在长期的发展过程中，绍兴女儿红酿酒有限公司形成了独特的历史文化底蕴。女儿红酒有广为人知的历史记载和典故，这是一张最有力的文化牌。加上传统工艺的制作，女儿红成为绍兴黄酒中的精品，深受国内外消费者的喜爱。

形成一种企业文化，要经过企业领导者的长期倡导，并且要得到全体员工的积极认同、实践和创新，从而形成企业所特有的整体价值观念、信仰追求、道德规范、行为准则、经营特色、管理风格以及传统习惯等。所以，企业文化是一个完整的体系，其他组织是无法从中抄袭到真谛的。

具体来说，企业文化的整个体系具有以下特征。

（1）独特性

不同的国家、不同的民族、不同的地区，有各种各样的企业。由于文化风格不同，不同的文化呈现出不同的特色和魅力，从而形成了不同企业的独特性。

（2）共识性

企业文化应该是企业广大员工的共识，是多数员工共同的价值判断和价值取向。有趣的是，所谓"共识"，开始时往往比较集中地体现在企业少数代表人物的身上，如企业里的英雄、模范、标兵等，而后才影响到更多的人，并获得价值认同。

（3）非强制性

在一个企业里，一种主流文化一旦成了气候、形成一种氛围，便也自然而然地产生了一种约束力，称之为"软约束力"。对于少数员工来说，身处这样的氛围中，身不由己之间，其实已经受到了约束，汇入了主流文化之中。

【华商生意经】

公司文化应该是一个动态的过程，它必须与公司一起"共同成长"，没有创新或者不能包容创新精神的"公司文化"是一种消极的文化。企业的振兴也需要文化，企业没有文化，就等于没有灵魂。但是，企业文化的建立，必须从组织内部产生，不能抄袭，可以借鉴。

6. 天福号：流程管理打造美味珍馐

1738年（乾隆三年），山东掖县人刘凤翔带领孙子来京谋生，与一山西客商合伙在西单牌楼东拐角处开了一家酱肉铺，经营酱肘子、酱肉和酱肚等。由于经营不景气，山西人撤资，刘家独自支撑。一天，刘凤翔到市场进货，买下了一块旧匾，上书"天福号"三个颜体楷书。此后，生意日渐兴隆。

过去，熟肉铺都是夜间制作，白天出售。有一次，刘凤翔的后人刘抵明夜间守灶，不料睡着了，肘子煮过了火。没想到的是，刑部一位官员吃

过后连声称好。刘抵明如法炮制,结果新产品大受欢迎。

此后,刘抵明就在这锅肘子制作过程的基础上认真研究,总结出一套独特的制作方法,并在选料、加工上越来越严格。酱肘子的质量越来越好,名气越来越大,一度成为清王朝的贡品。

中华人民共和国成立后,天福号的店址、牌匾几经变迁,但是酱肘子的传统制作方法却一代一代流传下来。今天,北京市天福号食品厂经过不懈的努力,已发展成为具有相当规模的企业。它拥有两个生产车间,除生产传统酱制品、卤制品、油炸货外,还生产多种西式肉类制品。2008年,天福号酱肘子制作技艺纳入《国家级非物质文化遗产》保护名录。

一个企业中不同的部门、不同的客户、不同的人员和不同的供应商都是靠流程来进行协同运作,如果流转不畅一定会导致这个企业运作不畅。

通常认为,流程管理是一种以规范化地构造端到端的卓越业务流程为中心,以持续提高组织业务绩效为目的的系统化方法。它应该是一个操作性的定位描述,指的是流程分析、流程定义与重定义、资源分配、时间安排、流程质量与效率测评、流程优化等。天福号能够生产出品质优异的产品,得益于其完善的流程管理体系。

(1) 制作工艺独特

天福号酱肘子选料严格,采用生长一年半左右的仔猪前腿,每只猪肘三斤半至四斤半,个头大小、肉质肥瘦、肉皮薄厚要基本一样;配制老汤的辅料花椒、桂皮、生姜等要产地固定,新鲜整齐;生产工艺一丝不苟,精工细作。从而形成了酱肘子肥而不腻、瘦而不柴、浓香醇厚的独特风味,在京城独树一帜,经久不衰。

(2) 坚持"品质是天"的质量信念

天福号坚持使用天然香辛料,拒绝添加防腐剂、人工色素,从而形成地道的产品口味和独有的健康品质。并且,以"时间经典系列""老手艺老口味系列""草本养生系列"为龙头,开发出9个系列70余款产品,赢得了"好料、好劲、好味道"的良好口碑。

（3）建立完善的流程管理体系

天福号拥有完善和独有的原料选购体系、独特的工艺制造体系、严格的品控体系和便捷的冷链物流体系。公司顺利通过了 ISO22000（HACCP）质量管理体系认证，成为北京首家通过 QS 认证的 A 类熟肉食品企业。

【华商生意经】

流程管理的核心是流程，那什么是流程呢？把一系列的活动，按照一定的次序连接起来，以达到预期的效果，这就是流程。流程是任何企业运作的基础，企业的大部分业务都是需要流程来驱动。科学的流程管理，能够用数字准确、动态地反映管理活动，进而优化企业资源，实现各种资源的最佳配置，这从经营的角度来看是一种高效率。

7. 茅台：成功源于独一无二的工艺技术

茅台酒的生产可以追溯到距今 2000 余年前的汉代。到清代中期，茅台酒的生产已具有一定的规模。1862 年，茅台酒坊在旧址上开始重建。其中，最先开设的是"成义烧房"，其次是"荣和烧房""恒兴烧房"。

成义烧房的前身是成裕烧房，创始人华联辉。1944 年，华联辉之孙华问渠扩大规模，将窖坑增加到 18 个，年产量高达 21000 千克，其酒俗称"华茅"。

1951—1952 年，地方政府通过购买、没收的方法，把成义、荣和、恒兴三家烧房合而为一，成立了国营茅台酒厂。1997 年 1 月，茅台（集团）有限责任公司成立。1999 年，集团公司实现股份化，成立了贵州茅台酒股份有限公司。

科学技术是第一生产力，也是企业持续发展的基础。"科技"包含"科"与"技"两个层面，就是"科学"和"技术"。科学的价值在于发表学术论文，属于实验室的工作；技术则以申请全球的专利为目标，在于产业布局。

茅台酒厂作为一家技术型公司，其市场上成功的关键不在"科"的发展，而在"技"的发展。它依靠技术直接生产产品，并具备良好的获利能力，就是一种巨大成功。在全国白酒行业中，国酒茅台拥有独一无二的工艺技术、企业标准和特殊功能，这是它一枝独秀的资本。

（1）一年一个生产周期，从原料进厂到成品出厂，至少需要五年时间。

（2）制酒过程需经九次蒸煮（馏），八次发酵，七次取酒。

（3）高温制曲、高温发酵、高温接酒是其独特工艺。

（4）长期储存是茅台酒风格形成的关键因素之一，在白酒行业独具特色。

（5）精妙绝伦的勾兑技术和理论由茅台率先提出，是对中国白酒行业的重大贡献之一。

（6）酱香、窖底、醇甜三种典型体的划分和总结，对中国白酒香型划分和浓香型白酒的发展具有划时代的贡献。

（7）独特的空气、气候、地理、水文环境，使茅台酒不能异地生产。

（8）GB18356—2001《茅台酒（贵州茅台酒）》既是国家标准，也是企业标准和国际标准。

【华商生意经】

专注于科技进步无疑是一件好事，但是科技本身并不能带来直接的财富。因为，技术被应用到产品上以后，只有这种产品符合市场需求，得到消费者青睐，才能实现"科技"的价值。也就是说，高科技必须转化为现实的生产力，带来经济回报，才有人愿意投资，才有实际意义。

8. 稻香村：前店后厂，自创经营模式

1895年（清光绪二十一年），金陵人郭玉生带着几个伙计来到北京，在前门观音寺打出了"稻香村南货店"的字号。

稻香村是京城生产经营南味食品的第一家，南店北开，前店后厂，很有特色。当时，产品受到社会各界人士的广泛欢迎，鲁迅先生寓居北京的时候经常前往购物。

跨越三个世纪，稻香村历经六代掌门人，终于在2005年成立了"北京稻香村食品有限责任公司"。目前，北京稻香村已拥有近百家连锁店，一个物流配送中心，300多个销售网点，生产糕点、肉食、速冻食品、月饼、元宵、粽子等各种节令食品共600多个品种。

市场上，每天都有新的企业创立，也有老的企业倒下去。多年以后，有的企业在自己的行业内做得有声有色，这离不开"学习"。创建"学习型"企业，让它们走在了时代前列。稻香村前店后厂，自创经营模式，取得了巨大成功。概括起来，它的经营思路主要有以下两点。

（1）前店后厂，自创经营模式

稻香村前店后厂，自制各式南味糕点、肉食，既好看又好吃。开业没多久就"火"了起来，大街小巷一传十、十传百，食客络绎不绝。前店后厂、自产自销的经营模式，成为京城糕点铺中的"异类"，这种经营模式逐渐被后来的饽饽铺、食品铺所效仿。

（2）用料讲究，花样翻新

稻香村食品讲究"四时三节"，端午卖粽子，中秋售月饼，春节供年糕，上元有元宵。用料讲究正宗，核桃仁要用山西汾阳的，玫瑰花要用京西妙峰山的，龙眼要用福建莆田的，火腿要用浙江金华的等等。此外，稻香村大力开发南味食品，肉松饼、鲜肉饺、枣泥麻饼、酱鸭、笃鸭、肴肉、云片糕、寸金糖……一个个风味独特的产品纷纷摆上柜台。

【华商生意经】

持续健康发展来源于不断学习,建立自己独特的经营模式。学习、学习、再学习,是未来商业社会的主题。任何忽略学习的企业都将丧失探索商业和技术新前沿的良机,更不可能获得持续发展的可能。

中篇
华商文化流派

第 7 章
晋商文化：以义制利成就天下第一商帮

1. 跳出"小圈子"，晋商足迹遍天下

明清时期，晋商能够"称雄商界五百年，富甲海内外"的因素有很多，但其中很重要的一点就是晋商善于结交人脉。在他们看来，人脉圈子是一种潜在的无形资产，是一条潜在的财脉，圈子的大小决定了财富的多少。

旧时，晋、陕北部一带"无平地沃土之饶，无水泉灌溉之益，无舟车渔米之利，乡民惟以垦种上岭下坂，汗牛痛仆，仰天续命"。由于一方水土不足以养活一方人，所以，山西人只能被迫走出自我的"小圈子"，到外面做一些小生意。由于到口外必经长城上的一道关隘——杀虎口（史称西口），所以人们将其行为称为"走西口"。

现在看来，晋商当初能勇敢地走出家门，确实是很有魄力和远见的。但在当时，对于上千年来"面朝黄土背朝天"、信奉土地就是立家之本的传统中国人来说，无疑是一个极大的挑战。由此，山西商人凭着敢闯、敢冒险的精神以及自己拥有的人脉圈，最先冲破了地域的局限，走出了家门，开阔了视野。

陈隋保出生于一个贫困的农民家庭。18 岁在保德甲武场煤

第7章
晋商文化：以义制利成就天下第一商帮

矿当挖煤工，31岁开始走口外，起先是一个普通的挖草工，后改行做小买卖，在包头、河口镇、大同境内主要经营以甘草为主的药材生意。

当陈隋保熟知甘草行的一切门道之后，就开始用请客送礼交朋友等手段，向召庙喇嘛租得场地，设场收草，并逐步扩大规模，成了公义昌的股东和掌柜。后来，他被马家滩大财东马玉珠看中，聘为马玉珠的管家。

在积累了丰富的经商经验和资金后，陈隋保又另起炉灶，在天津自当老板，人称票号"三爷"。在这期间，他总是注重结交各方面的人脉。一个偶然的机会，他结识了东莱银行的总经理，并与之建立了贸易关系。

陈隋保对药材生意十分在行，尤其是甘草行。而当时的英国人也正好打算在中国开设一家甘草公司，正苦于找不到这方面的内行。所以，得知这一消息的东莱银行的总经理便把陈隋保介绍给了英国商人。

1920年，陈隋保和英国商人在上海合资开设了甘草股份有限公司。在相互的贸易交往中，他听说英国人抽的香烟里需配一种香料，经过化验、监测发现，中国的甘草疙瘩头里面可以提取这种香料。而且，这种甘草疙瘩头在国内属于质量最次的甘草，一般无人问津，所以价格特别低。

陈隋保认为，如果能够和英商做成这笔生意的话肯定有利可图。于是，他趁商人们回家过年之际，就和常在他家放羊的光棍汉骑着两头骡子去收购甘草疙瘩头了。

当各地商人过完年陆续到了内蒙古后，他已经把包头一带、河口镇、大同的所有货栈和草场库存的甘草疙瘩头全部低价买下，并与各草场、货栈签订了全年所有甘草疙瘩头的购买合同。

两个月后，陈隋保将这批低价收购的甘草疙瘩头以高出十几倍的价格卖给了英国商人。由于利润非常惊人，所以他也因此大

赚了一笔。从此,他的生意越做越大,走向了辉煌的时期。

正所谓"穷则思变",正是由于山西的土地不足以养育山西人,所以他们才勇敢地走出了自己的"小圈子"。也正是凭借敢闯、敢拼的劲头,山西商人才足迹遍天下,甚至扩展到了俄国、日本、中亚等地区。

在晋商看来,人脉虽不是直接的财富,但它是一种无形资产,一种潜在的财富。可以说,你的人脉越广,你所获得的财富也就越多。

历史上,晋商之所以有如此大的成就,其中的原因之一就是他们深知要想将生意做大,就要主动跳出小圈子,积极地进行人脉圈子的构建,而且还得提前构建。有道是"财运不够凑人脉",事业成功的催化剂来自朋友的协助。人脉决定了你财富的多寡,决定了你力量的强弱,进而决定了你的生活是多彩还是无光,你的人生是辉煌还是失色。

在通往成功的路上,经营维护好人脉关系,就等于拥有了一把打开财富金殿的金钥匙。

【华商生意经】

构建人脉,开始得越早,越排除了利害关系,可以以一颗纯洁的心去结交朋友,形成的人际关系真实可信。不仅如此,这时形成的人际关系十分牢固,可以维持很长时间,因为它能够勾起你记忆深处最纯情也最不愿被破坏的那段记忆。所以,想要成功的我们应该及早构建起自己的人脉圈。

2. 以义制利善结人脉,成就天下第一商帮

自古以来,从经营思想上看,商人可分两类:一是诚商,又称廉贾,良贾,良商;二是贪商,又称佞商,奸贾,奸商。前者薄利多销,货真价实,以信义为重;后者压价、抬价、造假掺假,囤积居奇,投机倒把,不讲信义。山西商人则属于前者。

第7章 晋商文化：以义制利成就天下第一商帮

义，是中国传统文化中的一种道德规范，也是禁约人们行为的准则。孟子说："义，人之正路也。"荀子说："夫义者，所以限禁人之为恶与奸者也。"近代名人梁启超就曾经说过："晋商笃守信用。"

明清的晋商讲究见利思义，不发不义之财。明代山西蒲州商人王文显说："夫商与士，异术而同心。故善商者，处财货之场，而修高明之行，是虽逐利而不污。善士者，引先王之经，而绝货利之途，是故必名而有成。故利以义制，名以清修，各守其业，天之鉴也。"

在山西商人中，许多人生意越做越大、越做越红火，就是因为他们自身在维护信誉的同时，使自己的生意逐渐做大。在义利相通观的影响下，义利并举，成为晋商行商生财、拓展人脉的资本，成为晋商价值观的核心，也是晋商长期雄踞商界的重要思想基础。

大土河集团总裁贾廷亮作为一个谜已经被议论好几年了。贾廷亮坦言，他的资金没有什么特殊的背景，除了自有资金外，就是朋友借的。在他看来，有了一定的启动资金后，必须采取"以快制胜"和"以点带面"的办法进行滚动开发，盘活资金。

贾廷亮之所以能引领行业之先，与他以义制利善结人脉的经营思路有很大关系。每年初二，贾廷亮都会亲自下矿井慰问一线工人，整整坚持了20年。可以说，大土河的整个策划和布局都由他亲自操刀进行，正应了老庄的一句话，"天下难事，必作于易；天下大事，必作于细。"

对于今天的成功，低调的贾廷亮说："我是农民的儿子，只能用勤劳来换取收获。我家祖上世代都务农，只有我一个人出来了。他们教育我，做农民也好，出人头地也好，一定要守住一个诚字。要以诚信待人，不骗、不哄、不诈、不欺、不害，记住这五点，做人就不会吃亏。"

义利并举，才是行商生财的资本。所以，贾廷亮非常注重务实和诚信，这在他平时的为人处世和投资决策以及经营管理中，都会不知不觉地体现出来。

他投资13亿元的凤山教育园区是通过搬山填沟而建成的，交通便利，园区的建成解决了11000多名学生的就读问题。论其投资额和师资，在全国都排得上名次。

对此，贾廷亮说："我曾经没有好好上个学，现在富了，就希望在吕梁地区建设一所全国一流的大学，修建凤山教育园区只是我这个理想的第一步。"

晋商在国内商界兴盛长达五个多世纪，曾一度执全国金融界之牛耳。虽然晋商的辉煌有多种主客观因素，但其中一个重要因素就是晋商经营活动以诚信为本。从某种意义上说，是诚信铸就了晋商的辉煌。

以义制利、义利并举是明清山西商人的价值观，也是优秀的经营管理哲学。经营者如果想获取利润就要做"义商"，能够以义待商，以义交友，以义取利，以义聚才。

信誉是商人称强制胜，立于不败之地的法宝。没有信誉，就不会有人与你同舟共济；没有信誉，就没有机会的垂青。信誉是道路，随着开拓者的脚步延伸；信誉是智慧，随着博学者的求索积累；信誉是成功，随着奋进者的拼搏临近。做人，做事，都当看重信誉，方显出人格的魅力与风采。

在现代社会，"义"即社会效益，"利"即经济效益，企业要想有卓越的发展就要讲求义利合一，也就是社会效益与经济效益的统一。当我们以"义利合一"的理念经营企业时，由于"义"字当头，所以"利"自然就在其中了。

【华商生意经】

晋商在数百年间的经商过程中把信用看得高于一切，并以诚信笃实的形象称雄大江南北。他们认为"诚招天下客""信纳万家财"是经商长久取胜的基本因素，"一诺千金"是经商者拓展人脉的基本准则。

3. "博大宽厚，包容并蓄"的商业精神

在瞬息变幻、强手如林的商海搏斗和探索中，晋商之所以能够排除历史上战争、灾难、变乱以及列强侵略等数不完的干扰和破坏，跨入历史上明清时期几乎独占全国金融资本和称雄全国商业资本的辉煌时代，这其中与晋商博大宽厚、包容并蓄的商业精神是分不开的。

具体来说，"博大"是指山西商人胸怀宽广、眼光远大，善于审时度势、洞察机遇，敏于观察商情、捕捉战机。而"宽厚"是指山西商人宽厚待人、以义取财，善于以利厚人、协调关系、增强友谊，善于化解业务纠纷和协调师徒关系的大家风度。不仅如此，博大宽厚的精神还表现在经营管理上的包容并蓄，既能与人和平共事，又能让利于人。

天下没有难做的生意。许多人认为生意不好做，是因为只追求自己的利益最大化，没有站在对方立场考虑问题，没有顾及对方现实、正当的利益。做生意的时候，先考虑对方的利益诉求，再考虑自己的利益，就容易找到双方利益的契合点，达成交易，与客户共赢。

作为商人，是以追求利益为终极目标的。正是因为许多人不善于替别人考虑，如果你顾及对方的利益、坚守诚信，就容易得到对方的信赖，从而赢得更多、更大的商业机会。

在古代，盐业是由政府实行管制和垄断经营的一个重要行业。朝廷为了减轻国家的负担，便将盐业经营权卖给了民间盐商。正因为是垄断经营，所以只要取得了盐业的经营权，就会利润丰厚，是个发大财的暴利行业。因此，盐业是当时许多商人争夺进入的致富领域。

明末清初，晋商中的大盐商很多。王协的祖辈王太来虽然很早就开始经营盐业了，但其生意一直很一般。直到乾隆年间，家业传到王协的手里，才开始逐渐走向辉煌。

王协在乾隆年间中了举人之后，恪守家训，宽厚待人。没多久，他就捐官授刑部外郎。由于他审时度势、包容并蓄，所以乾

隆南巡时，便让他承办接驾差务。在此期间，他不仅礼待大贪官和珅，还宽待同僚，所以他的官声特别好。

他也因此受到了乾隆的赏识，取得"恩加十三级，晋资政大夫"的官衔，一跃成为朝中大官。由于资政大夫是个亦官亦商的官衔，所以，这就意味着王协获得了兼事经商的合法地位。

王协做了资政大夫之后，充分发挥出了他的商人智慧。他大展宏图，在承办河东盐务时，用巨资买下了河东盐池的私卖股权，这一下子就打开了王家发展的瓶颈。此后，他在两淮地区以及扬州、苏州、杭州、罗山等地都开设了许多盐号，并承办盐业运销。由于每年获利高达千万两白银，所以他一跃成为当时山西商帮中的大富商，仅次于尉家。在经营河东盐业运销时，由于王协抵制了洋商染指山西盐务业的野心，维护了河东盐业产权和政府税赋收入，因而获得了乾隆皇帝的嘉封。

至此，王氏家族前后的七代人，都受到清朝皇帝的封爵。乾隆敕建的"五福亭"在北京西门外，上有乾隆亲笔题写的《香山九老诗序》。他家能有这样的成就，与其家族宽厚的风格有着密不可分的关系。

虽然王协这一生委于权势、屈事朝廷，但他却能够以一家之力，沟通盐运，抵制洋商，互通有无，维护了国家和国人的商业利益，因而这种包容并蓄的商业精神仍然是值得赞赏和弘扬的。

商场如战场，精明、老练、会算计，才能获利。但是，厚道做人也是必不可少的。"厚道"不是"呆头呆脑"，不是"僵化愚钝"，而是在明确各种利害关系后，能够与人为善，做到体谅客户、信任部下、爱护员工，从而广开财路。

博大宽厚、包容并蓄是中国传统文化的核心内力，也是晋商文化的精神底蕴所在和晋商群体赖以兴旺发展的精神支柱。胸怀宽广，眼光远大，使晋商这个群体能够在商海中游刃有余、审时度势；包容并蓄，宽厚待人，使晋商能够以义取财、以利厚人，协调关系、增强友谊，显示出其大家风度。

在经商过程中,以忠厚为本才能把生意做大。只有厚道才能给人以信任感,建立起长久的买卖关系,方能赚到钱。一个成功的商人必定是君子,而不是小人。那些表面上看来猴精鬼灵的人,是不适合经商的;就算是经商有了点成果,也不过是骗得一些蝇头小利罢了,终究还是得不到别人和社会的信任。

【华商生意经】

古语说:"天下熙熙,皆为利来;天下攘攘,皆为利往。"千百年来,商人们抱定一个宗旨:无利不起早。没有利润的事情是商人们所不愿意涉足的。因此,经商只有抱着"分利于人,则人我共兴"的态度,与他人积极合作,才能获取丰厚的利润。

4. 学徒制:构建人才圈子,打造团队优势

晋商是一个群体,在这个群体内,既有出资开设店铺的大小资本家、大掌柜、二掌柜和三掌柜,又有管账、跑业务、管信、接待顾客的先生,但大多数是大小伙计,以及车夫、拉骆驼和做杂务的小相公。

许多人只知道"头悬梁、锥刺骨"的寒窗苦读是磨练,可能不知道在传统商家当学徒、做"相公"的柜台生涯是更严峻的磨练。所以,山西商人有"十年寒窗考状元,十年学商倍加难"的说法。

商家选学徒比丈母娘挑女婿还要严格,而且还要由与票号有业务关系的店铺担保。学徒出事,保人要承担赔偿责任。进号以后的三年学徒期,对于常人来说十分难熬。套一句现在流行的调侃语来说,就是"起得比鸡还早,睡得比狗还晚,干得比牛还多,身份比猪还低"。

从装水烟、递毛巾到倒夜壶、叠被褥,对掌柜要伺候得无微不至。伶俐一点的学徒,睡觉也得睁只眼,掌柜一声咳嗽就能领会其中的含义。这

种"全方位"的训练,是进入商界必不可少的基础课。

乔世杰字英甫,介休县洪山人。兄弟二人,乔世杰居二。父母早亡,被外祖父家抚养,由舅父樊贡生教育成人。

乔世杰少年就有远志,能书善文,14岁时被舅父送到京师一家介休商人的店铺中当相公。学徒期满,17岁成为伙计,在与商界交往中,才识益进。后来改就京城捐号事,并被委派成都办理捐务。

捐号,是清王朝捐纳制度即卖官的产物,是办理有钱者捐纳的中介性的商业组织。这种组织做两种买卖:

一是取捐纳中的小费、平色等差额谋利。无官衔之人可以捐纳,有官有衔的人也可以捐纳。官阶低的靠捐纳能加高职衔或者升到高的官阶,受处分的官员靠捐纳可以抵消处分,被革职的官员靠捐纳能升复原官。总之,只要肯出钱,就可以取得一定的官位或官衔,说得难听点儿就是"买官"。清王朝为了搜刮民财,设有各种官衔捐银的数额及各项费用。

另一种生意是做捐输者与未捐输而想得官衔者之间的中介交易。除自愿交银买官衔者外,清王朝遇事(如军费、皇差、赈饥等等)常常要绅商捐输,派至地方,地方再摊派至户,强迫大家捐钱。

乔世杰既在捐号任事,熟悉捐号生意,投资不多,只要聘用几位熟悉捐纳业务又善于社交的人,就可开设字号经营。

于是,当光绪二十六年(1900年),两宫西巡,各省水旱频繁,清王朝捐例大开之时,乔世杰意识到自己开捐号的时机已到,就辞去京城捐号之事,自己去成都开设捐号。果然,时来运转,不数月捐输者特别踊跃,捐号业务猛增,获利匪浅。

由于捐号代办捐输,所以经常与地方大员交往。光绪三十年(1904年),清商部令各省成立商会时,乔世杰被推为四川成都商会总办,与地方官交往更深。

第7章
晋商文化：以义制利成就天下第一商帮

同年，乔世杰与四川布政使许涵度、次帅赵尔丰三人合股在平遥县开设宝丰隆票号，聘请宋聚奎为总经理，设分号20余处。由于赵尔丰后又专办川滇边务，所以宝丰隆票号的分号又设在雅州、打箭炉、巴塘、里塘、西藏拉萨等其他票号从未涉足过的地方。

第二年，四川总督锡良奏准设立四川浚川源银行。由于乔世杰财运亨通，又有声望，所以他又被任命为浚川源银行总经理。

短短十几年，乔世杰由自己开设捐号，到与许涵度等人合开宝丰隆票号，成为一个不大不小的资本家，又是成都商会总办和四川浚川源银行总经理，真可谓小相公熬到顶了。

在晋商的圈子里，不论大小伙计，甚至掌柜和一些资本家，大多都是从小相公做起的。也就是说，只要能够进入优秀圈子，小相公也可能熬成先生、掌柜，最后成为资本家。这是因为做小相公是店铺中最苦和最底层的人，如果一个人不能吃苦、不勤劳、不敬业，钱财上公私不分，那他就无法成为一个商人，迟早会被店铺辞掉。所以说，具有艰苦奋斗精神的小相公才有可能熬出头。

山西一直流传着一首关于学徒的歌诀："黎明即起，侍奉掌柜；五壶四把，终日伴随；一丝不苟，谨小慎微；顾客上门，礼貌相待；不分童叟，不看衣服；察言观色，惟恐得罪；精于业务，体会精髓；算盘口诀，必须熟练；无客默诵，有客实践；学以致用，口无怨言；每岁终了，经得考验；最所担心，铺盖之卷；一旦学成，身股入柜；已有奔头，双亲得慰。"

学徒出班，意味着学徒开始进入执掌事务的行列。要达此目标，不仅要有良好的商业技能，还需经过各种业务实践和道德考验。只有在经过了上述各种考核后，经高级人员推荐，才能取得练习跑街资格、上街市打听行情等事。

经过几年时间，被考察认可是可造就者，会被派充录信员，先誊各埠来函一年。如果被上级赏识，即让其缮写外发信件。再经年余时间，才有

升充帮账的可能。帮账半年后，遇各分庄有人员调换时，经高级人员推荐提拔，即有机会被派往各埠分庄服务。

【华商生意经】

古人说"吃得苦中苦，方为人上人"，"要想人前显贵，就得人后受罪"。这些观念在晋商身上得到了最突出的体现。正是由于从商的利益驱动，所以山西经商的人多，崇商习俗浓；也正由于发财致富的愿望极其强烈，所以晋商的子弟宁可吃尽辛苦，也甘愿从小相公做起，一步一步熬出头。这个"熬"字，生动地体现出他们为致富理想而必须付出的艰辛努力。

5.打破一切常规，让伙计顶身股

从明初到清末在商界活跃了五个多世纪的晋商，是明清时期最大的商帮之一。晋商的经营之道在于"以人为本"思想基础上的制度创新，特别是在人脉资源管理方面。晋商在经营活动过程中，打破一切常规，让店员伙计入股，创立了人身顶股制度，这是我国历史上最早出现的人力资本制度之一。

晋商认为，商号兴盛在人，衰败也在人。如何能使人人尽力、倾心地为商号做事，怎样把商号的命运与聘用的人联系起来，他们始创并切切实实行了"顶身股"制度，用真情实感留人、用人、与他人合作。因而能在商业管理中取得成功，也迎来整个晋商的兴盛。

顶身股制度产生于明代中期，起初由资本雄厚的商人出资雇用当地土商，共同经营、朋合营利，双方是劳资合作关系。当商人资本积累到一定程度，完全靠自我经营已无法求得发展之时，他就可能把一部分资本交给他人去经营。这就是"有钱出钱，有力出力，出钱者为股东，出力者为伙计，东伙共而商之"的顶身股制度。

第7章
晋商文化：以义制利成就天下第一商帮

晋商的著名代表人物乔致庸，正是由于利用感情投资，运用顶身股制度，使得乔家的事业蒸蒸日上。

当年，复字号最能干的伙计马荀来向乔致庸要求辞号。乔致庸非常纳闷，当掌柜的为什么没人辞号？得到回答是掌柜的在生意里顶着一份身股，不但平日里拿薪金，到了4年账期还可以领一份红利。

随后，乔致庸问马荀，若他是复字号大掌柜，这生意该怎样做？马荀说他自己若是复字号的大掌柜，定要把生意做出包头，做到蒙古大草原上去。乔致庸遂大刀阔斧地重修店规，破天荒决定给所有伙计也顶一份身股。

大掌柜顶有身股，好伙计却没有，企业绩效也就不可能最大化。伴随着新的股权设计方案的出台，乔致庸根据客观环境变化相应地采取自我完善和自我更新，包括合理地确定身股持有政策、战略目标，设计组织结构，组织修订规章制度，最经济地运用组织中人、财、物等资源达到进一步增强组织活力、提高效益的目的。

后来太平军起义，天下茶路不通。乔致庸决定抓住这个巨大的商机重开茶路。为解决银两短缺的问题，乔致庸决定去向各大商家借银子，最后以用性命和家产抵押为众商家开辟商路的诚意感动了邱家、元家与水家，与他们三家顺利签约，拿到了130万两银子作为入股资金。

晋商实行的顶身股制是现代完全意义上的股份制，把投资者和聘用者连在了一起，通过分红缓和、融洽了雇用与被雇用的利益对立，实现了劳资双赢的经营格局。按照和约，东家承担着全部经营风险，大掌柜负经营管理全责。东家与大掌柜之间相互信任，以信义为先，且东家和大掌柜都真心诚意、兢兢业业，为商号尽心尽职。

山西商号的成功关键在于，在激烈的市场竞争中，创造出了一整套以身股参与分红这一激励机制为核心，将遴选、培训、使用和造就人才融

为一体的人才管理机制。发现人才、培养人才是企业"树人"的两个漫长阶段，而用好人才、知人善任才能最终实现人才为企业目标服务的根本任务。成功的人才管理不仅能够使优秀人才脱颖而出，而且还能够源源不断地培养和造就大批人才。

实际上，晋商的股份制又是一种长期有效的激励机制和动力机制，可避免掌柜与伙计的短期化行为，而且由于物质刺激，这一激励机制会呈现一种良性循环。收益的无限性必然产生激励的无限性，从而极大地增强了这一激励机制的可持续性。晋商之所以数百年长盛不衰，与其推行的股份制有很大的关系。

【华商生意经】

"身股"之所以能够同银股一起参与分红，是因为在当时的商业贸易中，身股已成为一种具有增值力的资本。在晋商商号中，掌握有经营知识、技能和经验的"身股"持有者，不但能够收回他们在商号中所付劳动的回报，还具备了通过"身股"获取投资的回报权利。这种物质的激励，使商号中的所有人都充满热情地去为商号服务。而这样做的结果便是提高了商号的经营水平和竞争力，推动了山西商号整体的迅捷发展，终于称雄于全国商界。

6. 招股共赢，持续拓展生意的边界

股份制，是以入股方式把分散的、属于不同人所有的生产要素集中起来，统一使用、合理经营、自负盈亏、按股分红的一种经济组织形式。早在明代时期，就有晋商商行为了克服依靠单个资本积累造成的资本缓慢性和狭隘性，把某一地区的所有商人都招来入股，进而掌握整省的贸易，甚至是大区的贸易。

晋商的股份制实行投资者"按入银股均分红利"，合理的盈利和分

第7章
晋商文化：以义制利成就天下第一商帮

利使股份制得以良性运转。另外，东家对商号承担无限责任，即常说的"亏东家不亏伙计"。如果商号倒闭，则所有负债全部由财东偿还；如果资不抵债，则用财东的其他财产抵偿。这样，风险就全都集中在投资者一方。

在晋商所开的商号中，独资者不是没有，而是不多。一般东家往往多达数人、数十人。"出资者为银股，出力者为身股。"晋商商号中持银股的投资者，都是东家，即股东。晋商通过银股形式，集中了社会上的流通资金，有利于晋商在较短时间内，迅速地解决商业运作资金匮乏的难题，抓住瞬间即逝的商机。

当代晋商商界奇人陈福喜，在经商过程中总是从大处着眼，不看重蝇头小利。他处处与人方便，利益共享，因而使很多人成为他事业的忠诚伙伴。陈福喜不仅对自己的合作伙伴如此，甚至对自己企业的普通员工，他也能做到利益的协调。陈福喜在创办来福集团后，推行了一种在当时看来是崭新的制度——员工入股制度，使每个员工都成为企业的主人，共同分享企业的利益。

来福集团的员工入股制在当时已经体现出多方面的好处：有利于筹集更多的资金，尽可能地扩大经营规模；收益共享，风险共担，使员工自觉关心企业的兴衰和盈亏；员工同时又是股东，淡化了劳资关系的矛盾，上下关系相处融洽；员工觉得自己在有股份的企业中工作，心情比较舒畅，觉得有奔头，不想跳槽另谋生路，使得企业的人才相对稳定。

陈福喜的这种利益共享的员工入股制度不仅给员工带来了好处，更重要的是造就了他自己事业的成功。

晋商是一个非常讲感情的商业群体，而且他们深谙用情之道。他们明白，做生意就要同合伙人、员工建立以真诚的感情为纽带的相互信任。股份制显示了晋商的豁达大度、识见高远。他们的思维非常开阔，并不担心利润分予别人，所想的是大家一起获得利润。这样，既赢得了名誉、积累了人气，也获得了利益。

为充分调动各方面的积极性，晋商还实行了"倍本""厚成""公座厚利""预提护本"等办法。通过这些方法，保证了商号有充足的流动资金。资本大才容易形成规模经营，增强实力，在同行业竞争中处于绝对优势。股份制为晋商的发展注入了活力，增强了竞争力、凝聚力，扩大了人脉圈。

此外，晋商在经营活动中还善于联合起来，重视发挥群体力量。他们用宗法社会的乡里之谊彼此团结在一起，协调商号间的关系，消除人际间的不和，提高团体凝聚力，形成大大小小的商帮群体。

团结互助的晋商表现出强烈的群体精神，这是他们经商活动中业务扩大与商业竞争的需要。随着晋商活动区域和业务范围的扩大，商业竞争也愈来愈激烈。于是他们从家族到乡人间，逐渐形成"同舟共济"的群体，然后便联合经营。

【华商生意经】

晋商都明白这样一个道理：在商业社会，做生意总要有伙伴、有帮手、有朋友。只有联合起来，信息互通，资源共享，整体处于一个人脉网络中，提高凝聚力，各方才能获得更大的利益。晋商的这些做法，对其他的商业群体有着先进的借鉴价值。

7. 借助汇兑网络，获取丰厚回报

晋商的所有商业活动中，最令人瞩目的就是"汇通天下"的山西票号。票号又叫票庄或汇兑庄，是一种专门经营汇兑业务的金融机构。

在票号产生以前，商人外出采购和贸易全要靠现银支付，在外地赚了钱捎寄回老家也得靠专门的镖局把现银运送回去，不仅开支很大、费时误事，而且经常发生差错。这就迫使外出经商的人不得不寻求新的办法，于是山西商人创办了票号。

第7章
晋商文化：以义制利成就天下第一商帮

票号专门经营汇兑业务，这种在此处交款、到彼处用钱的方法手续简单，使用方便。不仅可以吸纳山西商人和其他地方商人汇款，还可以通过政府及官员来托办汇兑事宜。票号也适应了晋商的商号之间资金调拨和结算的需要，晋商商号遍布全国各地，从而形成了一定规模的商业汇兑网络。

山西商人雷履泰创办的"日升昌"是票号产生的标志。日升昌是个在商界几乎无人不知、无人不晓的名字，是中国的第一家票号。日升昌票号开了中国民族银行业的先河，还曾一度操纵清朝末年的全国经济命脉。

日升昌票号"汇通天下"的名号还有一番来历。当时清政府常年战败，经常割地赔款，而赔款银两常常是从各地征收，然后再被汇解到京都。

不说其他各地汇解赔款银两情况，单说部分行省将赔款银两汇解京都藩库的情况，一连数月过去，不见现银运往京都。道光皇帝传旨查问，才知道这些行省通过一个叫日升昌的票号，将赔款加派银两已汇往了京都。道光皇帝只知道白花花的银锭才是银子，哪里知道一纸汇票也能变成白花花的银子？于是下旨限十日内交齐现银，否则拿巡抚是问。

日升昌京都分号收到部分行省汇票后，也揽得户部往口岸汇出银两生意，在相互抵消部分银两后，便组织百辆马车，拉现银直送京都藩库，按期完成汇解任务。

一天，道光皇帝上朝理政，听到大臣奏称，赔款加派银两如期解齐。当他得知这个叫日升昌的票号确实能用一纸汇票汇解银两时，终于露出了12年来难得一见的笑容，说道："好一个日升昌，还能汇通天下！"道光皇帝金口玉言既出，消息自然很快传到京都日升昌分号。不日，又传到雷履泰大掌柜耳中，传到日升昌财东李箴视家里，他们热闹了好一阵子。从此，日升昌京都分号的牌匾上开始变成"京都日升昌汇通天下"几个大字。

日升昌汇通天下的名声既出，全国各地的殷实商号和地方官吏对其愈加信赖和倚重，经常把大宗汇兑业务交由其办理。到日升昌票号步入鼎盛阶段时，设立的分号增加到35个，同时与外国在华设立的银行，如英国汇丰、美国花旗、德国德华、日本正金等银行也经常发生业务往来，日升昌票号是名副其实的"汇通天下"了。

"汇通天下"一词最早是从清道光皇帝的嘴中说出来的，这是对山西票号的高度赞誉。此后，各省关相继通过汇兑办法解决京饷运现。

此外，一些拨往边远地区及专门项目的费用，如陕甘协饷、广西协饷、云南铜本银、贵州铅本银、各地捐纳的赈灾款项，以及洋务派所办厂矿经费等，也先后被列入汇兑之项。山西票号由于实力雄厚，信用卓著，这些公款汇兑几乎被其全部垄断。

在后来的发展中，票号又增添了许多业务，以更加适应商业的发展。除了经办汇兑业务，还兼营存款、放款业务。许多票号把汇兑、存款和放款结合起来，利用吸纳来的资金向其他的客户发放贷款，进一步从中获利。

为了适应政府的需要，许多票号都在国外设立了专门的分支机构。如祁县合盛元票号总经理贺洪如于1907年在日本神户、东京、横滨、大坂都开设了分支机构，平遥的永泰裕票号在印度加尔各答开设了分号。这样，晋商凭借着票号在世界范围内建立起了自己强大的人脉网络。此时用"生意兴隆通四海，财源茂盛达三江"来形容山西票号的繁盛景象一点也不过分。

由于票号经营的巨大利益的吸引，其他实力雄厚的山西商号纷纷仿效，掀起了山西商人组建票号并向全国各重要城镇、码头、商埠设立分号的高潮。各家票号纷纷选聘人才、培养人才，大批商号和票号人才脱颖而出，从山西撒向全国。从此，晋商庞大的汇兑网络在全国建立起来，全国金融市场尽在山西商人掌握之中。

第7章
晋商文化：以义制利成就天下第一商帮

【华商生意经】

晋商发展到清代，已成为国内势力最雄厚的商帮。票号是具有商业头脑、善于捕捉商机的晋商的一大创举，是前无古人的一种创造，是一座有利于商业贸易发展的桥梁。晋商通过票号这个载体，借助汇兑网络，建立了庞大的人脉圈，获得了丰厚的利益。

第8章

徽商文化：兼具商人与文人双重身份的儒商

1. 靠诚信经营才能守住企业的未来

《论语》中有这样的记载："君子爱财，取之有道。"对商人来说，这里所指的"道"，就是指"正道"，是指赚钱不违背良心，不损害道义、规矩。在生意场上，商人的人格魅力对于生意的成功与否很重要。好比同时有两个商人，如果人们都只愿与其中一个打交道，那肯定是有原因的，很有可能就是因为那个商人可以赢得顾客的信赖。而赢得顾客的信任靠的就是自己的诚信。

从古至今，徽商都懂得必须通过长期的艰苦奋斗从而建立起良好的商业信誉。在所有徽商人的眼中，"诚信"和"获利"是相通的，这二者之间并不矛盾。孟子曾经说过："诚者，天之道也，思诚者人之道也。"诚信是自然的规律，追求诚信是做人的规律。深受儒家文化影响的徽州商人，自然会恪守"诚信"二字，并自觉地将之贯彻到自己的商业交往中。

1993年，安徽商人史玉柱开发巨人大厦，但是一开始他就固执地不肯用银行贷款，主要以集资和卖楼花的方式来筹资。同时，史玉柱没有考虑实际情况，而是将巨人大厦的规划从18层不断"加高"到72层，要建全国最高的楼宇。但是最终由于一些外部因素,史玉柱所需的资金链出现断裂,已投入3亿多元的巨人大厦资金告急,巨人大厦也因此成为了烂尾楼。

由于巨人大厦的建筑资金是通过集资得来的,所以工程的停止给很多人带来了巨大的经济损失。但是史玉柱立下了誓言:老百姓的钱一定要还。为了还清旧债,他开始二次创业。当时,他经常对手下的人说:"我最大的目的就是还钱,这老百姓的钱我一定要还。我现在年纪还不算大,还想再做点事,不愿一直背着这个污点,除非我将来甘心只当一个小老板。"

2000年年初,史玉柱靠着卖"脑白金"重出商海,开始了还债之路。还债初期,他制定了详细的计划,即在10年之内还清所欠老百姓的钱。对于史玉柱的做法,世人议论纷纷。有的人说他是为了进行炒作,也有的人佩服他这种担当和责任感。但是在史玉柱的心里,他所做的这一切,都只是因为一个原因,他遵循着自己做人做事的原则——要讲究诚信。

在史玉柱的经营理念中,他最看重的就是"诚信"二字。"一个危机,诚信的危机,在社会中不断震荡。如果解决人们诚信缺失的侵袭,那么它毁灭的将不止是一个城市,一个世界,它毁灭的将是做人的灵魂。"

商业交往中,徽商重承诺、守信用。不管是借贷银钱、收取存款,或者为他人做事,或是答应过别人的事情,他们始终坚守自己的承诺。当时,大到官府衙门、朝廷官员,小到地方士人百姓,大家都乐意向徽商提供贷款,或者将存款交给徽商经营生意,其他地方的商人也愿意与徽商合作,从而使得徽商在当时激烈的市场竞争中左右逢源。

在商业经营中,徽州商人往往都十分注重诚实守信,也正是这种正确的经营理念,让徽州商人在商业界中的名气一直都很高,愿意同徽商合作的人也越来越多。而也正是因为诚信,徽商才能纵横捭阖、驰骋商场,击败其他竞争对手,把生意做遍大江南北。

除了在对外经营中坚守诚信原则,对内管理也需要以诚待人方可凝聚

下属忠心。徽商在处理下属忠心的问题上一直都得心应手，因为他们始终奉行着先辈留下来的建议，一定要用真心来对待自己的下属。当遇到关系到下属利益的事情的时候，徽商的领导人总能为了员工的利益极力争取，站在下属的角度去思考问题，并且在很多事情上都非常乐意参考下属的意见。

精明的徽商管理者深知，对下属来说，在精神方面的激励比物质激励更重要。因此，大部分的徽商在他的管理工作中并不是把员工作为雇工，而是将其视为共同合作的伙伴。也正因如此，员工才会真正为企业贡献力量，徽商的生意才一直都很兴旺。

经营者不能只是在口头上天天喊着要"尊重人才、重视人才、吸引人才"，想要凝聚下属对自己的忠心，最重要的是要落实在行动上，从细节上对下属表示关心，对下属的家庭给予适当的帮助，多倾听下属的意见和建议。只有充分让下属感受到经营者的真诚之心，才能够拥有下属的忠心，才能让企业在激烈的竞争中发挥最大的优势。

【华商生意经】

人靠两条腿支撑走路，同样，商家则依靠"诚信"二字起家、发展。诚信是使商家事业永动的车轮。诚信是立业之本，一个企业要做到诚信经营，最重要的就是不欺骗消费者，不做违背社会道德的事情。

2. 虽富犹俭，保持勤俭的好习惯

商人与钱打交道，更要和欲望战斗，与各种利益纷争相伴。经商成功，从某种意义上说就是战胜自己在这些方面的贪念。懂得节俭，其实就是对个人欲望的一种克制，是经商成功的内功修炼方法。

节俭是商人的必修课。徽商自古以来就崇尚节俭，富而不奢。在对

后代的教育上,徽商经常强调:财富并不是用来炫耀的,财富是取之于社会、用之于社会的。一个富豪有高尚的节俭美德,不会随意浪费社会的资源,这才是更加难能可贵的地方。

一个人是否有成就,并不是以他的生活方式是否穷奢极侈去衡量的。一个成功的商人,不仅在于他创造了多大财富,更在于他个人的道德操守。

安徽人林一泓大学毕业后,就跟着父亲学做生意。今天,他的企业在合肥已经小有名气。虽然他现在非常富有,但是一直崇尚节约,处处精打细算。

在生活中,林一泓处处奉行徽商虽富犹朴的节俭精神,从不浪费。与林一泓喝过咖啡的人都知道,他把奶精倒入咖啡中后,一定会再往装奶精的小盒子里倒入一些咖啡,将残留奶精涮出来再倒入咖啡中,最后慢慢享用。

与林一泓聊天时,他说得最多的不是如何发大财,而是向别人传授节省的小秘方。在他家里,肥皂用到最后从不随意丢掉,而是加水融合后贴在新肥皂上,继续使用。

出门的时候,他从不讲排场。有一次合作商考虑到他的身份与地位,给他安排了总统套房,但林一泓还是以太麻烦为由改成了一般的贵宾套房。

除了自己节俭,林一泓也要求家人花钱不要大手大脚。对自己的孩子,他从小就培养他们勤奋节俭的习惯,孩子们上学都是自己坐公交,他的大儿子上大学时每天还会骑自行车去送报纸。

而在日常管理中,他也把这种节俭文化灌输到了每个人的心田,并成为员工的一种自觉。这样一来,就在无形中降低了企业的运营成本,提升了企业的竞争力。

对徽州商人来说,富而不奢、崇尚节俭是对个人的生活要求,是对欲望的一种克制,是经商必备的自制。自制不仅仅是人的一种美德,在一个人成就事业的过程中,自制也可助其一臂之力。

实际上,自制不仅仅是在物质上克制欲望,对于一个想取得成功的人来说,精神上的自制也是重要的。衣食住行毕竟是身外之物,不少人都能很好地克制对它们的欲望,但精神上的、意志力上的自制却非人人都能做到。

一位著名的徽州商人曾经说过:"全心全意地注意即使是最细枝末节的地方,不失去替自己或工作的公司减低费用的机会,这就是致富的诀窍。"节俭的品格反映到生产经营管理中,就是对成本的节约;成本的节约就意味着产品利润空间的拓广,产品的市场竞争力增强。徽州商人在节俭方面可谓是发挥得淋漓尽致,几百年来他们将这种优良的传统传承下来,成为人们口中的美谈。

也许当人们提及富豪的生活,想到的就是无数奢华的景象。但是并不是每个富商都愿意过这样的生活,很多成功的商人,保持着不辞劳苦、虽富犹朴的勤俭精神。

【华商生意经】

节俭是中华民族的传统美德,也是商人创业成功的一个重要原因。在儒家思想中,一直提倡要节俭生活,徽商谨记这些观点,所以即使他们日后成为了大富大贵的商人,仍然会保持着勤俭持家的习惯,从不会奢靡浪费。

3. 薄利生财,聪明人的竞争方式

真正会经营的商人,既会努力争取丰厚利润,但同时也绝对不会轻视那些蝇头小利,因为他们深知"泰山不却微尘,积小垒成高大"的道理。会做生意的徽州商人从来不会舍弃微小的利润,不管大鱼还是小鱼,他们通吃。几百年来,徽商的聪明经营模式,给他们带来的是不断积累的丰厚资本。

徽商之所以能在众商帮中称雄,重要的还在于他们的商业道德和经营理念。同时徽商认为,赚小钱是赚大钱的基础,要知道,在赚小钱的过程

第8章
徽商文化：兼具商人与文人双重身份的儒商

中，可以增加经验、见识、阅历，培养金钱意识和赚钱能力，积累人际关系。任何一个赚大钱的商人都是从赚小钱开始的。他们从不会放弃每一笔微薄利润的积聚，积少成多，只要肯坚持，收获的就能越来越多。

徽商之所以会被人们称为"儒商"，主要就在于他们在经营的过程中融入了儒学的思想观念，时刻谨守他们的商业道德和经营理念，他们讲求义利之道，从不赚取不义之财。徽商从古至今都不曾排斥薄利生财的经营模式，相反，他们懂得一个很深刻的道理：薄利经营，在最初的确不能给商人带来很多赢利，但薄利却是迅速占领市场的有效方法，一旦独占了市场，将竞争者挤出市场，利润就滚滚而来了。

在商业活动中，一个行业从不成熟到成熟，从不完善到完善，随着新的竞争者不断加入，其利润率必然受到冲击。具体表现为：竞争加剧，价格下跌，支出增加，效率下降，利润率下滑。

面对这种局面，"薄利多销"自然成为竞争不败的秘笈。正所谓物美价廉，卖得越多赚得越多。规模大的，"多销"了，其利润自然不低；规模小的，"薄利"可吸引顾客回头，一来二去，细水长流，其利润也便逐渐地增加了。事实上，一个行业无论规模大小，聪明的经营者大都遵循"薄利多销"的原则。

【华商生意经】

赚钱是无处不在的，只要有利可图，就应该及时把握，但是前提也是要有自己的经商底线。守住自己的经营理念，从一点一滴做起，不要忽视微小的财富积累，无小不成大，无微不知著，凡事积少成多，集腋成裘。

4. 经商第一是能吃苦，第二是会吃苦

一位哲人说过："世界上能登上金字塔的生物只有两种：一种是鹰；

另一种是蜗牛。不管是天资奇佳的鹰,还是资质平庸的蜗牛,能登上塔尖,极目四望,俯视万里,都离不开两个字——吃苦。"

徽商常说:"厄运来了是大折磨,经受不起,就会毁了自己;好运来了,也是大折磨,经受不起,会白白糟蹋了好运。"可见运道好不好,全在人自身的承受能力。好运道放在从容努力、精诚业绩的人身上,他们会把好运再放大十倍百倍;放在好高骛远、懒散懈怠的人身上,只能眼睁睁地看着好运溜走。

俗话说:"吃得苦中苦,方为人上人。"一个人想要出人头地,必须不畏艰难、不怕吃苦。同时还要多动脑筋,想出可行的良策应对,才会有苦尽甘来的时刻。在当今的社会中,没有哪一个企业、哪一位商人的成功是天注定的,无一不是通过自身的不懈努力换来的成功。徽商更是如此,在他们成功的背后是无数汗水的浇灌。

徽商坚信:没有一蹴而就的成功。要想把生意做得成功、做得长久,就必须付出更多的努力和精力。在社会竞争、商场竞争日益残酷的当下,不付出汗水怎能收获成功?一个商人在面对困境时的表现决定了他能否获得成功。如果他接受挑战,迎难而上,肯吃苦,能吃苦,那么必然能够苦尽甘来;如果在遇到困难时就举步不前,怕吃苦,怕失败,那么即使企业的底蕴再厚实也终将会消散殆尽。

很多人这样认为:"看人家有钱人多好,开洋车,住洋房,花钱那叫个痛快。我要有了钱,就盖个好房子,老婆、孩子、热炕头,天天待在家里享受。"实际上,那些成功的大老板是这样想的:"人前要显贵,被地能受罪。人要想获得持久的成功,在每一个阶段都很艰难,只是艰难的程度不一样而已。"

谢正安是安徽歙县漕溪人,原本他的家境富足,家中人丁兴旺,算得上是个望族。然而在其十来岁的时候,这种宁静的生活被太平军的到来打破了。战乱伴随而来的就是死亡、瘟疫、民不聊生,谢正安的父母叔伯都相继在战乱中死去。他们原本的富裕生活也画上了句号。谢正安少年早成,毅然决定带领家人到十里

第8章
徽商文化：兼具商人与文人双重身份的儒商

地之外的荒山上开垦种粮种茶，维持生计。

知易行难，开垦荒山哪是一件容易的事。谢正安知道，若是没有经济来源，很快家人就会饿死。他一边动员家人努力种田，一边找外面帮工的活儿挣钱，小小的肩膀承担起了全家的责任。

后来他到了呈坎罗三爷家的漕溪茶栈做帮工，并将自己的亲妹妹许给罗家做媳妇，因此才得到参与经营茶栈的机会。但是好景不长，罗三爷去世之后新当家的经营不善，漕溪茶栈很快就倒闭了。

但是这并没有打击到谢正安，他依靠着做帮工时得到的经验，独自一人到茶田里挂秤收茶。因为茶田地势高，一到下雨的时候就无法行走，很多茶商都是到市场上收茶。但是谢正安却反其道而行，他独自一人到茶田收茶，然后再将加工后的茶运到茶行里销售。一来二去，他与茶行和茶农建立起了良好的合作。

谢正安清醒地认识到：要想在上海茶市站住脚就要有好茶品，好招牌。他决定创制新茶。他走遍了上海茶市的茶庄，对传统名茶做分析，经过反复的筛选，决定对黄山云雾茶进行改良，创制新的地方名茶。谢正安亲自带着人们到黄山附近采茶，又亲自找制茶的师傅讨教改良的方案，经过精心的制作，终于制出了新茶。因其产地属于黄山源而取名为"黄山毛峰"。

黄山毛峰冲泡后，清香高长，醇厚甘甜，深受人们喜爱，一经上市就受到了上海达官显贵的青睐，不少英国客人也下单购买，黄山毛峰一举成名。而谢正安作为黄山毛峰的创始人也成为了代表徽州的新茶商。

论语有云："岁寒，然后知松柏之后凋也。"孔子认为，只有那些在困境中不屈不挠的人才能获得成功。徽商就继承了孔子的这一思想，并把它发扬光大。徽商认为，小成需要苦难，大成需要灾难。成功需要吃苦，只有经历过苦难的人，经历过"死而不亡"的企业才能最终大成。

许多人创业时都很贫穷，有些人甚至在年幼的时候就经受了常人难以想象的挫折和困难。"穷则思变"，因为贫穷，他们比别人更想致富，因此在创业的过程中，他们能够承受常人难以承受的艰难挫折。就是凭着早年在挫折困难中的磨练，这些草根英雄以坚忍不拔的精神，像小草一样，在各种恶劣环境中苦壮成长起来，甚至长成了参天大树。

人要想获得持久的成功，在每一个阶段都很艰难，只是艰难的程度不一样而已。白手起家创业，需要的是忍耐、坚毅、果敢和聪慧。徽商被创造财富的激情所驱动，他们会义无反顾、矢志不渝，最终走向成功。

徽商明白一个道理，只有享不到的福，没有吃不了的苦。俗话说得好，成功的机会都是给有准备的人。这个准备就是努力的汗水。成功本就是一颗种子，有心人耐心地浇灌才能开出果实。徽商的商道也是一种吃苦耐劳之道。"不积跬步无以致千里，不积细流无以成江海"，成功是努力奋斗的汗水汇集而成的。

【华商生意经】

须知，人生的苦难和欢乐各占一半。要想享受成功的喜悦，必然会经历苦难的洗礼。徽商深信："人贵有恒，事成于敬。"

5. "知人善任，以人为本"的经营之道

明清之际，中华大地上众多商帮林林总总，为何徽商却能独占鳌头百年之久？经商并非是逞匹夫之勇，徽商的繁荣与众多徽州人的努力分不开，这就分外需要妥善运用用人之道。在选贤与能、知人善任的基础上，还要做到用人无疑、唯才所宜。古人云："任人之道，要在不疑。宁可艰于择人，不可轻任而不信。"而这正是徽商的成功之道。

古今中外，对于如何用人从来就没有固定的模板可以效仿，这完全依靠领导者的魄力和独到的处事风格、识人眼光。

第8章 徽商文化：兼具商人与文人双重身份的儒商

知人善任、恩威并施使得徽商拥有一批为自己竭忠尽力的管理人才。长期以来，徽州商人一直奉行用人不疑、疑人不用的大原则。他们善于把握大原则，做事从不瞻前顾后、左顾右盼，对下属给予充分的信任和权力。

比起物质的奖励，对人才的充分信任与尊重更具价值。古语尚有云："将在外，君命有所不受。"在信息瞬息万变的今天，下属独立决策权和处理权也是商业活动成败的关键。因此，能否对手下员工做到识人为善、用人不疑也是企业家能否得到人才的重要因素。

在徽商中流行这样一句话："吾徽人笃于乡谊，又重经商，商人足迹所至，会馆、义庄，遍行各省。"不能不说这句话很好地解释了徽商为何会遍布大江南北，经久不衰。徽商深受宗族文化影响，在选贤任能时会先考虑同宗、同乡以谊，然后再综合考察其他因素。这样徽商就以血缘和地缘结成了一个牢固的商业团体，借助这个稳固的关系网展开的商业竞争能更好地收集商业信息，授受商业经营，共同经营、共奔富贵。从而做到用"地缘"加固商帮网络。

明清时期的徽商多雇佣自己同宗族人或者佃客奴仆充当伙计，进行代理经营。据史料记载，明嘉靖万历年间，徽商大贾程某"门下受计出子钱者恒数千人……数奇则宽之，以务究其材，饶羡则廉取之，而归其赢"。一旦任命，徽商大多对族内子弟以诚相待，给予极大的经营自由，放手管理，使得他们各尽其才。

同乡之人，无论之前是否相熟，"他乡遇故知"总是一种人生大喜，在异乡形成一个强有力的血缘、地域纽带，从此徽商之间情谊和利益息息相关、环环相扣，前人乐意栽树，后人方便乘凉，经验和信息在彼此间无阻碍地传递。从而大大地减少了经商的困难，增加了成功的把握。

如果说会馆是徽商内部交流、联系感情的栖息之地，那么公所就是徽商为了处理与其他商帮的矛盾和竞争而产生的一种行业组织。公所在徽州木商的经营中起着至关重要的作用，多次成功处理了许多徽商与官场发生的矛盾，包括著名的"漂木之争"和"沙地之争"等。

【华商生意经】

商海总是波涛汹涌,任何人都不能凭借一己之力取得成功。充分使用各种人才,依靠团队的力量把生意做大是徽商的宝贵经验。"美不美,故乡水;亲不亲,故乡人",他们还善于借助血缘、宗亲关系发展人脉,拓展生意的边界。

6. 交情是做生意成功的资本

做生意就一定要与各种各样的人打交道。这些人,有你认识的,但大部分是你不认识的。不管是否认识,都要真诚相待,表现出自己负责的一面,这样才能发展良好的关系。关系有了,生意就好做了。在徽商看来,交情不仅仅是说人与人的关系,更是一种资本。

在徽商创业时期他们就体会到了交情带来的好处。徽商在最初创业时,没有资金,都是依靠同族人、同乡人的低息甚至无息贷款发展起来的。徽州人都有一种血缘意识和地缘认同意识,在同乡人遇到困难时,徽州人都会义无反顾地帮忙。甚至于有的家族定下族规,若家族内有要外出经商者,族内有经验的长辈要么提携,要么给予资金帮助,决不能束手旁观。

徽商将"千人同心,则得千人之力;万人异心,则无一人之用"的智慧运用到经商之中,在徽商看来,商道亦是人道,要做好生意,交朋友是必需的。徽商深谙儒家的交友之道,并将它运用到经商之中,取得了巨大成功。

市场竞争,从长期而言,就是信誉道德的竞争,从而赢得消费者的长久支持和信赖。一代代徽商信义为先的作风,使其数百年来在市场上立于不败之地。很多徽商都通晓儒家思想,喜欢与士人交往,尤其希望结识名流。这些走南闯北的商人,深知"人脉就是钱脉",对读书人和官员,他们往往毫不吝啬资财。

一些徽商大户,特别乐于资助上京赶考的穷书生。可想而知,这些得到资助的书生，一旦金榜题名、飞黄腾达，自然会知恩图报。商人有了官府的朋友，生意就会更加安稳。

经商、做生意，说到底，是建立信用的过程，"信用是交易的基础"。老子认为：事物得到同一，便有了顺利与祥和；事物失去同一，也就失去了和平与安宁。表现在经商活动中就是，厚道做人、对人诚恳、做事负责，才能广结善缘，赢得合作伙伴和顾客的信赖。

徽商广结人缘、巧办难事的做法也使其商业范围不断地发展壮大，逐渐扩展到全国，乃至海外的一些国家。这也警示更多的商人，应该知道、也必须做到的便是"为人谋而忠乎""与朋友交而信乎"的经商之道，这是广结人缘的基础，有了好的人脉，建立永久的关系链，巧办难事，才能进一步促进商业的发展。

经商其实也是经营关系，不断扩大网络，不断延伸到新领域，才能在时机成熟的时候顺势而为，做成大生意。李嘉诚的经验是，做生意首先要学会交朋友，与各个方面打好关系，从而水到渠成。有的人很有经商天赋，资金实力雄厚，但是就是做不成买卖，问题在于他这个人有问题，没有给人留下良好印象，不能成为别人眼里可以信赖的人。

徽商深谙交友之道，他们认为人才比钱财重要，人情账比钱财账重要。从徽商的故事中，我们可以发现徽商攀交情很有方法。

(1) 诚心结交朋友

交友虽不是为利，但是却能得到丰厚的回报。朋友易结交，但是知心朋友却少之又少。交朋友时，若是图利而为，那就不能结交到知心好友。只有真诚无私地去结交朋友才能有真朋友。

(2) 帮人帮到实处

徽商深懂人情世故，遇到有才干并能收为己用的人就相机而变。帮助对方的过程就是攀交情的过程。在交朋友时，讲求以情服人的原则；在帮助对方时，要知道对方需要什么，然后及时地帮助他。这种事情的关键之处在于只要看出一点轻微的苗头就立刻行动，抓住机会，快人一步。这也是徽商和他人的思维不同之处。

【华商生意经】

　　孔子曰:"益者三友,损者三友。友直,友谅,友多闻,益矣。友便辟,友善柔,友便佞,损矣。"要成大事就要交三种朋友,即正直的朋友、诚信的朋友、见闻广博的朋友。徽商懂得要和正直、诚信、多识广的人做朋友,把生意越做越大。

7. 未雨绸缪,生意头脑要灵活

　　每个行业都有赚钱的机会,任何时候都有发财的契机。徽商之所以高明,在于他们总能先人一步把握市场脉搏,似乎有一种本能的商业天分。

　　古人有言:"不谋全局者,不足与谋一域;不谋万世者,不足与谋一时。"这便是在警醒着人们,面对人生中的每一件事,无论大小,都应该有一个完整的行动谋划,未雨绸缪很重要。

　　儒家思想在很多方面都提到了未雨绸缪的重要性,多一层谋划就多一层胜算,这句话对于做生意来说,一点都不假。未雨绸缪强调在做一件事情前要做好准备,避免在进行的过程中出现不能解决的问题,防患于未然。

　　长远的规划、有备无患对于一个生意人来说十分重要,当然,随机应变、灵活的头脑也是必不可少的。如果事前没有详尽计划,很可能在事情进行途中发现问题,大费周折解决而浪费了人力、财力、物力,更糟糕的是,还有可能导致完全的失败。然而,凡是事前做充分准备的,就不会陷入窘境而无所适从,大多也都不会遭厄运打击。

　　《孙子兵法·虚实篇》:"夫兵形象水,水之形,避高而趋下,兵之形,避实而击虚;水因地而制流,兵因敌而制胜。故兵无常势,水无常形;能因敌变化而取胜者,谓之神。"

　　成功的商人从不抱有侥幸心理,总是能在事发前做好应对的准备,使道路更加平坦宽阔,他们善于在做事前便预测发展过程中可能会出现哪些问题,做到未雨绸缪,防患于未然,审时度势,根据事物的实际发展灵活机变地改变计划,推动更快发展,而不是一味的死脑筋。

儒家思想在潜移默化中影响了徽商的生意经和做事方式,以和为贵、以仁为本,使得他们的生意越做越大。

虽然说做生意是图利,但有眼光的商人是不会只注重眼前的锱铢小利,图一时之功,而是会在如何最大限度地创造利润、最大限度地争取客源上下功夫。

【华商生意经】

做生意如同带兵打仗,必须在实践中根据实际的作战形势灵活变通。在商业世界中,审时度势、以变制胜是经营管理的一条普遍原则。无论是企业内部环境,还是外部市场,每时每刻都在发生着变化。经营者要想在多变的市场中立于不败之地,必须审时度势,不断变换招数,也就是要"与时俱进"。

第 9 章
秦商文化：恪守人硬、货硬、脾气硬的理念

1. 创业要有不怕牺牲的劲头

秦商认为，创业就是折腾。如果选择创业，就选择了折腾这种生活方式。一旦确定要走上创业的路，必须做好牺牲的准备。为理想奋斗，并没有想象中那么豪气冲天。为了理想的实现，奔波、委屈、卑微都是必须的。牺牲稳定的生活、舒适的住宅和与家人朋友相处的机会，到头来并不是百分之百能获得成功，或许还要为失败买单，踏上新一轮的牺牲征程。创业伴随着折腾，圆梦就要有不怕牺牲的精神。

1991 年，陕西人冯仑踏上了经商之路，睡了 11 年的地铺，闯过了海南地产泡沫期，熬过了财务危机和资产危机，带着万通地产股份有限公司一步步走向正轨、走向发达。在这 20 余年与风雨为伴的日子里，没有不怕牺牲的精神是绝对不行的。

害怕失败，或者不愿意为失败买单，一个人做起事情来就会畏头畏尾、优柔寡断。而瞬息万变的市场形势不会等人，在你瞻前顾后时最佳的赚钱机会早已成为别人的囊中之物。所以，创业要有敢想、敢做、敢坚持的魄力。

冯仑提出"立体城市"的概念算是他的二次创业。除了不太

第9章
秦商文化：恪守人硬、货硬、脾气硬的理念

成熟的策划之外，他基本上什么都给不了这个新生儿。冯仑并不是太感性、太冲动，他对自己和公司的现状有一个非常清晰的认识。他就是敢做，敢为理想和未来"折腾"。

谈到"立体城市"的建设，冯仑也承认"立体城市有很大难度"。从人力、财力、理念的实施，到业界的接受上，万通地产股份有限公司都将面临巨大的挑战。

首先，万通地产股份有限公司的老本行是建造住宅楼和写字楼，而"立体城市"却是一个综合性的概念。其次，立体城市是产城一体、混合功能、步行城市、环境友好、和谐相处、可持续发展的新型城市。再次，人们对新事物的接受需要一个过程。

万通地产股份有限公司建设"立体城市"面临的挑战，冯仑非常清楚，他甚至坦言"从赚钱的角度看，立体城是一件冒险的事情"。尽管如此，他依然坚守最初的梦想，带领团队在创新发展之路上一路奔袭。

蚕蛹经历蜕变的阵痛才能成就美丽，天空接受暴雨的洗礼才能出现彩虹。没有人能随随便便成功，创业与失败总是形影不离。秦商在创业之路上始终为失败做好心理准备，因为输不起的商人会在波涛汹涌的商海中溺亡。概括起来，秦商在商业决策上表现出有魄力、有智慧的特点。

（1）敢想

创造财富依赖的是个人的思维和理念。任何梦想的实现都是从"有点儿想法"开始的。这些想法往往是创新的、生僻的。造梦者必须有足够的勇气去面对众人质疑的眼光，去探索这些不为人知的秘密。

（2）敢做

敢做就是敢于把梦想付诸行动。只有在路上，梦想才有实现的机会。这条路上注定将充满狂风暴雨，追梦者必须做好接受风雨洗礼的准备。

（3）敢坚持

没有坚持，梦想永远只能在路上。只有走下去，梦想才有可能到达终点。创业，其实就是一场逐梦之旅，只有勇气是不行的。持之以恒地向梦

想攀爬、屡败屡战、屡战屡败，哪怕每天只前进一小步，总有一天会到达目的地。

【华商生意经】

想挣大钱、成大事，就要敢想，敢往深了想，敢往远了想，敢往大了想，敢往疯了想，敢往不可思议的方面想，敢往别人认为是开玩笑的程度想。然后，要配合一套完整的、可行的实施计划和忠心无悔、百折不挠的信念，坚定、圆满地做好执行工作。这是秦商多年的实践经验总结，也是后来者应该具备的商业精神。

2. 深厚的文化传统是一种优势

自公元前11世纪周灭商以后，直到唐朝灭亡，关中地区一直作为中国政治、经济、文化的重心而存在。西周时这里被称为王畿，汉、唐时属帝都直辖区域。仅西安一地作为周、秦、汉、隋、唐等11个封建王朝的建都之地的时间，累计可达1062年，是中国古代建立朝代最多、时间最长的城市。

而关中平原上的雍（今凤翔）、栎阳（今临潼武官屯）、咸阳等地也曾为封建王朝定都之地。可以说，正是定都于关中地区的秦帝国、西汉、大唐，奏出了中国封建社会前期最强的乐章。

十多个王朝的兴衰演变，太多的文化积淀，给陕西人赋予了一种帝都的精神。在陕西人看来，陕西物华天宝、人杰地灵，一统天下的始皇帝神威及四海来朝的大唐文化曾倾倒了无数人，轰动了整个世界。在他们的心目中，"世界第八大奇迹"的秦始皇兵马俑，保存着大批唐代稀世珍宝的法门寺，汉"未央宫"、唐"大明宫"遗址和建造精美的佛塔与寺庙，还有72座帝王陵墓，这些其他地方比得了吗？

"江浙才子山东将，陕西黄土埋皇上。"陕西有着"中国传统文化天然

第 9 章
秦商文化：恪守人硬、货硬、脾气硬的理念

博物馆"的称誉。这片黄土地，地上地下多不胜数的古迹和绵延不绝的古文化遗存，是一笔丰厚的财富。陕西人借古人之光，在"古"字上大做文章，取得了较高的经济效益。

华夏民族悠久灿烂的发展历史，似乎格外垂青陕西。"秦中自古帝王都"，曾有十几个朝代先后在陕西落脚定都。正因为如此，陕西历史古迹遍布各地。著名陵园有黄帝陵、秦始皇陵、汉武帝茂陵、唐太宗昭陵、唐高宗武后乾陵。西安碑林保存有汉、魏、隋、唐、宋、元、清诸朝碑石3000余种。

作为陕西政治、经济、文化中心，西安更能代表黄土高原人的性格。在这座千年古都，流行这样一句话：西安人的心，像西安的大马路；西安人的脸，像临潼的兵马俑。这一评价，恰倒好处地说明了西安人心地坦直、外表僵冷的特点。

西安是我国知名度很高的古都，古城墙保存完好，城内外名胜古迹极为丰富，由此，吸引了国内外大量游客。西安市凭借古人留下的丰富遗迹，大力发展旅游业，旅游业成为西安市经济的支柱产业。而最能显出秦商用古方面独具匠心的是对秦始皇兵马俑的宣传和开发。

发展旅游经济，已经成为世界各国大力倡导的经济模式。旅游经济不耗费工业资源，通过为旅游者提供相应的吃、住、行、游、购、娱乐等服务，达到获取利润的目的，因此被人们誉为"绿色经济"。随着经济发展和人们生活水平的提高，旅游业面临着越来越难得的发展机遇，从旅游经济中发现商机，为陕西商人提供了广阔的发展空间。

【华商生意经】

靠山吃山，靠水吃水。陕西商人依靠当地丰富的旅游资源，大力发展旅游业，成功地推动了当地经济发展，提升了陕西的文化气质。

3. 敢做敢为的商业精神

历史上的秦商敢于冒险，他们曾为追逐商利，走遍了大半个中国，开银号、当铺，放高利贷，贩运川丝、夏布、药材，以敢做敢为著称。

这一敢做敢为的传统在现代陕西人中仍然是一个巨大的人文传统，体现在商场上，他们往往敢于孤注一掷。

1993年，西安太阳集团开发出"八珍"牛肉甜辣酱产品，销售情况不错。1993年刚开发出来，就销了3000箱；1994年上半年销到5000箱，下半年又销了5000箱；1995年上半年销量猛增到3万箱，这是个可以大干的项目。

但是，集团总裁李照森认为"八珍牛肉甜辣酱"这个名字不能用，这个名字虽然通俗，也朗朗上口，但没有自我保护能力。甜辣酱一定要有自己的专用名，一个别人不能用的名字。

经过反复筛选、反复推敲，从十几个名称中，李照森选定了"阿香婆"。这个名字既有传统文化的背景，又有民族的特点，同时还蕴含着产品熬制的精心和"多年的媳妇熬成婆"的寓意。

名字取定，1995年8月，"阿香婆"的广告便在北京和天津尝试着推出。结果，"阿香婆"在京津地区一举成功。这一年，"阿香婆"的销量近500吨，比上年增加了3倍。

"阿香婆"小试牛刀便初露锋芒，李照森遂决定拿出1000万元，将"阿香婆"一举推向全国。这是孤注一掷的办法，但他感到这次是有备而来，不会有什么闪失。

1996年7月1日，"阿香婆"的广告在中央电视台播出。没想到广告一出，反响出人意料地强烈。许多精明的外地商人意识到了这个陕西产品的巨大市场潜力，不到一个星期，两个销售热线电话就响个不停，到处都在要货。从7月份到9月份，订单接踵而来，市场反响非常棒。

1997年，"阿香婆"的市场销售总额突破5亿元，利税超过

第9章
秦商文化：恪守人硬、货硬、脾气硬的理念

1亿元。李照森"孤注一掷"的做法取得了极大的成功。

在今天市场经济大潮中，创新、变革是时代的主题。企业要占领国内市场，要想跻身世界先进行列，除了在产品和服务上拥有过硬的品质外，还要有一种"敢到鲁班门前去弄斧"的勇气和精神。

"年年岁岁花相似，岁岁年年人不同。"商业世界日新月异，公司要发展，就不能只依赖前人的思想与成果，而是要积极思考，大胆创新。秦商敢想敢为，表现出非凡的闯劲和进取精神，开拓了一个崭新的世界。

【华商生意经】

经商需要智慧，也需要耐心。不过在许多情况下，人们是被迫做出种种选择的，"逼上梁山"说的就是这个道理。陕西商人面对激烈的竞争局面往往放手一搏，哪怕面临巨大的风险。敢作敢为，也许会万劫不复，但也有柳暗花明又一村的喜悦。有得必有失，有失必有得，这是经商做生意的一种智慧。

4. 一旦看准机会就果断出手

有缘人来了你要接缘，有时做生意也要讲点儿缘分的。

很多人想，机会都让别人抢占了，这里不会有机会了，努力也没有用。而优秀的大老板却认为，积极并善于寻找和发现市场空隙，然后见缝插针，这样才能先于别人开拓新市场，引领市场潮流。

在陕西，不但普通老百姓有优越感，经商办实业的人士回想起历史上关中大地上商贾云集、八方辐凑的壮观景象，心里就会涌动出自豪的感觉。

2000多年前，关中平原上的雍（凤翔）、栎阳（今临潼武官屯）、咸阳、长安即与西南的巴蜀（四川）、滇黔（云南、贵州），西部的陇中、北部的戎狄有着密切的商业联系。自秦文公、秦穆公至秦献公，关中出现了一大

批商人,其中不乏大贾。

汉、唐时期,长安工商业繁荣,所谓"九市开场、货别隧分,人不得顾,车不得旋","长安九市,其六在西,其三在东",古都长安商业一派繁荣景象。

宋、元以后,关中地区商业虽日渐式微却不绝。陕西凭借农产品的优势和对西北、西南的贸易往来,商业还保持了一定的规模。

翻阅河南县志,清代在河南活动的客商最多的便属晋、陕商人,人称山陕帮。今郏县、淅川、舞阳、社旗、商丘、洛阳都建有山陕会馆。清朝时,内地与西藏进行茶叶、马匹交易,陕西商人也穿梭往来其中。

悠久的经商历史,使陕西人天生具有一种商业意识。在做生意过程中,陕西人最突出的特长是很善于从各种事件、场合和时间上挖掘商机。

从"没有市场"处找出市场,在没机会的地方抓住机会,是秦商发财致富、掘到第一桶金的重要方式。辇止坡老童家腊羊肉的出名,就是陕西人这一特点的体现。

1900 年,八国联军攻占北京,慈禧携光绪皇帝仓皇出走西安。有一天,她乘坐御辇途经西大街桥梓口,那时这里是个很陡的坡,车子正在上坡,慈禧闻到了一股浓郁的香味,就问是什么东西这么香?当时西安巡抚回答说,是一家卖牛羊肉的正在煮肉,主人姓童。太后闻言,喝令停车,派人买来一尝,大为赞赏。

王公大臣们为博取慈禧的欢心,遂由兵部尚书赵福桥的老师邢庭维手书"辇止坡"金字招牌一面,悬挂门口。精明的西安商人立即抓住这一事件创造出了辇止坡老童家腊羊肉,推向市场。

至今,辇止坡老童家腊羊肉以色泽红润、气味香美、肉质酥松、咸烂可口而闻名中外。

近年来,西安人善于捕捉商机的能力,使他们在商场上很有竞争力。追随市场趋势行动,显然更容易有所作为。

出生于陕西省西安市的张朝阳,早年获取李政道奖学金,赴

第9章
秦商文化：恪守人硬、货硬、脾气硬的理念

美国麻省理工学院学习。1993年，在麻省理工学院获得博士学位后继续进行博士后研究。张朝阳突然感到学了很多年的物理学并不太适合自己。与此同时，他看中了和中国有关的商务活动，很幸运地在麻省理工学院谋得了亚太区中国联络官的角色，从此开始频频回国。

这时候，网络热潮开始在美国兴起，张朝阳清楚地认识到互联网经济极为惊人的商业和社会价值，于是下定了创业的决心。接着，他联系到ISI公司，成功融资100万美元，开始利用Internet在中国收集和发布经济信息，为华尔街服务。

1998年2月，张朝阳正式推出了第一家全中文的网上搜索引擎——搜狐（SOHU）。1998年3月，张朝阳获得Intel等公司210万美元的投资。

2000年，搜狐在NASDAQ成功上市，并购了中国最大的年轻人社区网站Chinaren。此后，张朝阳及时判断出短信对互联网的巨大利益，于2001年耗资百万元成就"sohu手机时尚之旅"。2002年7月17日，搜狐率先打破中国互连网的僵局，实现盈利。

在互联网浪潮来临的时候，中国人抓住了这一机遇，张朝阳无疑成为最有代表性的一位。这位陕西商人领导的搜狐公司，目前已经成为中国领先的新媒体、电子商务、通信及移动增值服务公司，是中文世界强劲的互联网品牌，对互联网在中国的传播及商业实践作出了杰出的贡献。

没有冒险，巨大的成功来得总是太慢，利润越高风险越大。因此，秦商身上有某种程度的赌性，"不入虎穴，焉得虎子"是他们创造机会的最佳写照。

那些事业毫无起色的人，通常都有这样的念头："我这个想法绝对可以挣大钱，但以我现在的实力，实现起来很困难，根本就不可能成功。"而秦商总是这样看问题："没有什么不可能，不管怎么着我也要试一试，光说不练就是'思维的巨人，行动的矮子'，同时也就选择了与成功擦肩而过，留下的是终身的遗憾。"

【华商生意经】

做生意都必须从好的想法开始,而差距就在于,秦商善于把好的想法变成现实。而那些只停留在梦想中或者是迟迟不肯着手去做的人终究会失败。

5. 大商得道,小商得利

翻阅商业历史,真正存活下来的老字号商家,没有哪一家是靠欺骗而长久不衰的,而且可以肯定的是他们都讲求诚信。也许有人说,他们的招牌大、名字响、广告做得好。其实,诚实是最好的广告。别人会因为真诚的言行、高尚的职业道德和良好的信誉愿意和你合作,顾客会被你的诚实打动而乐于光顾。

秦商认为,经商更应该心存厚道。纵观那些在商场博弈中屹立不倒的经营者,他们的成功一定是钱以外的某种能力决定的。这种能力就是厚道之心。

万通董事长冯仑刚刚接触到"绿色公司"概念的时候,就对其非常感兴趣。他研究了各大知名企业的绿色战略,发现"绿色公司"是商业价值和社会价值的完美结合。"绿色公司"概念是在综合西方发达国家数十年企业社会责任发展和执行经验以及大型跨国公司多年环境保护战略方针的基础上建立起来的,是顶尖跨国公司多年战略性思考的优秀成果。

对中国企业而言,要想在全球化和全球变暖的背景下,要想在国内环境资源过度开发的重大难题下,能够实现可持续发展,就必须以"绿色公司"的理念来经营企业。于是,他写出《公益新战略》《绿色公司 企业公民》等众多文章解释和宣传万通的"绿色"概念。

2008年,万通集团正式推出绿色公司战略,自觉寻求一条

第 9 章
秦商文化：恪守人硬、货硬、脾气硬的理念

符合中国企业，特别是发展中企业的制度化的绿色公司道路，使企业经济效益与社会价值达到更完美的结合，更持续健康地发展。万通地产股份有限公司的绿色价值观是将绿色公司所提倡的环保、节约、和谐和理性发展的精神奉为公司圭臬，以此为出发点，对企业经营管理的全部行为进行指导，自我选择、自我约束。同时，也以绿色公司的价值观为坐标，对公司的全部经营行为进行检视、评判和完善，以系统制度的建设保证绿色公司价值观的贯彻和执行。

冯仑在《绿色公司 企业公民》中解释："万通地产股份有限公司所说的'绿色'的定义非常广泛。它包括两个层面的含义：一是人与自然的和谐共存；二是人与人之间的和谐共存——企业与社会的和谐共生和企业与大众的和谐共生。"

近年来，万通地产股份有限公司严格秉承"绿色公司"概念，将大量的财力和精力投放在承担社会责任上。在"绿色公司"价值观指导下，公司对于产品、员工、股东、客户、合作伙伴和社会将采用全方位的绿色公司行为方式。

在《公益新战略》一文中，冯仑说"万通能做的公益项目应该是具体的、可复制的、可量化的项目"。因此他把万通的公益战略定为以推动节能环保的事业为主。万通在公益事业中一心一意做环保，万通的目标就是实现国际上的"绿色公司"的标准。

"持家要存厚，人生要自在。"商人的厚道之心包括很多东西，比如信誉、让利、社会责任感等。王石讲究"不行贿"的信誉，李嘉诚做生意追求"让利"，秦商更注重追求承担相应的社会责任。

自古以来，商人总是为利奔波，为利者当然会"使些手段"。因为"利"之一物常常使人身心受蒙蔽，对别的事情分辨不清。所以，有人说利与义不可兼得。然而"利"和"义"不是鱼和熊掌，说它们不可兼得，大概也只是为侮蔑经商之人寻个理论，或为行不义之事、取不义之财找个借口。商人既逐利，也应重视自身的品格。品格在内，名声在外，"利"

便在其间,回环曲折集于商人之手。

守住"底线"不容易,但为商应该追求的是境界,即"智""勇""仁",靠创新的智慧、靠过人的胆识、靠仁爱之心来战胜竞争对手。当然,最高的境界还应该包括"圣"和"义":以对商道的彻悟和承担社会道义来表现一种无形的人格力量,使竞争对手心悦诚服。

秦商在成功中起到重要作用的因素,总体来说有四种:价值观、毅力、低姿态和判断力。其中,价值观起到基础性作用,是事业的导航仪。无疑,在追求经商的大道上,秦商走得很远。

【华商生意经】

一个企业的开始就意味着一个良好信誉的开始,有了信誉,自然就会有财路,这是必须具备的商业道德。就像做人一样,忠诚、有义气,对于自己说出的每一句话、做出的每一个承诺一定要牢牢记在心里,并且要能够做到。经营要走正道、为人要讲正气、产品要正宗、要讲信誉,这样做生意,才能圆圆满满,才会有大的作为。

6.吃是一种文化,也是一门生意

民以食为天。中华饮食文化博大精深、源远流长,在世界上享有很高的声誉。今天,在商业经济繁荣的背景下,"吃"不仅仅是一种生活需要,更成为人们的一种身心享受,获得了更为深刻的社会意义。

不可否认,"吃"本身蕴藏着巨大的商机。在"吃"上面下点功夫,满足人们不同层次的需要,是一种发财致富的好机会。陕西小吃富有地方特色,种类繁多,自然成为当地人经商的首选,也折射出秦商独特的商业文化特色。

陕西人的饮食文化历史悠久,不同风味的食品众多。例如,西安有八

第9章
秦商文化：恪守人硬、货硬、脾气硬的理念

景宴、葫芦鸡、辇止坡老童家腊羊肉、牛羊肉泡馍、黄桂柿子饼、甑糕、海味葫芦头、樊记腊汁肉、徐记黄桂稠酒，潼关有鸡蛋饼，华阴有脂卷，渭南有时辰包子、炉齿面、牛舌头烧饼，大荔有带把肘子，韩城有羊肉臊子，蒲城有蒸馍、白水有红烧肘子，富平有太后饼、石子馍、酥饺子，周至有藕粉，蓝田有粽子，礼泉有桩顶石馍，户县有大米面皮子、汤面疙瘩，武功有烧鸡、油酥饼，乾县有锅盔，三原有白封肉、甜浆、油塔、笼笼肉、水盆大肉，岐山有臊子面、油炸豆腐，宝鸡有茶酥、甜浆等。

在陕西，几乎每种食品都有一个典故，这体现了当地浓郁的商业文化与民俗风情。乾县的锅盔是使用特质面粉制作，用麦草软火慢慢烘熟，水分极少，质酥味香。锅盔是怎样产生的呢？原来在为唐高宗李治与女皇武则天修筑合葬墓乾陵时，因工程浩大，民工甚众，烹食困难，监工士卒便用头盔烙馍，锅盔因而得名。后几经改进，有了今日风味。

黄土高原孕育了陕西人极富地方特色的饮食文化，给讲究"吃"的现代人提供了尽享美味的机会，也给商业人士提供了致富的良机。具体来说，陕西著名的小吃主要有以下几种。

(1) 肉加馍

在西安，老樊家几乎成了腊汁肉的代名词。腊汁肉起源于战国，当时称"寒肉"，经世代流传、演变，遂成今日之秦味腊汁肉。樊记腊汁肉已有近百年历史，由一樊姓小贩所创。用刚出炉的白吉馍夹着吃，则馍香肉酥，回味无穷。

(2) 羊肉泡馍

羊肉泡馍，是独具西安方邦特色的著名小吃。西安老孙家饭庄从1898年开始经营，迄今已有百余年历史。北宋大文学家苏东坡曾有"陇馔有熊腊，秦烹唯羊羹"的赞美诗句。

(3) 岐山面

岐山面要求宽汤，即汤多面少，并突出酸辣味。面条要热得烫嘴，油要多，才能体现此面的特色。岐山面是一种高碳水化合物、高饱和脂肪酸的地方特色面食。

(4) 陕西凉皮

陕西凉皮种类繁多，做法各异，调拌时各具特色，口味也不同。其中，麻酱凉皮、秦镇凉皮、汉中凉皮、岐山擀面皮和面筋凉皮等最有名。

(5) 荞面饸饹

因其多用荞麦面制成，比较固定的叫法是荞面饸饹。据有人考证说此食物在元代已经有了，根据是元人王桢著的《农书·荞麦》中载有"北方山后，诸郡多种，治去皮壳，磨而为面或作汤饼。"

(6) 黄桂稠酒

黄桂稠酒是用糯米和小曲酿成的甜酒，因其配有芳香的黄桂而得名。黄桂稠酒是陕西最有名的饮品。今天，从大酒店到街坊小吃铺，到处都在卖热气腾腾的稠酒，以至很多西安的老人和小孩也都能给外地客说出几句有关杨贵妃与稠酒的传说来。

(7) 泡泡油糕

泡泡油糕是用水烫面、大油、黄桂、白糖馅等原料制成，制作方法独特精制。其主要特征为色泽乳白、表皮膨松，犹如轻纱织就、蝉翼捏成，可谓巧夺天工，深受人们的青睐。

(8) 葫芦头

葫芦头源于宋代的"煎白肠"，相传至今。其主料由猪大肠头、猪肚头、肥肠去腥臊后加佐料煮成汤，再用汤煮馍而成。其汤醇味浓、鲜香适口，是一种高饱和脂肪酸、高胆固醇食品。

(9) 灌汤包子

西安的小吃多，"贾三灌汤包子"是名头最大、字号最为响亮的西安小吃之一。来到西安，找到"贾三"，你就算是找到了真正的小吃。

历史上，陕西是中华文化的重要传承之地，伴随着政治、经济、文化兴盛催生出各种风味食品，并深刻影响到北方十几个省区的饮食习惯。比如，羊肉泡馍及牛羊肉特色食品，即使是在以大米为食的南方省份也有销路。今天，陕西人已经把自己的饮食文化推广到了全国各地，在获得商业利润的同时，也展示了当地浓郁的美食经济效应。

第9章
秦商文化：恪守人硬、货硬、脾气硬的理念

【华商生意经】

　　投资地方小吃生意，在越来越追求享受和个性服务的时代，是一个不错的选择。投资陕西小吃生意，必然要雇用当地厨师或服务人员，才能保证食物的原汁原味，而这是投资成功的保证。

第 10 章
豫商文化：发动商业大战是拿手好戏

1.《清明上河图》里藏着河南商业史

河南，简称豫，中华文明的发源地，又被称之为"中原"，有着悠久的历史和深厚的文化底蕴。河南因黄河而闻名天下，可以说黄河创造了河南，没有黄河的长年冲刷，就不会诞生河南这块水源丰富、气候宜人、土地肥沃的中原大地。

在中华五千年的发展史中，河南在很长一段时间里是国家政治、经济、文化的发展中心。比如，历史上的第一个奴隶制王朝——夏朝，便是在这块土地上诞生并定都的，接着商、西周、东周、西汉、东汉、曹魏、西晋、北魏、隋、唐等多个朝代，也都陆陆续续定都于这块土地上。

历史上，宋代王朝定都河南开封，当地商业经济繁盛一时。说到宋代河南商业的发展情况，人们自然而然地就会想到宋人张择端的举世名画《清明上河图》。《清明上河图》以写实的手法将北宋京城商业繁荣的景象描绘得淋漓尽致，为世人记录下了宋代河南商业和商人的活动方式及其经营状况。

第一，酒楼展示了餐饮文化的繁盛。

宋代的酒楼，都是面朝大街而建的高楼，这种建筑风格是从宋代才开

第10章 豫商文化：发动商业大战是拿手好戏

始出现的。《清明上河图》中的酒楼就表现出了这一新变化。画中闹市东侧便有一家酒楼，绣旗高悬，"孙羊正店"四个大字跃然旗上，甚是醒目。旗子后侧便是一座二层建筑物，房屋高大，门面显得十分大气磅礴。最令人咂舌不已的就是门前的彩楼欢门，真可谓是金碧辉煌。酒楼前车水马龙，进进出出的客人川流不息，一片热闹、繁荣之貌。

由此可见，河南商业在北宋年间就已经发展起来了，并呈现一片繁荣景象，人们对于经商活动早已习以为常了。尽管今天的河南已不复从前般繁华，但是中原大地的历史价值永远值得参考。

第二，当铺展示了民间金融的发达。

《清明上河图》中画出了一家当铺，说明当时的金融业比较发达。由此不难看出，我国的典当行业的历史是多么源远流长。今天出现在街边的大型典当业只不过是在古代当铺的基础之上，加以完善的升级版本。

第三，客栈展示了商业交往活动的频繁。

《清明上河图》中画了很多客栈，足见当时客栈是一个非常有利可图的行业。北宋时期的客栈行业十分发达，客店老板面临的主要对象就是进京赶考的学子和过往的商客。而商家之所以将客栈的位置选择在国家的政治、经济中心，原因就在于这里的人流量大，适合客栈这个商业项目。由此可见中国豫商卓越的商业天分和商业头脑，他们极其善于发现并把握商机。

第四，茶铺展示了休闲娱乐文化的兴旺。

《清明上河图》中的茶铺多集中在最繁华的街道上，可见这些茶铺的老板多为富人，而前来饮茶的客人们也多为社会上层人士。北宋时期，茶铺盛行与当时茶风盛行有着很大的关系。由此可见，中华商文化带着明显的中华民族的传统特色，它既是豫商的文明，也是中华文明的象征。

宋代商业繁盛的景象，在河南商业史上留下了浓墨重彩的一笔。《清明上河图》中所呈现的河南商业史，是中国古代豫商的形象再现。它的价值远远超过了一幅技艺精湛的古画的价值，它记载着中国古代豫商曾经的辉煌，记载着华夏商人的智慧和勤劳。它作为国家重点文物，被世代神州

儿女珍藏于博物馆中，向世界展示了中国豫商的传承血脉。

【华商生意经】

自古以来，中原地区都是人杰地灵、浑厚繁华的要害之地，这里不仅风光独美、地理位置扼要，而且还盛产商贾巨富。宋代民间发达的商业经济，让后人见证了当时河南商业文化的繁荣。

2. 豫商从来不会有止步的那一刻

鲁迅曾说过这样一句至理名言："其实地上本没有路，走的人多了，也便成了路。"由此可见，原来今天四通八达的光明大道都是由人走出来的。今天这句至理名言被河南商人成功运用到了财富的积累过程中，并且取得了很多的成绩。

做生意如逆水行舟，不进则退。河南商人深知，"满足现状"是商人进步的最大绊脚石。在他们看来，如果不前进，那么就意味着后退，商人没有止步的那一刻。因为，他们止步，就不会渴望创造。没有了乐观的期待，或者因为眼前无法实现而不去追求，都会妨碍企业的发展。

走南闯北，河南商人的血液里流动着商人特有的"不安分"的因子。闯世界靠的就是胆识，这是成功的第一步，也是一种信念，没有这种信念就不要去闯荡商海，没有这种信念就不要去怨天尤人，没有吃过葡萄就不要说葡萄酸。

美耐家具有限公司董事长王宪朋被业内人士称为"高富帅"代表。令人惊讶的是，这位现在看来名副其实的"高富帅"竟是一位地地道道的白手起家的实力派豫商代表。

王宪朋从河南农村走来，从北方走到南方，一路上，他披荆斩棘，不曾有过一分一秒的止步。"穷人家的孩子早当家"，很多城里孩子不明白这句话背后的深意，王宪朋却有切身的感受。当年，他跟随几个老乡外出打工。他看着父亲不舍的眼神和母亲眼中含着的泪花，暗暗下决心，一定要成功。从此，无论是在建筑工地、煤矿坑道、采石场、养鸭车间，王宪朋稚嫩而又单薄的身影都出现过，他那焦黄精瘦的小脸上总是挂着分辨不清是汗水还是泪水的水珠。

1994年，王宪朋进入汕头一家私人家具厂工作。在这里，他找到了生活的感觉，深深地热爱上了这个行业。很快，王宪朋凭着对工作的满腔热情和勤劳务实的工作态度得到了老板的赏识，随后被派往杭州，做家具的现场安装和调度工作。不久，他当上了公司杭州区域的销售经理。

1997年，王宪朋被派往南京分公司工作。当年年底，因为股东之间的一些问题，公司决定撤销南京分公司。此时，王宪朋被南京的大好市场深深地吸引住了，他并没有按照公司的规定返回汕头，而是留在了南京，利用打工赚来的钱开始创业。

王宪朋决定先从代理销售家具开始。他找好场地之后，便来到广州，预订了12万元的新式家具。然后联系好了一家运输物流公司，将12万元的家具装上了货车。他返回到南京等待接货，结果12万元的家具连同司机一起消失了。这个飞来横祸，着实让他元气大伤。

两年之后，王宪朋才开始用借来的钱卷土重来，开始二次创业。自此，他成功完成了从城市白领到自己做老板的艰难蜕变。王宪朋无比热爱家具行业，他说："从农家子弟到投身商海，并搏得一席之地，我在家具行业实现了人生价值，要在这个行业深耕细作下去，为这个行业的健康发展尽自己的一份力量。"

今天，王宪朋的家具生意如日中天，但是他并没有满足现状，丝毫没有止步的意思。他说："面对当前互联网时代的变革，家具作为传统行业，一定要适应变革，升级传统打法，创造新的商业模式。"

风险与机会是并存的,新市场里的机会往往很多,但是风险也同样更高。因此,想要获得更多更好的机会,就必须有胆识。改革开放以后,一批批河南人开始勇敢地闯入商海,一些人已经崭露头角,尽管他们很清楚未来的路依然还很艰难,但是他们对自己最初跨入商海的选择始终无怨无悔。

许多时候,只要坚持,积极地想办法,任何难关都能闯过去。陷入逆境,千万别忘了:坚持就是胜利!事实上,在逆境中,不懂得"坚持就是胜利",正是很多人失败的根源。豫商看惯了商场上的风云变幻,参透了人情冷暖,所以有一颗积极向上的心,无论面对怎样的逆境,都能在坚守理想的过程中苦尽甘来,成就伟业。

一个做大买卖的人,是那种不管下不下雨,雨伞照卖木屐照做的人。这是因为,无论刮风还是下雨,都只不过是一种自然现象,他看重的是市场,瞄准的是真实的市场需求。具备这种逆势而上的胆魄,才能做成大买卖。

【华商生意经】

审视河南商人的成长历程,不难发现,他们的起点大都很低,一名普通农民工、一名清洁工、一名服务员等等,最后发展到某个商业帝国的统领者,河南商人每一步走得都很坚实、平稳。最重要的是,河南商人并没有止步的意思,作为一个传统商族,河南商人深知"逆水行舟,不进则退"的道理。

3. 发动营销战是河南商人的看家本领

古往今来,世界在争,人类在争,自然界在争,商场中的"互争"更是异常激烈。"争"从没有离开过河南商人的眼球,"争"是河南商人无法避免的事情,"争"是河南商人乐此不疲的游戏,"争"带来了今天河南商人的崛起和豫商文明的生生不息。河南商人在竞争中不求你死我活，而是讲究在"互争"中实现"共荣"。

中原地带历来是兵家必争之地，自古便有"得中原者得天下"之说。其实，中原不仅仅是兵家必争之地，也是商家必争之地。"得中原者得天下"这句话用在今天的商战中也是很合适的。中原商战由来已久，但凡那些能在河南争得一块立足之地的企业，到了其他地方也能顺利地生存下去。

20世纪90年代，随着一座座高耸入云的现代豪华百货大楼在中原大地拔地而起，一场激烈的"中原商战"悄悄拉开了帷幕。六大商场决战中原，它们斗勇、斗智、斗公关、斗价格，展开了一场激烈的营销大战。这场"前无古人，后无来者"的中原大战，持续时间之长、波及面之广、竞争程度之激烈，令国人震惊、世界瞩目。

在中原商战中，涌现出了一大批有智慧、有天分、有谋略、有气魄的新时代豫商。据称，在这次激烈的商战中，最惊心动魄的当属价格大战。各大商场为了争夺消费者，开始拼命杀价，在竞争进行到白热化阶段，部分商家的商品售价甚至出现了低于进货价的现象，成了名副其实的"吐血大甩卖"。竞争持续一段时间之后，各大商场的老板都有些挺不住了，他们如惊弓之鸟一般，无比担心明天会不会再冒出一股亏本降价的热潮，最终无论是获胜者还是失败者都被其伤得遍体鳞伤。

对此，消费者自然是乐此不疲，谁不希望购买到最实惠的商品呢？于是更加添油加醋地助战。尽管业内人士纷纷评价说这种特殊的价格竞争是一种短期的极端竞争行为，对企业的发展没有太大的益处，只能带来一种购买繁荣的假象，因此，从长远角度看来，意义不大。但是，河南商人这种为了击垮对手，不惜成本的商战勇气着实令人钦佩。

河南商人是营销方面的专家，无论是营销方式还是营销理念，河南商

人总能匠心独具，立于不败之地。河南商人敢于在营销方式上大胆创新，这种无所畏惧的经商理念，使得河南商人再次成为了新时代商场里的常胜将军。

追根溯源，河南是一个商业氛围十分浓厚、商业竞争十分激烈的地区。就其商业价值，河南是中国最不容忽视的潜在市场。早在殷商时期，今天的郑州就是一个名副其实的"商都"。之后又曾几度成为商贾巨富云集一堂的重要商业中心，被誉为"九州腹地，十省通衢"。

作为中部地区的人口大城，今天的郑州依然是"中原商战"的主战场。郑州是河南省的省会，其常住人口高达近200万。其中蕴含的巨大商机可想而知，特别是20世纪90年代以后，随着中国经济的大复苏，郑州毫无疑义地变成了商家必争之地。一场规模强大的"中原商战"带来的冲击波，使得郑州瞬间成为举国上下尽人皆知的城市。

河南商人在经商过程中，十分注重与时俱进。时代在发展，社会在进步，企业跟不上时代的脚步就会被社会无情地淘汰掉。深谙其道的豫商早已将这一忧患意识注入到了体内。因而，当河南商人面对着高速发展的商业形势时才能从容不迫，充分发挥新时代豫商的大智大勇。

【华商生意经】

经商就是一场战斗，里面聚合了各种斗争策略。在商业世界里，从价格战到广告战，从新闻炒作到危机处理，每个地方都蕴涵着斗争的影子。河南人在做生意的时候，有商战意识，善于站在宏观的角度看问题，这正是他们富有商业智慧的体现。

4. 商会资源是最大的竞争优势

商帮商帮，无商不"帮"、无"帮"不商。河南商人的精明之处就在于他们采取"一手结商会，一手抓投资"的独特经营方法，保证在团结的

第10章
豫商文化：发动商业大战是拿手好戏

前提下实现互惠共赢。著名的赤壁大战中，不善水战的曹军采取的作战方案是把所有的战舰用铁链系在一起，这样就可以增加战舰在水中的稳定性，同时还能增强抵御风浪的能力。虽然在赤壁之战中，最后以曹操的失败而告终，但他的这种作战方案却有很好的借鉴意义。

商会的作用就是充分发挥"无商不'帮'、无'帮'不商"的团体力量。在这点上，河南商人的团体意识很强烈，特别是近年来，各地的河南商会相继成立，标志着河南商人已经成了一个密不可分的商业群体，团体的力量已经被河南商人充分地认识和重视。

经商不是一个简单的你买我卖的交易过程，在经商的过程中，不仅要处理好企业与顾客之间的关系，同时还要处理好企业与政府、同行的关系。在这一环节上，商会起到了纽带和润滑剂的作用。无论是对于政府还是企业而言，商会是一个很好的帮手，它既服务于政府也服务于企业，将政府的相关政策和精神传递给企业，同时也能将企业的需要传递给政府，在政府和企业之间发挥着无法替代的中介作用。

当今社会是一个信息爆炸的时代，信息决定着企业的发展。企业之间的竞争很大程度上是信息资源的竞争，哪个企业掌握了更具优势的信息，这个企业就更有竞争力。信息资源决定企业的发展方向和发展空间。如何正确选择和获得信息无疑是做好生意的一项基本功。从这一角度来讲，商会资源具有更大的竞争优势。

无论是信息资源、资金资源还是商业头脑资源，商会都充分展示出了团体的力量。就像一根筷子很容易被折断，但是一捆筷子就非常不容易被折断一样，这就是团体的力量，更结实、更坚强、更具有竞争力。有了商会资源，就有了高效的信息资源，企业就能获得更多的商机，从而加快对空白市场的占领。

尽管"无商不'帮'、无'帮'不商"的商业原则，对于企业而言有着不容忽视的作用，但是想建立起这种良性循环的商业合作关系，也并非一件容易的事情，它需要商人之间为此付出真诚。在河南商人看来，"无商不'帮'、无'帮'不商"必须有三大前提：

(1) 必须有可以合作的利益

利益一致，才有合作的动力。作为商人，追求利益最大化是件很平常的事情，因此"无商不'帮'、无'帮'不商"的良好合作关系的建立，离不开利益的驱动。

(2) 必须有可以合作的意愿

商人要有合作的意愿，这是建立"无商不'帮'、无'帮'不商"的良好合作关系的主观因素。

(3) 必须有共享共荣的打算

"无商不'帮'、无'帮'不商"的商业原则本质上就是为了商人之间共享共荣，因此合作者之间要秉承着诚信的处事原则，不能彼此间勾心斗角、各怀鬼胎。

【华商生意经】

每个企业的存在都有自己的优势和劣势，企业家必须认识到这一点，相互之间取长补短、优势互补，才是同行之间共同发展的有效方式。坚持"无商不'帮'、无'帮'不商"的原则，让河南商人赢得了很多友谊，在同行之间也树立了良好的形象。

5. 野蛮生长让河南商人更有竞争力

商人这个群体发源于河南，也就是中原故土。这里的人勤劳、勇敢又坚韧、执着，是商人历史的创造者。虽然有重农轻商这样的传统桎梏，但是河南商人敢于突破这种限制，他们不再拘泥于古老的中原故土，勇敢地走出去，发挥他们创造财富的热情，让豫商的名号叫响南北大地。

河南商人的兴起更让其他的商帮感受到了他们身上所特有的中原人民的坚忍顽强，用豫商的话来说："我们是靠着一种蛮劲闯进商场的。"是的，这种执着不放弃的蛮劲让河南商人跨越了商人的阶级限制，在封建传统的社会中一步步地将自己发展成为谁都不能小看的角色。现在的豫商更是如此，他们身上的使命，不仅仅是助力河南发展得更好，他们的存在更加具有现实的意义：鼓励更多的河南商人走出去，创造更大的经济效益和社会效益。

在商业世界中，每天都有许多新的公司诞生，也有许多公司消亡。在市场经济的浪潮中有许许多多的公司因善于经营而蓬勃发展，也有许许多多的公司因经营不善而在困境中挣扎。我们已经习惯于为蓬勃发展的公司喝彩，其实，世界上很多优秀的公司都是从痛苦挣扎中一步步走过来的。

恒大集团是地产界的一匹黑马，它以惊人的发展速度在地产界站稳了脚跟并成为行业的翘楚。根据恒大公布的财务报表显示，恒大在销售面积、净利润、核心业务利润以及在建面积等多项业绩指标上，均位居全国房地产企业前列。而恒大集团的老板许家印也成为了传奇一般的风云人物。

与众多的豫商一样，许家印的成功也不是偶然的，而是一步步地依靠智慧和努力走过来的。在房地产界绝对没有人敢小看恒大，因为它虽然比万科等企业入行晚了好几年，但是却没有因为失去的时间而落于人后，它的发展速度可以用惊人来形容。

在2010年销售金额突破500亿元大关之后，进入2011年以来的恒大地产在楼市调控不断加码的政策环境中依然大跨步前进着。这些成就得益于许家印个人的正确决策，他没有因为后入行而气馁，而是借鉴其他同行的发展经验和教训来壮大自己的生意。

1997年亚洲金融风暴之后，香港的房地产业低迷，资本萎缩让出了巨大的发展空间，而此时的许家印也已经将行业内的经验教训都学习贯通了。随后，他以7890万元卖掉了其持有的绿景地产26.89％的股权。这样的市场环境并没有让他灰心，反而越战越勇，开始计划恒大的海外上市。

2006年，许家印启动了上市计划，他重组了恒大实业控股的恒大地产各项目子公司，纳入新的恒大地产集团有限公司旗下。随后他进行了极为苛刻的融资，为恒大集团的上市提供了良好的资本环境。而这些远远没有让他满足，他在国际资本市场上筹集巨资，大踏步地迈向全国，一路野蛮地增长。

"私营公司是野生的，要生存下来很辛苦，它没有国有公司那样得天独厚的政府支持，政府最多也就是改善我们的生存环境，最终还要靠我们自己。中国的私营公司，成长过程十分艰难，其成长过程也充满了坎坷——而我们创维就身兼这两种痛苦。但也正因为我们是野生的，一旦生存下来就会有顽强的生命力，所以并不是一阵风雨就能把我们打垮的。"身为河南人的创维创始人黄宏生曾如此坦言。

人生不如意十之八九，面对生活中的不如意，我们不能一味地悲伤、一味地逃避，而要逆风而上，与狂风斗争，与巨浪斗争。对生意人来说，选择经商就是选择了逆境生存，苦中作乐是商场上的生存哲学，而成功后的喜悦和成就感，足以令人陶醉。所以，豫商不会被逆境吓倒，不会选择放弃，他们坚信：扭转逆境的希望，往往就在于再坚持一下的努力之中。

一位豫商曾经说过："商人都是充满野性的，都是在艰苦的环境中磨练出来的。面对未来的不确定性，只有迎难而上，没有捷径可言。"纵观豫商的发展历史，凡是有成就的人，比如许家印，无一不是有过艰辛的创业史、奋斗史，他们大都是迫于生存的压力而经商，为了生计涉险求利。也正是因为这种个性，才磨练了他们不屈的意志、吃苦耐劳的韧性和决不放弃的信念。

【华商生意经】

河南商人有着强烈的竞争意识，他们善于判断形势并做出正确的决策。那种为了达到目标绝不放手的蛮劲让他们更有竞争力。因为只有拥有这样"野蛮"的冲劲才敢于逆势生长。那些优秀的领导者往往是在资金紧缺、企业危机的时候才能看出他们毕露的锋芒，看到他们运筹帷幄的自信。

6. 在"商德"的沃土里发展壮大

"小胜在智，大胜在德"，这是一个千百年不变的真理。纵观古今，真正的企业家无不修炼自己的商业道德。因为只有一个注重德行、拥有良好品格的企业家，才能成就一番大的事业，才能得到人们的敬重和认可。而那些所谓的"奸商"尽管可能会拥有一时的财富，但是他们的商业道德修炼不够，不能聚财，因此，最终他们的财富也会随着时光的流逝而渐渐流失的。

河南是孕育中华文明的摇篮，是中华商文化的发祥地。在这片土地上，走来了中国的第一位商人和第一个商族——豫商。豫商诞生于河南，千百年来，豫商文明在河南这块土地上生根发芽，滋养着一代又一代朴实无华的河南人。

古时的郑国商人弦高，用自己的牛群犒劳前来侵犯祖国的秦师，并凭借着自身的聪明才智和勇气智退秦师。他就是河南这块土地上孕育出来的一代豫商，他的德行操守深受这里的文化熏陶。弦高天下闻名，同时也将自己的商业道德化为了豫商精神的一脉，融入到了河南这块美丽富饶的土地里。

朴实的河南汉子邱新航，离开了郑州国棉三厂，加入到自主创业的大军中。二十年的苦心经营，这位当年一个小鱼行的老板如今已经是"四季胖哥"的董事长了。财富越积越多，邱新航的商业道德水平也随着越来越高。邱新航积累了很多经商的心得，最终他总结成了一句话："小富靠勤，大富靠德。"

这并不是邱新航故意卖弄学问，而是他多年来的深刻体会。

创业初期,他靠着河南人特有的不怕吃苦的精神打拼出了一片属于自己的大好局面。然而,随着企业规模越来越大,赚的钱越来越多,邱新航的心中渐渐地感到空虚。温饱问题解决了,现在该解决的问题是心灵财富的贫乏。

于是,邱新航开始有意识地多读一些有价值、有深意的商业书籍,同时随着生意越做越大,邱新航开始接触社会各界。渐渐地,邱新航发现,自己需要做的事情还有很多。作为一个民营企业家,邱新航意识到自己肩上的重任不再只有自己小家的幸福,还有社会。财富来源于社会,正所谓"取之于民,用之于民",自己应该饮水思源,回报社会,多承担一些社会责任。

有了这种思想认识之后,邱新航开始行动了。二十多年来,邱新航做得最多的就是资助那些上不起学的孩子们,累计资助的贫苦孩子不计其数,捐出的资金高达五百多万元。

邱新航的商业道德的提高直接体现在了他的生意上。近年来,四季胖哥集团在邱新航的带领下,正逐步迈向更高的商业巅峰。

"那些仅仅把眼光盯在利润上的企业总有一天会没有利润可赚的。"企业想要获得利润、获得发展的空间,凭借的不是企业经营什么样的产品,而是凭借着商人的高尚商业道德。今天的河南商人,他们在"商德"的沃土中长大,拥有着高尚的商业道德,并坚持恪守商业道德,他们是新时代商人的典范。

事实上,当一个人的善行被人们广为认可时,他就把中国传统乐善好施的个人行为提升到了自觉的社会责任和公益事业的高度上来了。河南商人就是这样的一个群体,他们善意的行为让更多的人加入到了这个阵营中来。这样的商人才是国家和社会应该珍惜和支持的对象。当然,修炼商业道德并不是企业家的特权,但是企业家需要不断修炼自己的商业道德。这是社会赋予企业家的责任。

"三聚财,三散财"的陶朱公,也是来自河南的一代奇商。他教会了

第10章
豫商文化：发动商业大战是拿手好戏

商人应该有舍有得，实现财富的最终价值：取之于民，用之于民。这些高尚的商德，来自于古豫商前辈们的亲身体验和用心总结，它们随着历史的车轮一代一代地相传。直至今天，河南这块"商德"沃土上，成长出了茁壮的新时代河南商人。他们在"商德"沃土中长大，与时俱进，延续着古豫商的高尚商德和中华文明的传统美德。

【华商生意经】

河南商人信奉"仁者无敌"。这个词汇的本意是说："有仁爱之心的人，是没有竞争对手的。"中国就是这样一个充满智慧的国家，老祖宗留下来的金玉良言是一笔巨大的财富，哪怕只是一两句，都能让很多人受益终生。

第 11 章
鲁商文化：左手拿论语，右手拿算盘

1. 深受孔孟文化影响的鲁商

山东是儒家文化的发源地，山东商人的思想行为必然都留下了儒家文化的深刻烙印。所以，"儒商"成为了山东商人的标签。他们经商往往遵循"君子爱财，取之有道""因民之所利而利之""义然后取，人不厌其取"等价值取向。他们能够自觉地把儒家文化同商品经济行为有机结合，在发展经济的同时，不忘遵守道德的做人基础。

自古以来，山东商人名扬天下，不仅生意做得好，学问也做得好。山东人不仅形成了独具特色的商业风格，还形成了一套独特的商业哲学理念。从管仲到子贡，各自都有独特的商业理念。

管仲凭借自己的商业智慧成为齐国的首富，而在这之前，他已经被拜相称侯，齐桓公甚至尊称他为"仲父"。管仲没有辜负齐桓公对自己的期望，全身心地投入对经济发展的建设中去，拟定了一系列招商引资的政策，使齐国的经济很快恢复发展起来。

当然，这些并不是管仲最出色的经商手段，最出名的商业案例是他以独占盐利之故，一举而攫他国之金万余斤，这一件事不仅让齐国成为诸侯国中的最强国，也让管仲自己的资本举世莫敌。

　　齐国地处沿海，盛产食盐，当时各诸侯国的食盐都从齐国进口。管仲利用这一机会，将齐国生产的食盐换成了大量的黄金。管仲的举措引起了齐桓公的注意，齐桓公把管仲叫来问："你整这么多金子干什么用？"管仲趁机劝说桓公道："天下的黄金本来就不多，而且大部分已经被齐国赚来，锁在国库里不拿出来流通，金价因此已经大涨了。听我的，你下令让那些贺献、交税的，都必须用黄金。"没多久，齐国境内金价坐涨百倍，其他各国持有黄金的人都纷纷跑到齐国来，卖个高价。天下黄金，尽归于齐。

　　管仲一番运作后，各国都严重缺乏黄金，金价也都向齐国看齐了，甚至有的国家比齐国还高。黄金作为最强势的衡量货币，金价越高，则物价越贱，包括民生之本的粮食的价格也是一路走跌。

　　这时候，管仲再次出手，购买齐国境内的粮食，使齐国境内的谷价高于邻国。邻国的商人见到这种情况后，都带着粮食到齐国来卖。齐国拿出囤积的一部分黄金来买粮食，一转眼，天下大部分的粮食又被齐国独占。

　　管仲在商业上的成功帮助齐国在争霸中占据了优势，很有些起三代之衰的气势，在齐鲁之地形成了良好的商业传统。此后，商贾反复往来于齐与各国之间，故齐冠带衣履天下，引天下风气之先，这是何等壮观之场面。不仅如此，诸侯见到齐国的成功后，都纷纷效仿，管仲的经验很快被列国竞相效仿，由此引发了中国历史上第一个商业繁荣时期。

　　鲁商继承了儒家文化的精髓，在历史上表现出了杰出的经营才华。然而，孔孟之道讲究的是"重农轻商"，这从根本上也就限制了鲁商的发展。举一个例子，鲁商孟鸿升创办了"八大祥"之一的瑞蚨祥绸布店，虽然他的事业做得风风火火，但他想要回到山东邹城认祖归宗，却被族人拒之门

外。理由很简单,他违背了祖上制定的规矩,选择了弃读从商。

从这个故事来看,儒家文化确实不是培养商人的一块肥沃土壤,甚至可以说是贫瘠的。所以,鲁商在汉朝以后就一直没有发展,直到明代中期才开始兴起,但是势力远不如其他的商帮。究其原因,儒家思想的以农为本影响了一代又一代的山东人。

山东商人总是被人们这样形容着,"左手拿论语,右手拿算盘"。这不正是深受儒家文化熏陶的鲁商的真实写照吗?他们重视自己的文化传统,而他们的这种做法不仅不是落后的,反而符合了现今商业发展的潮流与趋势。

【华商生意经】

土生土长的山东商人,都深受儒家孔孟文化的影响。皇明太阳能集团董事长黄鸣就曾说过:"成长在圣人故乡的鲁商,有幸得天独厚地多受孔子思想精华的熏陶,并融会贯通于现代经济发展,形成独特的鲁商精神。"

2. 有胆有谋,勇闯关东

清朝末年及民国时期,关内山东、河北等地大量人口迁入关东(东北)地区,在东北地区闯荡定居,这就是所谓的"闯关东"。在东北地区的迁入人口中,山东籍最多。在明末清初到清末民初这三百多年的历史中,山东人口迁入关东者有将近三千万,放眼世界,其规模之庞大也是极为罕见的。

在明朝中期,山东就已经是水旱灾害不断,到了清代,这种情况仍在继续,没有得到丝毫的好转。正值清政府想要开发关东地区,号召百姓去地广人稀、资源丰富但条件相对恶劣的关东去谋生。为了生存下去,山东众多的百姓选择了"闯关东"。而这一部分人就在背井离乡的情况下成为了商人。

咸丰年间，清政府推出各种优惠条件鼓励山东商人移民东北垦荒、经商。东北物产丰富，其特产如人参、貂皮、药材都是关内稀缺之物。而山东丰富的布匹、铁器等产品又是东北地区缺少的。山东半岛与辽东半岛仅一海之隔，交通方便，这也促进了山东商人前往关东地区经商。拥有如此多的优势条件，善于把握机遇的山东商人审时度势，在东北创造出了一片商业的新天地。

"闯关东"是中国历史上最大的移民运动之一，对于华北和东北社会产生了广泛而深远的影响。"闯关东"对于移民输出地华北地区而言，极大地缓解了华北各地（尤其是山东）的人口压力，减少了社会动荡，有利于社会的安定。"闯关东"在华北地区积淀为一种社会习俗，成为当地发生天灾人祸时普通民众的自然反应。

为了生存，山东人只能弃农从商，但这并不代表山东商人背弃了儒家思想。他们的骨子里流淌的仍然是儒家血液，所以虽然他们从商了，但仍区别于其他商帮，因为他们"重义轻利""为富行仁"，以"诚信"见称于世。不管怎么说，鲁商在清朝"闯关东"时通过他们的勤劳、智慧和信誉，做到了以义取利、义利相生。

山东商人经营油坊和烧锅是前店后厂的经营方式，也有专门贩卖豆油和烧酒的。由于油坊和烧锅业是集加工制造与批发销售为一体的行业，因此经营此业所需固定及流动资本较多，非具中产以上资力者难营此业，山东商人投资于此业，也可看出鲁商资本之雄厚程度。

山东商人在东北以经商为主，大多经营粮食、杂货、油坊等产业。东北盛产大豆，由于气候、土壤等优势条件，东北大豆的产量、质量非常高。山东商人瞄准这一机遇，纷纷建起油坊榨油。鲁商经营的油坊遍布东北各省市及乡镇，获利颇丰。东北地区气候寒冷，饮酒御寒便成为人们的日常习惯，烧酒的需求量相当大，由此酿酒业也兴盛起来，这就是所谓的烧锅。

"闯关东"精神中包含着真实的人民生活意识，推动了历史前进和生

产的发展动力;"闯关东"精神是不同民族之间文化相互交流碰撞的产物,它体现着中华民族大家庭之间的归属感和认同感,这是山东商人,更是中华民族的优秀文化。

在当代,"闯关东"精神具有激励和凝聚各族人民奋发向上的重要力量。这种精神,反映了艰苦奋斗、奋力拼搏、勇于创造、敢于开拓的创业历程,体现了拼搏开拓的创业精神。现代企业家们要创业就必须去拼搏、去创造、去创新,敢于走前人没有走过的路,敢于干前人没有干过的事,敢于开创前人没有开创的业绩。

【华商生意经】

在300年的历史中,山东商人冒着生命危险,来到边远的东北垦荒,兢兢业业,开垦出8000多万亩的良田。我们难以想象在那样的环境中,山东人民需要冒着多大的艰险。而支撑他们继续奋斗下去的,就是这种宝贵的"闯关东"精神,这也是鲁商纵横天下的内在力量。

3.吃苦耐劳,实干出业绩

鲁商是凭借其众所周知的实干精神发展而来的。历史悠久的山东商业精英群体,也正是由于他们长久以来的吃苦耐劳精神,才得以发展成为山东国民经济的支柱、社会进步的基石。中国社会学研究中有一个著名的地域概念,大体意思为在中国经济发展历程中,广东省深圳市被比喻为"偶像派",而山东则是"实力派","实力派"就是由鲁商商帮吃苦耐劳的实干精神传承而来。

回想历史,孔子率领弟子周游列国,漂泊无定,吃尽人间疾苦。而孟子也有这样的名言,教诲着世世代代:"天将降大任于斯人也,必先苦其心志,劳其筋骨,饿其体肤,空乏其身,行拂乱其所为,所以动心忍性,曾益其所不能。"

1992年，山东社会还没有如今这般面貌，而是"走出去，引进来"的最初阶段。因生活与形势所迫，山东潍坊柴油机厂的一批工人务必赶往奥地利去拆迁斯太尔工厂，并将所有设备搬回国内。按照合同规定，拆迁要在9个月内完成。可是当时正值奥地利的严寒苦冬，天寒地冻，冷风入骨。拆迁工作也随着当时的天气变得前所未有的艰难紧迫。

在巨大的挑战面前，在严格的要求之下，这些工人不辞劳苦昼夜工作，将山东人的吃苦精神发挥得淋漓尽致。在没有出现任何人员伤亡与特殊事件的情况下，他们仅仅用了6个月的时间，便将所有拆迁工作顺利完成，及时将设备运回国。

看到这一幕，奥地利人非常惊讶，这么艰巨的任务竟然按时完工了！后来，该项目的负责人伸出大拇指夸赞道："中国人，真厉害！山东人，能吃苦。"同时，他们也获得了奥地利人民的广泛赞扬，为中国人在奥地利树立了新形象。

吃苦耐劳、踏实肯干不仅是山东工人身上的共同特征，也是山东企业家的一贯作风。济南轻骑摩托车总厂厂长张家岭、海尔集团董事长张瑞敏、力诺集团董事长高元坤、北京玫瑰园别墅有限公司董事长梁希森、济南艺创节能设备有限公司总经理郝明磊、山东净雅集团董事长张永舵……他们都是勤勤恳恳，刻苦工作，以吃苦为上的精神宗旨带领着山东的企业不断发展，走向辉煌。

进入新世纪，山东没有中央给的任何特殊政策和优惠条件，惟一的优势就是山东人的吃苦耐劳精神。凭着苦干、实干，山东一跃成为中国经济大省。正是由于这种实干精神，鲁商商帮成为中国社会商业史上一个近乎传奇的存在，流传至今，成就了众多跻身世界五百强品牌的企业。

在中国经济舞台上，作为实力派的代表，山东人逐步形成了"德为本，义为先，义制利"的主要商业思想，同时在这样的宗旨下繁衍出了一代又一代的踏实肯干的鲁商商帮。他们身上传承着似乎与生俱来的"苦行

主义"传统,即为普遍的以苦为本、以苦为荣、以苦为乐思想体系与行为指导,凡事踏踏实实、勤勤恳恳,付出行动。

与其说他们不怕吃苦,还不如形容他们以吃苦为本真、以吃苦为极乐。其实在鲁商的眼里根本没有"苦"这个字,他们始终以乐观实干为理想主义。

也许是艰苦卓绝、破败恶劣的自然环境,历练了山东人强壮的体格与铮铮铁汉形象;也许是鱼龙混杂、不尽如人意的社会环境,培养了山东人顽强肯干的精神与自强崛起的思想;也许是文化、精神的教诲和榜样的力量,熏陶了山东人一脉相承的吃苦实干精神与信仰……各种因素结合,从而使山东人有足够的智力、体力和毅力,承担得起艰辛、困苦的重担,开创出鲁商这一中国社会历史上浓墨重彩的商人精英群体,创造出了独特的鲁商文化,作为一种具有悠久历史的地域文化,为中国古代商业的发展与研究作出了突出贡献。

在做生意的初始阶段,或者说不管在任何时期做任何事情,一个优秀的商人,一个出色的执行者,都懂得一步一个脚印。因为走向成功的必由道路和先决条件就是需要吃苦精神,这种吃苦精神无论在任何时候都不会被淘汰,无论在任何地方都不会显得老套,无论在任何情况下都不会贬值。所以,无论做什么,不要抱怨其他人,不要抱怨客观情况,首先反省自己,是不是做到了勤勤恳恳、吃苦耐劳。这背后体现的是一个人的态度,一个人的心气,一个人的人格。另外,与他人打交道,也一定要学会尊重他人的劳动成果,这不仅是他个人勤恳努力的表现,也是他身上吃苦耐劳精神散发的光芒。

这一切,都是来源于实干精神,脚踏实地、刻苦工作而创造了如今山东的社会面貌与国际地位,也为鲁商商帮打响了名号。

正所谓"肯吃苦,苦半辈子;不肯吃苦,苦一辈子"。只有吃苦耐劳,才是人们生命必备的经历,是成功的根本。只有经历过"苦"的过程,才知道每一件事物的得来不易,才懂得如何守住与珍惜自己的奋斗成果。

济南艺创节能设备有限公司总经理郝明磊在回想创业之初的经历时,

讲述了当时的艰难情景:"为了发展,不得不去西安寻找用户。为了省钱,一天只给自己喝一瓶矿泉水。坐火车也不舍得买张卧铺的票,夜里在走廊边上铺张报纸休息休息。有一次,从威海回来,自己身上只剩下一块钱,同去的人也所剩无几……"早一辈鲁商创业之初就是这样,像日耳曼民族普遍具有理性主义一样,山东商帮普遍具有一种"苦行主义",他们从不图虚名,而是注重实效、务实肯干,认准目标,便一步一个脚印地去奋斗。这便是山东大汉的民族特性,也是山东商人成功的秘诀。

鲁商的形成发展起始于先秦秦汉时期,在当时齐鲁商品经济拥有的较高发展水平,就成为了中国古代社会一道亮丽的风采。同样,在近代社会,北方的矿井里、码头上到处都是干繁重体力活的山东人。近代社会很多欧洲人在中国办厂,当时著名的德国商业头目称赞道:"没有比山东人更优秀的铁路工、矿工了,因为他们能承受任何艰苦,他们什么都不怕。"山东人,是中国人中最能吃苦耐劳的群众;山东商人,是中国商人中最具实干精神的群体。

面对新的全球化竞争条件,这些山东名牌企业也立足于传统的吃苦精神,化精神为力量,确立全球化品牌战略,挑战自我、挑战明天,为继续上演鲁商传奇而吃苦耐劳,为创出中国人自己的世界名牌而持续奋斗。其吃苦耐劳的实干精神,不仅是山东重要的精神支脉,也是中国民族力量的重要组成,受到万人瞩目,经世世代代传颂,被国人敬仰与学习。

【华商生意经】

鲁商的经商之道,最早是形成于战国秦汉时期。经过几百年的传承发展,时代在变化、社会在变化、形势在变化、科技在变化,而惟一不变的是鲁商的实干精神。鲁商在长期的商业经营活动中,逐渐形成了一种踏实肯干、勤奋务实的商业传统,山东由此成为了社会上鼎鼎有名的"实力派"。

4. 鲁商发展的五个阶段

众所周知,一个地方的兴盛繁荣离不开经济的发展,而经济的发展与"商"有着密不可分的关系。同时,商业的发展又与当地的地理位置、风土人情等等条件息息相关。

山东商业的繁荣是有其重要的原因的,从历史的角度来看,鲁商的发展大约可分为五个阶段,也正是这五个特点显著的阶段塑造了新鲁商的商业精神和商业气质。

第一阶段为春秋战国时期的"齐国的商业大繁荣"。这个时期是中国历史上第一个商业大繁荣时期,是管仲以思想驱动为主要动因而引发的一次商业高峰。这段时期也使得山东的商业经济得到较大的发展,商人得到了更好的发展环境。

第二阶段为"运河商业文化时期"。水运,在铁路运输兴起之前一直是这种走向的关键所在。在运河开通之前的两汉至隋期间,长江是我国商业史的承载之地,南京便是商业中心城市,而齐鲁地区则因交通不便而无法与之相较。当隋朝将运河开通之后,便利的交通催动了齐鲁地区的经济发展,齐鲁的商业中心便逐渐西移到了济宁、聊城一带的运河流域。明清时期,此地的经济发展达到了另一个繁荣期。

第三阶段为"商埠经济时期"。清朝末年至民国期间,由于西方列强的入侵及其对我国经济的掠夺和近代铁路等交通事业的发展,我国被动地寻求突破,寻求经济的发展。济南、潍县、周村在 1904 年一并开埠,这使得它们成为我国民族工商业的重镇,同时也为我国现代工商业经济的发展奠定了基础。

第四阶段为"企业经济"。改革开放以来,经济主体变为企业及真正市场经济意义上的企业化生产。也是在这一时期,新中国的第一批企业家诞生了。这一时期的经济特征为农业及工业的现代化与市场经济相作用,经济发展中的主线为自然资源和对资源的支配。

第五阶段为"企业家经济"。此阶段始于 1992 年,随着时代的发展,人类所面对的生产生活的社会环境再次发生根本性的变化,全球化与网络化的发展为经济的发展确立了新的思维向度。对我国而言,中国特色的社会主义市场经济体系日趋完善,经济发展迅速,真正的企业家群体诞生,且企业家在经济活动中占据了主导地位。此阶段的两大特征为"资本"和"人本"。

以上的五个阶段让我们看到了山东商业与商人的发展与繁荣史,也从侧面反映出山东商人兴起的一些重要原因。

值得一提的是,近代"开埠"成为山东城市历史和鲁商史上影响深远的重大事件。一方面,它使得济南的城市建设、社会形态和商业发展向着现代化的城市方向发展;另一方面,它也孕育了鲁商史上第一批真正意义上的大商人、企业家,同时也开创了鲁商发展新的局面。

【华商生意经】

清代末期开埠给济南带来了巨大的变化。开埠之前,济南的旧时商业多由山西、陕西、河南等商人把持,涉及行业有丝绸、药材、鞋帽、首饰、典当、纸张、汇兑等。而在济南开埠后,济南的商业结构发生了巨大的变化,外国资本也进入了济南,并在济南经济的发展中发挥了重要作用。

5.做生意推崇"以义制利"

说起山东商人,很多人的评价是:直朴单纯,豪爽诚实。正是因为这种厚道纯朴的性格造就了鲁商直截了当的致富之道。相较于其他的商帮,鲁商的致富之道非常单纯:讲义气,重信誉。正因如此,人们都愿意跟鲁商做生意,因为心里踏实。

鲁商的义气之风由来已久,这与山东的地域文化有着不可分割的关系。山东人的血脉里一直流传着仗义、诚实、实干的气质,他们坚持做生

意不能亏良心，更不能对不起顾客和合作伙伴。

德与利，一直是中国传统文化中的一对矛盾结合体，是困扰着无数商人的一个问题。其实在很多年前，孔子就给出了答案，他并不鄙视富贵求利的想法，他只是劝诫人们在求利的同时，不要见利忘义，不要随意地去取不义之财。其实孔子早已告诉我们应该以德为本，求利而不可贪财，但是千百年来，以德为本的商业守则总是难以践行，大多数商人仍是以利为本。

鲁商因其地域和传统文化的迁延，在商业上深受儒家文化的影响，一直坚持着以德为本的思想，始终在德与利的冲突中追求平衡，不断在经商的实践中寻求着德与利的统一。因此，和鲁商做生意时，总是能让合作伙伴很放心，不会担心他们为了寻求利益会做出出卖客户的举动，鲁商也因此在业内广受赞扬，拥有很好的信誉。

中国有句老话："义与利，人之所良友也。"意思就是说，义与利就像是人类的好朋友，是生活中必不可少的。既然不可或缺，二者皆得当然是最好的。但是这样的理想状态少之又少，在大多数情况下还是鱼和熊掌不可兼得。不仅生活如此，商业活动更是要经受"不可兼得"的考验。

求利但不忘义，这是山东商人一直传承至今的经营理念。他们在商业活动中首先把道义放在第一位，在他们眼中竞争需要谋术，但是不能脱离道义。"义是根本，财是末端"，山东商人在追求事业的扩大和发展的同时也不忘做善事，造福百姓，为民族大义效力。正是由于这种以义为本的做法，让鲁商的名号贯彻南北，并成功地做成了一批传承至今的百年老店。

从山东商人身上我们可以看出，商人逐利的本质并不会和儒家思想中的"道义"相违背，甚至二者是可以相辅相成的。鲁商之所以能够发展成为一大商帮，就是因为每一个山东商人都能够凭借着自身的能力取财于正道，不是将"道义"弃之不顾，而是将其作为商业活动的道德准则。只有这样的商人才能获得长久的利益，只有这样的商帮才能更加壮大。

第 11 章
鲁商文化：左手拿论语，右手拿算盘

【华商生意经】

对于商人而言，"义"与"利"的较量一直未曾停止过。做生意追求的就是金钱和利益，这是经商的本质。但"信义"二字又是中华民族几千年以来深入骨髓的道德底线。这二者原本是冲突的，但是山东商人却打破了这种传统，"义"与"利"兼得。他们认为，讲求道义的利益才能更加长久，因此，鲁商做生意推崇以义制利。

6. 大气做人，成就"大象经济"

20世纪90年代以来，山东经济一直保持着高速发展的势头，经济发展取得的成就也广受海内外目光的关注。人们在仔细研究山东经济成功发展的模式时，发现山东是靠着一批在自身行业里具有重要地位，有着重要影响的大企业支撑、带动、促进着山东经济的发展，这些企业在山东经济中具有重要地位，有人将其形象地比喻为"大象经济""群象经济"。

很多人都喜欢和山东人做生意，山东人在外地投资做大生意的，近一半都做成了。这是非常让人吃惊的，人们不禁要想"为什么"。其实这就是因为山东人性格中的大气、可靠，和山东商人交往总会让人觉得值得信赖。

说起山东人，首先给人们的第一印象就是忠厚老实。是的，也许山东人天生不爱表达，也许山东人表面大气粗鲁，也许山东人说起话来口音浓重，但是这背后隐藏着的是他们的忠厚老实、外粗内秀，羞于表达却句句是实实在在的心里话，伴随着憨厚朴实的传统乡音与一颗朴实的真心。

也许山东人行动笨拙，也许山东人总有不被人理解甚至让人误解的情况，但是他们最真实的面貌就是踏踏实实地去做事情。也许他们的某些做法会让人感到疑惑，但背后代表了他们最朴实真诚的出发点。跟山东人交朋友，只要你有耐心，其善良纯朴的本质你就能够慢慢领会，他们将会是相见恨晚、需要你永远珍惜、不可多得的真心朋友，忠厚朴实得就像稻田地里一棵红高粱。

山东商人块头大，嗓门大，气魄大，做事的时候非常直接。但是往深层次看到的东西就是山东商人讲诚信，做事大气，不拘小节，也就是一种生意上的"善"。他们粗犷的外表下，隐藏着他们对商业文化和商业哲学的深刻理解，其实他们对商业看得更加透彻，山东商人在商业发展上往往无往不利，就是因为他们的思想更适合未来商业的发展。

海尔集团闻名世界，海尔总裁张瑞敏曾对外说过海尔的发展战略，主要分为三个阶段：名牌发展战略阶段；多元化产品战略阶段；国际化战略发展阶段。海尔从最初发展时就有着雄心壮志，在发展伊始便把目光瞄向了美国、意大利等欧美发达国家，想要占领发达国家的市场。

海尔的长远志向表现出了一种大气，海尔一直有着自己特有的经营策略，形成了自己的特色，并且使消费者的满意度和忠诚度达到最大化，坚持以人为本的管理理念在行业领先，正是这种气魄能够让海尔持续、稳定地盈利，在激烈竞争中拥有成功的应变管理能力，完全能够适应如今的全球化市场。

海尔的大气魄取得了成功，1998年，海尔总裁张瑞敏登上了哈佛讲坛。1999年11月，英国《金融时报》公布"全球30位最受尊重的企业家"排名中，张瑞敏居第26位，海尔成为了国内最早国际化的企业之一，也是国际上影响力最大的中国家电企业。

当年，经济学界对"大象经济"有一些看法，认为它不如江浙一带的"小狗经济"灵活。其实，这是对"大象经济"的误解。"大象"虽然有块头，但是也是有灵活性的，如果"大象跳舞"，那完全可以适应如今市场经济的发展。

一个成长为"大象"的企业，要不断增强自己的灵活性，精心培育自己的企业文化，不能被市场的条条框框束缚住。企业像一个大家庭，人与人之间和谐融洽，有了正确灵活的思想，企业的事业自然就顺利了，这头

"大象"就能跳舞了。

在山东，除了广为人知的海尔、海信、青啤之外，还有不少企业在行业内独占鳌头：潍柴动力、中国重汽、鲁花集团、浪潮集团、晨鸣纸业等重要企业。山东商人的大气魄让山东企业在发展上获得了巨大的优势，山东企业逐渐登上了世界舞台，世界上开始逐渐响起山东企业家的声音。正是海尔这些企业的成功，显示了山东特有的"大象经济"的气概。

山东的众多"大象"企业，很好地带动了山东经济的发展，它们是山东经济飞速发展的保证，不断地给山东经济注入活力和动力。2010年9月8日，"2010中国企业500强"名单发布，山东56家企业跻身其中，这份榜单详细地记录了山东省最具实力和影响力的企业，囊括了现阶段经济发展的最热点产业和行业领域，充分解读了山东省经济发展的结构和产业发展的方向。山东"大象经济"的特点在这份榜单中体现得淋漓尽致。

【华商生意经】

山东商人的大气助力山东经济的发展，各个"大象"企业的共同努力给本省带来了巨大优势。山东以"大象"为龙头，拉长、丰富产业链条，带动众多的中小型企业发展，山东的经济因此越来越好。

第 12 章
浙商文化：最有吃苦精神的草根创富商帮

1. 借助家族的力量闯天下

在我国市场经济还不发达的早期阶段，在人与人之间缺乏信任，并且法律法规也不健全时，家族关系就成为最有效力的商业组织形式。经商的过程中，要多和家人商量、交流，取得家人的支持。父子、夫妻、兄弟、姐妹联手创业后，再请来其他亲戚朋友，于是形成了我们常说的"家族企业"，拥有了家族力量。

浙江地处东南沿海山地，"天高皇帝远"，历来宗族观念十分浓厚。创业需要有人帮助，没有好搭档怎么办？与他人合作，往往会出现利益纠纷，有时候还会伤了朋友和气。对浙江人来说，谁是创业的黄金搭档？当然是家人！利益关系可以把他们紧紧绑在一起，力往一处用，劲往一处使，大家齐心协力，自然容易在通力合作中共创辉煌事业。

浙商利用家族关系，依靠家族力量闯天下。不仅如此，他们还把这种经商思想扩展到地缘层面上，出现了浙江人同为一家的局面。大家互相提携闯世界，在全世界建立起了庞大的人脉网络和生意圈。

温州挺宇集团起步于 20 世纪 80 年代，是一个典型的家族企业。目前，集团内的所有重要的职位都由挺宇家族占据着：父亲潘挺宇是董事长，母亲徐文清是办公室主任，大女儿潘佩聪是总经理，儿子潘叶雷是副总经理同时兼管技术，二女儿潘佩芳是财务经理，二女婿林肖是销售经理，大姨徐小清是办公室总务，外甥邵靖海是采购主管。

当年，挺宇厂一度陷入被动的局面。为了躲避风头，潘挺宇把工厂交给两个主管管理，自己与妻子一起远走西班牙。当时，大女儿潘佩聪才18岁，看到父亲走后工厂两个月里没有一张订单，心里非常着急，于是她决定要介入工厂的管理。

一年后，潘挺宇回国，发现女儿把工厂管理得有声有色。潘佩聪告诉父亲，一家人齐心合力，他们每一天的努力都可以与万元、十万元、百万元、千万元联系起来。之后潘挺宇更是放心地把经营权交给了女儿。

如今，靠2000元起家的挺宇集团已经拥有了几亿元的资产。在潘佩聪统领下的挺宇集团，触角已经伸及机电、传媒、化工、出版、公关策划、投资等多个领域。在中国民企巨头云集的浙江省，挺宇集团早已跻身百强。

潘佩聪在危难时刻挺身而出，接过家族企业经营的权杖，正是抱着对家族资产的责任感。可见，家族成员凭借血脉关系，是最值得信任的生意助手。尤其在早期创立阶段，家庭成员的支持和理解在某种程度上决定了企业的生死。

其实，存在的就是合理的，浙江人对血缘、地缘关系非常重视，浙江的家族企业被认为是浙江模式的躯干。人们把浙江的家族企业比喻成"小鸟集合成的鸟群"，既有乌云般的形体——从外界看来，铺天盖地，具有强大的力量；又有小鸟的灵活性——它可以随时改变方向，改变形状，以适应需求。"大鸟会被击垮，而鸟群却击不垮，因为它有形又无形。"

浙江人选择家族企业这种组织形式是有道理的。对创业者来说，找到一位相互信任、优势互补、同舟共济的好搭档，成功的几率会大大增加。

在缺乏充裕的资金、先进的技术设备的情况下，建立在血缘基础上的家族关系成为他们惟一可靠的优势。在企业后来的发展过程中，浙江企业创始者及其最亲密的合伙人和家族一直掌有大部分股权，他们与经理人员维持紧密的私人关系，且保留高阶层管理的主要决策权，特别是在有关财务政策、资源分配和高阶人员的选拔方面。浙商的家族企业显示了它的优势，帮助了很多想创业的浙江人走上了创业之路，使他们在复杂的市场环境中如鱼得水，逐渐发展壮大起来。

【华商生意经】

在浙江人看来，创业最好的搭档是家人。利益关系可以把家人紧紧绑在一起，使得家族成员劲往一处使，产生高于个人力量千百倍的家族力量，大家齐心协力，更能在竞争激烈的市场上获胜。浙江人重视家族关系，并一手打造出充满竞争力的家族企业，进而获得丰厚的利润，尝到了甜头。

2. 到老乡群里扩展人脉

"老乡"两个字，好像生来就带着一份亲切感，流露着一份浓浓的情谊。"老乡见老乡，两眼泪汪汪"，对一个漂泊在外的人来说，乡情是很浓的，离家越远越久，思乡之情就越浓。当人独在异乡的时候，如果能遇到一个来自一个大体相同区域的朋友，听着熟悉的乡音，谈论着彼此的境况，就像遇见久违的亲人，犹如闻到一股家乡的气息，那真是一种无与伦比的幸福。

借助老乡的第一步，就是要寻找机会多认识老乡。显然，结识老乡最直接、最简单、最有效的方式就是参加"老乡会"。今天，遍布各地的老乡会红红火火，人们在这里联络感情，更是在寻找、发现商机。浙江商人走遍各地，早就对这种建立人脉的策略谙熟于心了。通过老乡会形成自己的特定的关系网,从中发掘有价值的人脉资源,无疑会极大地提升事业发展空间。可以说,到老乡群里扩展人脉,是浙商闯世界的一大利器。

老乡情谊,是千金难买的。老乡群是大家的,一起维护,一起尽力,才能使企业更有凝聚力,更有号召力。身在异地,无论是寻找贵人扶助,还是想要融入特定的商业圈子,老乡是最合适的人选了。对生意人来说,应该珍惜宝贵的老乡情谊,更需要利用好这份情谊,让自己在生意场上纵横捭阖,实现更大的梦想。

以地缘情感为纽带的非正式交往,也就是同乡交往,是浙商圈子里非常普遍的现象。水是故乡甜,人是故乡亲。由于同乡之间有共同的地方语言,有一致的风俗习惯,共同的人文背景、地理位置,有相同的对故乡留恋的情感,因而在感情上容易沟通交流,从而建立起相对牢固的信任关系。

一个带出几个,几个带出一片,浙江商人总是疯狂抱团,在老乡中发展人脉,互相帮助,关系融洽,共同打拼,开拓市场。在抱团打拼的过程中,浙江人互助互学、相互照应、团结一致,为了同一个目标而艰苦奋斗,这不仅为他们的经营事业带来了便利,而且这种团队精神还为浙江人打造了一艘在商海搏击中乘风破浪的方舟。他们驾驶着这艘方舟,攻无不克,无往不胜,大大提高了自身竞争力。

在浙江人眼里,"老乡圈"就是一种不断的财源,蕴藏了无限的发财机会,完全可以凭借乡音乡情融入特定的圈子,取得老乡的信任,从而在打开人脉关系的同时开启财路。在全国各地,都有"浙江村""浙江街""小商品城"等广泛存在,这都是老乡相互扶持的表现。浙江商人走到哪里都有一种归属感,走到哪里都有人帮助。浙商的成功在很大程度上借助了"老乡"这一层关系,与"老乡"套近乎,善于借助"老乡"观念发展彼此的关系,获得对方的有力支持,可以使大家更容易走向成功。

【华商生意经】

在浙江商人眼里,"同乡团队"是一种战略,其精明之处比如:当国内整体信用环境不佳的时,同乡人之间的借贷,不失为低成本的一种方法;由于同乡之间拥有基于故乡的认同感,抱团去创业,避免了小企业初创时期势单力薄、容易覆灭的困境;同乡人由于互相信任,创业初期联手做生意更容易成功。

3. 跑得勤,贵人才会离得近

一个人要想成就一番大事业,光靠自己的力量是不够的;在力量不够大时,还要善于借助贵人的帮助。个人的努力像爬楼梯一样,脚踏实地;而"贵人"的出现,会让你如乘电梯一般走向成功。其实,职业和事业上的贵人就在身边,关键是要有人脉资源经营的意识,用心寻找,用心经营。

贵人能够帮助我们改善自己的命运,有时候,一条信息、一次意外、一个偶然、一次误会、一次失败……或许就能改变我们。浙商认为:完整的人际关系包含三个阶段,即发掘人际关系、经营交情、出现贵人。

经商是需要贵人相助的,但这些贵人不是等待命运给你安排,要在日常就积极地为贵人的出现努力付出。浙商明白,在做生意上,在力量弱小的时候,要善于借助贵人的帮助。想与贵人相见相识相知,要主动争取。显然,跑得勤,贵人才会出现,才会离你更进一步。

在陕西省开发油井的温州商人王荣森,当初开发油井的念头就源于一次奇遇。那时王荣森还叫王月香,和丈夫在西安做服装批发生意。由于她以诚信为本,买卖一直稳步发展,积累了200余万元的资本。

一次,王月香夫妇搭乘陕西地质学院的旅游车由西安前往浙江海宁,准备转返温州进一批服装,同行者多为前往杭州的客人。

途中,邻座一位老先生因不慎丢失了钱包而万分焦急。王月

第12章
浙商文化：最有吃苦精神的草根创富商帮

香见老先生面色凄然，问明了情况后慷慨解囊，资助了他1500元。萍水相逢，雪中送炭，老先生有感于这对温州夫妇的古道热肠，于是，毫无保留地把自己的情况和盘托出，并询问他们的地址，准备来日将钱寄还。王月香笑着说："我们既然给你，就没指望你还，咱们权当交个朋友吧！"就是这么一次经历，使这位老先生从此成为王月香的至交和贵人。

老先生是地质学院的一位教授，多年来一直参与西北地层石油蕴藏的勘探和研究，谈话间他向王月香夫妇透露了一个当时还仅在地质界流传的信息：陕北地区地下有丰富的石油矿层，但因为是局部分散性油田，一直没有得到充分开采。当地政府正准备招商引资搞开发，谁抢先一步，谁就能赚上一笔。

言者无心，听者有意。王月香和丈夫商讨一番，觉得良机难遇，便请老教授一起前去证实陕北石油储层是不是真有其事。老教授陪同王月香夫妇到陕北延长县，给王月香夫妇做实地分析，并且暗授机宜，指点他们哪里潜力最大、前景最好。

王月香当即决定筹资开发油井。她变卖家产，东挪西借，凑足了钱，打了三口油井。但300多个日夜过去了，还没有一口油井出油，而480万元资金却眼看就要消耗殆尽。

屋漏偏逢连夜雨，井下600米深的钢管又被井壁卡住，起重机无法将钢管拉起，若不解决，三口油井就要报废，480万元就会打水漂。施工人员劝王月香向专家求救，王月香猛然想起了老教授，紧急打电话向他求援。

经过研究后，专家们提出了由千斤顶顶出钢管的方案，并马上付诸实施。下午4时，终于拉出了被卡住的钢管上的水利锚。紧接着到来的却是突然的惊喜，三口油井全部喷油。成功的王月香在泪光中感谢着老教授这位贵人，也感谢新老友人们对自己的帮助。

经商也是需要贵人相助的，但这贵人不能等待命运给你安排。王月香也正是因为付出，才有幸结识了生意上的贵人。

经商,不要老想着等待贵人的出现。要积极发掘关系,经营人脉,赢得贵人出。一位浙江商人曾感慨地说:"我认为这一生最让我感到踏实的就是我交到了一些真正的朋友,我相信就是明天我的企业什么都没有了,从头做起,我用三天时间就还能够再赚几百万。为什么?因为我那些朋友中至少有相当一部分还会认同我,有了他们,我就有可能再干起来,所以我是很轻松、很放心的。"

【华商生意经】

贵人是能够帮助我们解决重要问题,甚至改变人生道路的关键人物。接近贵人,关键要靠自己的勤奋和拼搏。跑得勤一点,贵人多一些,成功近一步。

4. 为钱走遍天南地北

经商是没有地域限制的,一个商人要想赚钱就要不怕走南闯北,如果在家乡不能致富的话就要走出家乡,去抓住外面世界的商机。显然,如果将眼界一直局限在自己眼前的这片土地上,那就永远都不会知道外面的世界有多么宽广。

在北京、上海、广州等地,常常有从外地来这里经商的人,这些人很早的时候就背井离乡,一个人在外面打拼。他们见识了外面世界的广阔,找到了更多的商机,并借此获得了很多利益,最终衣锦还乡,造福家乡。

在中国,温州人的经商观念是最开放的。温州人一直保持着外出经商的传统,并将对外经商当做一种荣耀,孤身在外绝无背井离乡之感。温州人遍布祖国的大江南北,在商场上有很大的自由度,他们经商的时候不管地域范围,只要有钱赚,就会欣然前往,所以就形成了在商场上有商机的地方就有温州人的现状。

德力西集团的创始人胡成中创造了中国民营企业的神话,而当人们问起他成功的秘诀时,他说道:"我的成功来自于敢于闯荡。"年幼时期的胡成中家庭条件非常困难,所以他很早就辍学在家,后来学裁缝,帮助家里挣钱。但胡成中的志向不限于此,他希望自己做个成功的商人,能够走南闯北。

没过多久,他的家乡柳市兴起了一股供销热,不少的男女老少都离开家乡到全国各地跑供销、推销电器。胡成中觉得这是一次改变命运的机遇,于是筹划着如何说服家人。当时,胡成中才十几岁,还没有出过远门,家人一听说他要出远门都很不放心,全部都反对他的决定。但胡成中并没有放弃,最终说服了父亲,远离家乡当起了供销员。

事实证明,胡成中的选择是正确的,今天他已经是新闻界闻名的"创新少帅"。通过多年的努力,他把德力西从产值仅1万元的小型乡镇企业发展壮大为全国大型工业企业,跻身中国民营企业500强第五位,创下了中国商界的一个神话。

商人只有走出家门,才能了解到各地市场上的行情,才能认识到各行各业的生意伙伴。对商人来说,更多的机会需要走出去才能发现。虽然商机无限,但少了闯荡这一关,一切都无从谈起。

有梦想的商人应该追随市场的趋势前行,同时走遍天南地北,追寻宏大的前程。历史上,中国商人从"闯关东"到"走西口",从跑遍国内市场到用脚步丈量世界,书写了一段段传奇。正是有这种"走四方"的精神,中国商人才在今天竞争激烈的市场中越做越大,中国经济才能在全球化浪潮中巍然屹立。

【华商生意经】

在当今改革开放的大时代里,中国商人要显示出自己顽强的生命力,不仅要走出家门,还应该努力走出国门,在世界经济舞台上发挥自己的力量。去到更广阔的天地中,去挖掘更多的商机,将自己的企业做大做强,影响整个世界!

5. 狼群战术，大家一致才能赢

在动物世界中，狼的生存要依赖群体。狼很少单独作战，总是集体出击，就连比狼威猛强大的狮子、老虎，也会成为狼群的猎物。俗话说得好，"猛虎难敌群狼"。狼之所以能够生存下来，靠的就是这种群起而攻之的野蛮战术。在残酷的商战中，也是如此道理。

单个的浙江人是一匹孤狼，抱团的浙江人则是凶猛的狼群。试问当今天下哪个团队最无敌？毫无疑问是"浙江人"。从浙江炒房团，到浙江炒煤团，再到浙江炒油团……浙江人爱抱团，其疯狂程度可谓天下第一，他们的商业战斗力也绝对一流。

浙江商人之所以成为市场的幸运儿，无论走到哪里就商机无限、财源滚滚，离不开他们那独具浙江特色的抱团经济。团队作战，使得浙商们在激烈的商战中极具竞争力，占据了最大优势。

面对大量浙江人的猛烈攻势，犹太人在法国的商业地位开始动摇了。他们开始渐渐地出卖店铺给浙江人，后来畅销的浙江货势不可挡，犹太人干脆在店里也写上了中文。犹太人怎么也不明白，浙江人为何如此强势？

原来只要有人想开店，浙商的亲戚朋友就会解囊相助。随着生意的不断扩大，浙江商人会不断地从家乡找来亲朋好友一起做，所以很多人出来的时候孑然一身，回乡探亲时已经是妻儿亲戚十几口人了。

浙江商人凭着最乐于称道的群体团结优势，他们在当地把店铺从小路开到了大路，从小巷开上了大街，进而形成发散式集市。接着，浙商们又以高价买下了周边所有的咖啡店、洗衣店、面包房等，都用来做服装批发。这样规模的服装集散地，使浙商们在当地极具市场冲击力，能底气十足地参与市场竞争。

浙商中很少有人吃独食，常常是一个人在一个行业有利可图，就赶紧让亲朋好友一起做，一个人在一个地方挣钱，会立即招呼亲朋同往。浙

第12章
浙商文化：最有吃苦精神的草根创富商帮

江人之所以能以一股商潮席卷全球，关键就在于他们能够抱团打天下。浙江人在商场上攻城掠地依靠的制胜法宝就是：集中强大"兵力"攻下一座"城堡"，然后从家乡搬来许多愿意经商的"兵勇"安营扎寨，以此形成强大的亲缘、地缘优势，进而借此聚敛财源。

浙商为什么要使用狼群战术？为什么他们能够团结在一起？因为团结互助就是浙商的生存法宝之一。今天，社会的经济规模和市场进入门槛，以及资金运作方式已经发生了根本改变，全面的开放和全球化的经济，使得企业不能仅靠自身的能力和资金运营，还需要合作投资，在群体的合作中获取更大利润。

关于如何合作，浙商有一个比喻，他们把合作比作机器，机器需要零部件的配合，合作的单位就是其中的各个零部件。一个优秀的合作团队，不仅能够为合作伙伴的能力发挥创造良好的条件，还会产生彼此都不曾拥有的新力量，使整体实力得到强化和延伸。

【华商生意经】

在浙商"走遍天下"经商的过程中，他们常常挂在嘴边的就是"抱团打拼"这四个字。所谓"抱团打拼"，就是浙商利用地缘关系结成的社会关系网络，抱成一团、互相帮助的精神。这种社会关系网络主要是由族亲、朋友、乡邻编织而成的。抱团打拼，从整体上提升了浙商的市场竞争力，成为企业成功的重要因素之一。

6. 走出国门，到海外建新圈子

"哪里有市场，哪里就有浙江人"；"哪里有浙江人，哪里就有市场"。这两句话精辟地总结出了浙商在海外的闯劲和贡献。浙江人很早就有走出国门在异国他乡经商的人，他们没有北方人那么强的家园意识，而是一直以四海为家。由于浙江人的乡亲观念比较重，先走出去的人又带动亲戚和

同乡抱团发展,就这样形成了自己的圈子,影响着一代又一代的浙江人前赴后继地奔赴海外。美国、巴西、日本、法国、意大利、西班牙、荷兰甚至南非、索马里等国家,都有浙江商人的身影。对于浙商来说,投资没有地域限制,只要有机遇,他们是不会放过的。

浙商之所以拼命打造、努力扩大自己的关系网,是因为他们想更好地去适应外部世界,去获取更多的人脉资源,去提升自己企业的知名度。于是就有了浙商不断取得新成就的今天和明天。"永不停止追求财富的脚步",海外媒体都喜欢这样评价浙江人。浙江人总能给世界制造惊喜。散居在世界各地的浙江人,数字虽然不能说大,但影响力却远远超过了这个数字所赋予的概念。

如今,美国、日本、法国、新加坡、越南、荷兰等国家,都有浙江商人的身影。他们披荆斩棘,奋力开拓,硬是在陌生的异国他乡开拓出一方属于自己的天地。

不管走到哪里,浙商的扎根精神、开放精神、抱团精神都是非常值得当地人学习的,正是因为具备这些精神,他们的规模和实力不断壮大,人脉越来越广,商机越来越多,生意越做越大。

浙江商人充分利用海外浙江人的网络,到国外创办专业市场,目前已在美国、俄罗斯、阿联酋、乌克兰和荷兰创办了多个境外市场。比如,浙江嘉兴市海宁有中国最大的皮革皮草专业市场,瞄准了俄罗斯的大市场,在俄罗斯开设了"海宁楼"。现在嘉兴市销往俄罗斯的皮衣等产品,七成以上就是通过"海宁楼"这个贸易窗口转销出去的。

【华商生意经】

作为商人要敢于走出去,敢于接受外界的挑战。改革开放让我们知道了商人要走出去,而浙商不仅让我们知道了要走出去,还教会了我们要建立自己的圈子,广结人脉网络,同外面的世界联系起来,从而使自己获得更大的利益。

7. 敢做第一个吃螃蟹的人

在现实商场中,从来都不缺少愿意跟风的人,而是缺少敢于第一个吃螃蟹的人。很多人抱怨上天不给自己成功的机会,感叹自己不被命运所眷顾。其实生活中从不缺少机会,只是因为你被机会旁边的危险吓倒了,害怕困难和挑战而不敢轻易去尝试。

正是由于不敢尝试,不敢做第一个吃螃蟹的人,所以很多商人这一生都碌碌无为。其实很多商人都有成功的能力,但他们就是不敢积极地尝试。只要勇敢地迈出这一步,那么就成功了一半;纵然是失败了,那也是为下一次的成功积累了经验,这些经验也能够成为成功的奠基石,而且人的意志也会在尝试的过程中逐渐得到锻炼和提升。所以,人生要敢于开先河,勇敢地去尝试别人不曾体会过的东西。

这个世界上永远都不缺少成功的商人,我们可以借鉴他们的做法,但是不能模仿,因为这些成功商人的路必然已经被无数的人走过了,所以要想成功,要想做大生意,就一定要走一条与众不同的路,要敢做第一个吃螃蟹的人。

浙江商人极富创新精神,他们早在很久以前就创造出了属于自己的开拓文化,以后又在中国商界的领域做了第一个吃螃蟹的人。这一切都得益于他们思想上的进步。在浙江的学术文化史上,涌现过不少极富创造性的学者和思想家,如黄宗羲、鲁迅等。可以说,浙商的成功在于"敢为天下先,勇为天下强"的创业精神,这已经成为浙商精神的集中体现。

早年,娃哈哈的创办人宗庆后拉着"黄鱼车"奔走在杭州街头,推销冰棒。虽然只是一个简单的工作,但他毫不气馁,在送货的过程中仍然留心观察。很快,宗庆后了解到许多孩子食欲不振、营养不良,成为家长们最头痛的问题。为了解决这一问题,他萌生了做儿童营养液的想法。

当时的宗庆后已经 47 岁,在这个年纪其实已经算得上是行业里的老人了,早已经错过了最佳的创业年龄。但面对自身的不

利条件和外界的质疑,宗庆后并没有退缩,而是坚持要在有生之年实现自己的创业梦,成为了行业内的"新人"。接着,他通过各种途径筹集了14万元,开始组织专家和科研人员开发儿童营养液。

不久,娃哈哈儿童营养液诞生了。它是我国第一个专供儿童饮用的营养品,投入市场后效果非常好,受到了孩子和家长的热烈欢迎,取得了巨大成功。1992年,娃哈哈的销售收入达到4亿元,净利润2000多万元。

经商赚钱,很多时候都需要冒险,如果缺乏创新精神、没有胆识,什么事都干不成。竞争激烈的商场就像是辽阔的海洋,商人一定要有广阔的视野,善于在海浪中拼搏,既要勇于冒险也要善于驾驭风险,而且能够根据当前的形势随需应变。有胆量去第一个吃螃蟹,再加上踏踏实实、勤勤恳恳地努力,这样的商人没有赚不到的钱。

【华商生意经】

"第一个吃螃蟹"的人纵然要面临很大的风险,但是,风险与机遇总是并存的,许多人放弃"吃螃蟹"的时候,也放弃了机会和收益。商场如战场,要取胜,必须具备创新意识和冒险精神,要敢于放手一搏,否则你永远迈不出成功的第一步。

第 13 章
苏商文化：秉承温文尔雅的经商风格

1. 无论出身怎样都要自强不息

世界上的大人物总是占少数，大多数是芸芸众生中的一员，但这并不等于说普通人就注定一辈子庸庸碌碌，一辈子没出息。只要我们有一颗追求向上的心，能够熬过挣扎中的苦与痛，那么，黎明的曙光终会来临。

创业，绝对是一次对创业者身心的严峻考验，创业者总有难以言喻的压迫感。万事开头难，资金、技术、人员、市场预测，以及预测不到的各种困难，都无时无刻不在考验创业者的胆识、气魄和理性。许多时候，创业之初的种种困难和辛酸，不免会让当事人感到有些沮丧和愤慨。但值得庆幸的是，困难尽管可怕，但只要运用恰当也是一笔巨大的财富。如今成功的苏商早已改变了命运的轨迹，但仍然心怀感恩。在江苏商人眼中，自己一人克服苦难没什么，帮助大家脱离苦难才是功德。因为他们相信：无论出身怎样都要自强不息。

出身于农民家庭，虽然考上了北大却仍然是老师同学们眼中最没出息的人，江苏商人俞敏洪是名副其实的草根，是"从草根走向贵族"的典型代表之一。在英语培训市场火热的背景下，他带领着新东方一举成了时代的弄潮儿，在无资金、无技术、无背

景的"三无"情况下,打造出了一个响当当的英语培训品牌,他本人也从一个草根成长为贵族。但这条奋斗之路并不平坦。

当年,上帝在给俞敏洪关上留学之门的同时,却为他打开了一扇英语培训之窗。面对激烈的市场竞争,俞敏洪见缝插针,找到了自己的生存之路。高校内的英语培训机构虽然有优势,但也有弱点,其教学内容与办学方式与高校区别不大,学生没什么新鲜感。而外资机构的服务对象则仅限于外企白领这样的高端市场,对于怀抱留学梦的普通群体并未涉及。这就给俞敏洪的创业提供了生存和发展的有利时机。

1990年是俞敏洪的创业元年,这一年,他几乎天天在家里数钱。然而天有不测风云,1991年父亲因脑溢血去世,他拿出7000多元的全部家当为父亲办了一场体面的葬礼,回到北京一切又重新回到了起点。生活并没有打倒俞敏洪,而是激起了他与命运抗争的勇气与力量。1992年,在中央音乐学院教德语的妻子辞职,并以"管账婆"的身份和俞敏洪一起做起了英语培训生意。

1993年11月16日,俞敏洪骑着一辆破旧二八自行车到海淀教育局领回了办学许可证。但只要有学生告状,这张好不容易求来的办学许可证随时都会被吊销。到1995年年底,俞敏洪始终都在马不停蹄地忙碌着,也在忙碌中收获着快乐,因为他终于脱离了个体户,朝着更高的方向发展着。

后来,他又网罗了一批诸如胡敏、江博、徐小平、包一凡等深受学员们敬仰的"名师",这正是新东方雄厚的品牌资本。

从个体户到合伙制,再到公司制、集团化,再到国际风险资本的引入,俞敏洪带领着新东方一步步走向正规化,而他本人也完成了由草根到贵族的转变。

只有想不到的,没有做不到的,哪怕出身低微,哪怕工作平凡,只要有一颗追求向上的心,也能实现财富梦。这正是许多苏商拼搏进取、逆势成长的大气魄。凭借这股奋斗精神，众多江苏商人攻城略地，建立了稳固的商业根据地，书写了一段段财富传奇。

【华商生意经】

没有人能够选择自己的出身，但却可以选择永远向上。即便只是一棵小草，也有仰望太阳的权利，身为万物灵长的人又怎能被出身打倒？无论出身怎样，都要自强不息，只有不向命运屈服，才可能创造惊天动地的奇迹。

2. 共聚齐心做事的团队

企业发展靠的是群体力量，只有全员出动，所有人都狠拼、狠干，才能催动企业加速，从而实现迅速发展壮大的目标。松下幸之助曾说过，"松下的经营是用全体职工的精神、肉体和出资结合为一体的综合力量进行的。"要想让整个公司都实现腾飞，光靠少数领导人员的艰苦奋斗是远远不够的，惟有本着"全员经营"的思想，激发全体员工的工作热情，才能众人拾柴火焰高，才能把企业推进发展的"快车道"。

苏商在经营自己事业的时候，一直懂得一个深刻的道理：要想把事业做大做强，光靠一个人的单打独斗是不行的，一个企业不是单靠一个人或几个人就能够成功的，关键是全员的努力。世界上没有完美的个人，但却存在完美的团队。不少成功的苏商在谈到创业经验时，都将共聚一群齐心的创业伙伴作为工作的重中之重。事实上也确实如此，组建一支优秀的团队，往往就等于完成了80%的工作。凭借个人的力量永远都无法建立伟大的公司，像俞敏洪一样的苏商们，正是清晰地意识到了这一点，所以懂得主动出击，广揽人才，通过人才的团结合作来获得成功。

一位著名的苏商在谈到他自己的经营理念时说："不管是一家企业的诞生，还是后续的发展，一个人的带动是肯定不行的，必须要靠班子。如

果凡事都指望个别领导，那么一旦领导生病休息或出差，轻则个别下属会阳奉阴违，不按规章办事，重则原来制定的东西马上会完全走样。"从管理学专业角度而言，企业的发展动力主要来自执行力而并非决策力，这也就是说，领导单方面敢拼敢干无法改变现状，只有把所有人都调动起来，该决策的决策，该执行的执行，才能让企业出现新气象。

  作为苏商经营企业成功案例的代表，联想创始人柳传志对团队的作用深有感触。他曾表示，联想现在已经稳居国产电脑霸主的宝座，如此辉煌的成就不是单靠联想领导人就能够做到的，而是全体联想人敢拼敢干的结果。柳传志历来重视团队建设，他曾公开透露："企业团队建设的关键是讲求合作。在联想，无论是领导与领导，员工与员工，领导与员工之间都非常讲求团队精神。只有一支训练有素的队伍在战斗时才能不乱阵脚、进退有序，才能成为战无不胜的铁军。"

  在回顾联想成长的历程时，柳传志曾在联想的工作会议上淡然说道："我们总裁室这个班子迎接各种风暴，大大小小不知多少次，有时来势很凶猛。每次风暴过去之后都有一种筋疲力尽的感觉，有时候觉得跟后面的部队离得很远，好像主要是前面几个人在拼，跟大家讲的时候觉得好像不是特别近。今天这个会，使我们感到大家是紧紧团结在一起的，销售系统的同志勇敢往前上，后方的同志说，'你们上，我们在后面顶住。'有了这样一种精神，我们在做决策或者和大家共渡难关的时候，所有人都狠拼，劲头就大大不一样了。"

  联想并不是只有柳传志一个人在奋勇拼搏，而是有千千万万个和他一样拼搏的联想人，正是这种全员拼搏的精神缔造了如今的联想帝国。俗话说，"强将手下无弱兵"。要想锻造一支狠拼的队伍，就必须要用行动为全体员工诠释：什么叫事业心，什么叫鞠躬尽瘁死而后已，什么是坚忍不拔。柳传志用自己视事业如生命的态度鼓舞了同伴，他以自己为"旗魂"，拉起了一支所有人都狠拼、无论什么时候都劲头十足的队伍,而这支队伍正是让联想从弱到强的"正规护卫军"。

【华商生意经】

一个人能力再强也打不下偌大的江山,要想做大生意,就必须要有开阔的胸怀。打江山是最苦最累的阶段,没有高报酬,没有厚奖金,也没有高档的办公场所,惟有凭借开阔的胸怀和至高的德行,才能吸引到那些志同道合的人。

3. 一生只做好一个行业

一生只做一件事,惟其一心一意,心无旁骛,才能独树一帜,引领时代。一个人一生的精力是有限的,能做的事情也是有限的,但是如果能够把全身心的力量都投入做一件事情,那么成功的机会就会大大增加。在苏商眼里,一个人一生只能做一个行业,不能做第二个行业;而且不能这个行业的所有环节都做,要做就只做自己熟悉的那部分领域,这是一种专注于一件事情的意志力。

古话说"一招鲜,吃遍天"。虽然当下这个时代拼的是综合实力,但本质上依然是建立在核心优势的基础上的,没有那个尖锐的爆发点,再强硬的钉子也无法穿过墙体,发挥其作用。而现实社会中,无数的案例也证实了,那些能够取得成功的无不是专心一意、精益求精的人。这种素质在苏商身上得到了一个很好的诠释,江苏商人吴海军就是一个很好的事例。

吴海军,1966年3月出生于江苏如东,研究生学历,硕士学位。先后获得江苏教育学院数学系理学学士学位,东南大学硕士学位。1995年创立新天下实业有限公司,现为深圳市新天下集团有限公司董事长,深圳市神舟电脑股份有限公司董事长、总裁。一直以来,新天下人秉承"科技创业、产业报国"的理念,坚持走品牌制造之路，成功跻身国内电脑配件行业前三甲。尤其是神舟电脑的迅速崛起，深化了企业的多品牌营销理念，使新天下迈向了模式营销的发展之路。

众人皆知，新世纪的第二个年头，也就是2001年，是IT业举步维艰的一年，有人称那年是"IT的冬天"。但偏偏在这个时候，吴海军选择进入PC业。问其原因，吴海军反驳说："谁说IT进入了冬天？说这些话的人不过是在为自己拿不出手的业绩找借口。在我看来，2001年不是IT的冬天，只是春夏之交。这个节气里，那些只能在风和日丽中开放的花朵已被风吹雨打去了，那些拥有资深核心竞争力的企业却可以收获果实。"

一个人的精力是有限的，只有当你专注于做对你最重要的事，你才能更有效地使用你的精力。不是随便什么事情都要你投入相同的精力，分不清重点，一时东一时西，摸不清楚方向只会使你自己陷入混乱，降低效率。不难理解，广泛涉足，难免会蜻蜓点水或半吊子。心无旁骛地做好一件事，才能把事情做到纯熟和极致。吴海军一直不屑当时PC产业上的"微利说"。"还原价格的本来面目"是吴海军在混沌环境下脱颖而出的杀手锏。在中国，彩电的市场容量从1000万台到3000万台时，产生了长虹、海信、TCL；所以，电脑市场从1000万台到3000万台时，就是"神舟"的机会了。这个阶段主流电脑的价位将在3000～4000元之间。

当时，吴海军认为PC市场潜力巨大，释放潜力的条件之一是继续降价，真正符合普通大众的消费水准。好比说，一个售价万元以上的产品，购买者大都是发烧友；5000～8000元时，购买的是那些有较多剩余财富的人；5000元以下时，购买者就是普通家庭了；一旦达到3000元以下时，它就必将"迎来市场井喷"。所以，自神舟推广低价PC以来，市场份额开始迅速扩大，一年内就跻身台式PC销量前五，这也充分说明市场对价格的敏感度。

谈及成功最重要的原因,吴海军坚定地说:"因为我目标执着,不东张西望,一生做好一个行业。"很朴实、很简单,却又很难做到的一句话。在吴海军看来,"多元化"的发展对很多企业家来说都只是个美丽的传说,很多别人可以赚钱的领域,你跳进去就不一定赚得到。

专注是成功的前提,是苏商的基本素质,也是做人应当具备的精神。很多成功的苏商认为,企业经营应该尽可能地集中自己全部的力量,致力于成为某一行业、某一领域的专家,专注于自己的竞争力,而不能四面出击,分散自己有限的资源。如果问及苏商在其经营中最注重的,莫过于"专注"二字。任何想在事业上取得成功的人,都应该懂得:只有专注在一个点上,才能将优势发挥到极致,才能在残酷的竞争中拥有杀伤力。一个企业、一个组织、一个团队,如果聚精会神只做一件事,做好的可能性就会比较大。

【华商生意经】

在如今的商业市场中,有一批颇有成就的苏商在商战中纵横捭阖。仔细分析其成功的奥秘,恐怕与他们"认定一个行业,一生只做好一个行业"的发展理念是分不开的。顾名思义,"一生只做好一个行业"就是将一生的精力放在一个领域里,不能朝三暮四,或涉猎过多领域,却总是点到为止。大千世界,事事可做,却不能样样皆精。

4. 稳中取胜是苏商最大的特点

商机、商海、商理、商策……商潮如惊涛拍岸;商人、商性、商帮、商德……商战如巨潮汹涌。在商场上,江苏人最大的特点是稳中取胜,绝

不会冒险,不激进。这既是他们的一种经营策略,也是规避风险的最佳选择。在当今市场经济的滚滚浪潮中,苏商历经无数风云变幻而波澜不惊,尤其以张近东、严介和、蒋锡培、陶建幸、朱相贵、方宜兴、韩国平等为代表的一大批新苏商,凭着他们的理性、睿智、诚信,在商战中稳扎稳打,向世人尽展新苏商的风采,吸引了世人关注的目光。

在江苏商人的营销理念中,世界上只有两种人:一种是善于考虑长期效益的人,另一种是急功近利只看到眼前利益的人。做营销要有一个正确的态度,面对困难,能经常保持清醒的头脑,才容易成功,也才能走得更远。然而在利益的引诱下,我们失去了忍耐的性子。西汉哲学大师董仲舒有句名言:"仁人者正其道不谋其利,修其理不急其功。"意思是说,贤明之士,应当遵循正道,不应急于取利;应当恪守理性,不应急于求成。这不单是做人的道理,做营销、做企业同样可以借鉴。所以,江苏商人在开展营销手段时,经常告诫自己要保持清醒的头脑,用平和的心态和正确的方法去对待,要相信"一分耕耘,一分收获",绝不能急功近利。

作为中国太阳能行业的第一品牌,江苏太阳雨集团的老总陈荣华就经常说:"营销不能急功近利,要端正自己的位置,别将自己看得很重,别把自己太当回事儿。天使之所以飞得很高,是把自己看得很轻。只有把自己看得很轻,才能飞向更高处,如果一个人过于看重自己就麻烦了,跌下来是必然的结果,迟早会重重地摔下来。所以保持清醒的头脑很重要。"

快速增长的市场占有率离不开多方位的营销策略,太阳雨营销团队在陈荣华的带领下通过一系列切实有效的营销操作手法,从消费者的品牌建设、渠道品牌建设、雇主品牌建设、活动品牌建设四个层面同时发力,编织了"三张网":天网、地网、人网。在国内市场实现了销售额、销量连年100%的增长,在国际市场上保持了近3倍的增长速度。同时陈荣华自己也创造了太阳雨单月销量10万台的历史纪录。太阳雨从一个区域品牌一跃成为中国太阳能光热产业的领军企业,是中国太阳能行业增长速度最快

第13章
苏商文化：秉承温文尔雅的经商风格

的企业，连续4年增长率位居行业第一。

太阳雨的这种营销手段不仅让消费者对太阳雨品牌更加认可和赞扬，也打动了经销商，他们用公益之心在终端传达了太阳雨的品牌文化，与太阳雨的品牌基因紧紧凝结在了一起。陈荣华和他带领的团队从容不迫地应对波澜变幻的市场，稳扎实力，紧抓机遇，频出奇招，成就了今天的太阳雨。

江苏商人认为，营销的成功之路像一场马拉松赛跑，需要长远的战略眼光，暂时领先者不一定能成为全程的优秀者，在这遥远的征途上，基础的积累将会起到决定性的作用。所以，做营销需要脚踏实地，需要专注，更需要持之以恒，任何短视的行为都会阻碍企业的成长，尤其是急功近利的浮躁心态要不得。

德国人利希霍芬曾说过：中国人安稳、中庸、善忍、聪明，江苏人这几点都很像，江苏人是中国人的平均型。要知道，江苏紧邻山东与浙江，在性格上具有较为中性的品质：实在，这些方面类似山东人；头脑机敏，有胆有识，崇尚学问和智慧，这些方面又类似浙江人。因此，这种性格和本性成就了江苏商人以稳中取胜见长的经营特色。

在江苏商人中不乏从小生意做到大企业的人，当代的新苏商，秉承了江苏商人稳重、求实、机敏的特性，在全国创造了集体经济发展的"苏南模式"，创建了许多著名的大型民营企业。

坚持稳中取胜，必然对风险考虑比较周全。江苏商人规避风险的做法，特别值得生意人学习，尤其是对风险的这种警惕性。所以，与江苏商人打交道，要对合作项目中的风险有深入考虑，并想好化解之道。这样一来，才能赢得江苏商人的信任，合作也会顺利进行。

此外，稳中取胜的另外一个特点就是江苏人做生意善于扬长避短，通过发挥自身的特点迎合市场、创造市场、占有市场，抓住空缺部位，用己之长、避己之短。与他们合作做生意，可以更好地发挥自己的长处，避免劣势。否则，看不到自己的优势和缺点，不注意采取有针对性的行动，只能导致失败。审时度势，把握时机，这是聪明商人的做法。

在中国的市场上，土生土长的公司应该比外企更加了解自己的市场、自己的文化，因此可以很好地做到扬长避短，把风险降到最小，稳中求胜。如果能够在战略上放眼全世界，在战术上落实于本土，那么在为顾客提供人性化、个性化、差异化服务等方面，就要比外企有优势，在市场竞争中可以减少风险。发展本土优势，扬长避短，苏商深谙其道。所以，在与苏商的合作中，我们可以发挥出自身的优势，降低风险。

如今，苏商都明白，即使走一条曲折的企业发展道路，会让企业显得有些标新立异，但只要你处理得当、目标明确，策略性的迂回前进会让你长久受益。所以说，当一件事如果直截了当办不成的话，也不要太冒进，不妨转个弯儿，换一个思路，可以通过分阶段进行，利用迂回应变达到既定目标。

一位苏商曾经说过：在这个动荡的时代，没有什么可以保证你平步青云。因此，一家企业要想成功地发展就要有拐大弯的精神，既抬头看路，又要低头拉车，让远大理想与脚踏实地紧紧结合，正确的战略比执行到位重要得多。哪怕一时前进的路比别人慢一点儿，也没有太大的关系，因为此时慢就是快，迂回是为了更快。稳中取胜永远是苏商最大的特点。

【华商生意经】

人们常说，刚开始做生意要有赔本的打算，这是因为商业活动充满了风险，一不留神就可能破产。而江苏人做事沉稳不轻浮，他们坚定地坚持"低调做人，高调做事"，获得了很大的成功，稳扎稳打，一步步走向成功，折射出了江苏商人高超的商业智慧。

5.坚持打造幸福企业

苏商十分重视企业文化，并把企业文化作为企业中非常重要的工作来做。当今这个时代，是一个企业社会化和社会企业化的时代，企业在社

第13章
苏商文化：秉承温文尔雅的经商风格

会中扮演着越来越重要的角色。要想成立一家企业就意味着肩上多了一份责任，有了这份责任，才会踏踏实实做生意，用自己的能力去扛起这份责任。这样的企业才会有良好的发展，这也是经商必须具备的商业道德，就像人与人之间的交往一样，善良、坚持、负责，对于自己说出的每一句话、做出的每一个承诺，一定要牢牢记在心里，并且要能够做到，有勇气负责到底。

很多成功的江苏商人都坚持这样的观点，幸福的企业必须有一种优良的组织文化环境。一种健康的、欣欣向荣的企业文化是幸福企业的基本特质，幸福企业都是注重企业文化建设的。幸福企业的原始含义是为企业员工创造幸福，因此，幸福企业的企业文化应当是高度的以人为本的文化，是有爱的文化。

苏商认为，幸福企业的打造是一个由小到大、由此及彼、由小境界到大境界的不断发展和升华的过程。当然，对于正处于艰难创业时期的公司来说，不必言称为人类、为社会作出多大的贡献，只要他们遵纪守法、诚信经商，能够为顾客提供有价值的产品或服务，保障全体员工的权利和待遇就可以了。而对于那些已经发展成熟的企业，他们有能力为社会甚至对人类的发展奉献自己的力量。所以对于这样的公司，就能够朝着打造幸福企业的方向发展，坚持把幸福企业的概念建立在社会和人类的范畴上。

就此，苏商提出了一个全新的概念——"大船文化"，它倡导员工既要做"船员"，又要做"船长"，以风雨同舟的精神对待企业，以主人翁的作风要求自己，培养员工的主人翁意识。通过这样的一种文化建设，江苏企业成功地把企业目标和所有员工的个人追求融合在一起。这正体现了苏商"把个人追求融入到企业发展目标之中"的文化价值核心。而这种"大船文化"最初是由联想集团董事长柳传志提出来的，并且经历了"平底快船""大船结构""舰队管理"三个模式调整阶段。从此，联想的管理思想正式由"大船"转变为"舰队"，从而实现了生产力的又一次解放。"舰队管理"模式的优势在于，不仅发展和强大了"大船结构"提出的整体作战的企业利益要求，而且还加入了"以人为本"的管理思想。

苏商认为，顺势者昌、逆势者亡，自然变化的规律、人生动态的规律、社会发展的规律，这些规律只能顺从不能违背。不论对于个人还是企业来说，只有不断地调整自己的经营理念，使管理模式与客观环境相适应，才能在竞争激烈的商海立于不败之地。从"大船"到"舰队"，柳传志以其"识时务者为俊杰"的超凡智慧，带领联想乘风破浪，顺势而为。

苏商极力反对内部分裂，反对小山头、小摊贩和部门所有、以邻为壑的思想，这正是其不断强调"大船文化"的原因之一。苏商倡导透明的人际关系，强调内部凝聚力，引发向心力，视团结如生命。它要求每个"船员"进入自己的岗位，朝着共同的目标，组成步调一致、整齐有序的现代企业队伍。这就是苏商所要表现的"大船文化"，而这种企业文化强调了整体意识，它要求员工要一切以企业为重，只有企业"大船"的目标实现了，个人的小目标才能实现。所以，大部分苏商都视企业为一个整体，并且把集团与子公司、企业与社会、市场与用户、科技与经济、海内与海外等视为一个有机整体，在协调发展的基础上获得综合效益。

如今，许多江苏商人不断地重视并且加入到打造幸福企业的队伍中来。他们经过仔细的观察与研究，认为打造幸福企业需要从五个方面进行修炼，即对企业的组织结构、制度建设、速度、信息化、竞争等进行考察。这个时代也是一个精神很颓废的时代，而打造幸福企业就成为了一种革新社会风貌的重要力量，也是创造幸福人生、幸福社会的重要基础。成就是幸福的重要来源之一，成就既是一种现实，也是一种感受。使员工富有成就感，就是要形成一种有效的制度安排，使员工能够创造更大的价值并获得更好的价值创造体验，这样才能打造出幸福企业。

在苏商看来，一个企业的存在，应该要具有比创造顾客或创造利润更高级、更复杂的目的和意义，这些目的是多样化目的的一个集合，用一个词语来表达，就是"创造幸福"。在现今的中国社会，关于幸福的提法很多，有幸福中国、幸福城市、幸福社区等等。但是，江苏商人从企业家的立场出发，提出了幸福企业的概念。他们认为，企业是创造社会财富的主体，企业数量越来越多，在企业就业的公民也越来越多，社会的失业率就会降低，这样企业规模就越来越大，企业员工逐渐成为社会成员的主体，企业员工的幸福感就越来越重要，企业员工的幸福感和社会财富创造的关系也就越来越密切。

【华商生意经】

商业的力量来自资本，更来自信仰；商业模式仅仅是一种工具，基于信仰根基的商业精神才是事业长青的根源。作为一位企业家，必须能够在浮躁的现实社会里践行自己的商业信念，独树一帜，才能培养自身的浩然之气，让生意越做越大。

6. 慈善是长征，而且永远没有终点

作为中国十大商帮的苏商，是我国商界的一大派。如果说他们有着与别人不同的经商理念，那么应该就是他们在商人的角色之下，特别注重对慈善的付出。正是由于苏商能够坚持做慈善，能够"以诚待人，以信接物"，能够讲求道义，帮助更多的人，才使得苏商成为商界的一大派别。

我们评价一个优秀的企业家，并不能只是单单地看他挤垮了多少的同行对手，而是看他是否形成了自己独特的经营理念，建立起自己本公司的团队精神、团队体制和奉献精神。苏商认为，一个企业家只有具备了奉献精神，才能长久立足于商界。经商如同做人，懂得奉献，懂得感恩，有道义，才是一个优秀的、有人情味的企业家。在这一点，苏商就是很好的例证。

一个企业能不能发展得很好，在很大程度上是看它的企业精神，看这个企业是不是有道义、讲德行。苏商一派，就是商界典范，因为他们讲究企业的德行和道义。道义是企业长足发展的关键软竞争力，这些往往可以左右一个企业的发展。没有人会愿意接纳一个没有良知只看利益的企业，也不会有人愿意和这样的企业合作。这样浅显的道理，并非所有商人都明

白，可是江苏商人明白，所以他们怀着道义、无私和奉献去经营企业。

江苏商人的成功经验告诉我们，企业若要长足发展，离不开祖国和人民的支持。那么当祖国遇到困难时，就要无私帮助，心系人民，才能被人民认可。一方有难八方支援，在这一点上，江苏商人和灾区人民同在。尤其是祖国人民最需要他们的时候，正是他们回报的时候。历数几次大灾难，江苏商人都是捐钱捐物资，解决灾区人民的燃眉之急，也在整个商界树立了一个好的旗帜。

面对2008年汶川一场突如其来的大地震，全国人民的心都联结在了一起，有钱出钱，有力出力。维维集团董事局主席，苏商代傅崔桂亮立即向全体员工发出号召："面对民族灾难，就要全民行动，每一个有良知的中国人，都应该积极行动起来。我们维维全体员工要勇担民族责任，捐钱捐物，出人出力，抗震救灾，以实际行动履行一个民族企业应尽的社会责任！"最后统计，在这次地震期间，维维集团捐助的包括食品、医药和可以"口服的点滴"宝矿力水等灾区急需的物品和善款，累计已经超过1000万元。维维集团再一次被社会认可，被大众称好。

正所谓"一方有难八方支援"，当国家面对灾难的时候，苏商这一大商派没有退缩，而是表现出了企业家需要的道义和大爱。还有很多苏商和维维集团一样，都积极努力地去救援、捐款，做出很多感动人的事情。所以我们说，江苏商人在灾难面前表现出的无私奉献是值得学习和歌颂的。

其实在苏商看来，慈善不仅仅是献爱心那么简单的事情。这需要一种企业家的良知和道义，有了对社会的责任感和企业良心，才会真的关注慈善，真的为别人做些什么。慈善是考验企业的手段，但不只是手段，还是企业能否长远发展的关键。江苏商帮之所以从古至今都能呈现出一派繁荣的景象，就是因为他们始终坚持用做公益等善举来积累商誉的原则。

在我国传统的经商理念里面，认为一个好的企业必定是有着远大追求的企业，同时也一定是讲求奉献的企业。在这一点上，苏商就做得很好。他们有品质、有口碑、有追求，也懂得奉献。这就是苏商成功的秘诀。他们深知不能满足于当下的成败和利益多少,而是要有长远的打算,这就是商人的追求,追求高那么就会走得远。同时,成功经验告诉苏商,好的企业必定是讲求奉献,并且甘于奉献的。奉献带来的不是付出,而是更多的回报,这是经济利益所无法比拟的。

我们的社会需要的不是一批又一批的精明商人,也不是他们每年缴纳足够多的税款来支持国库。在苏商看来,只有怀着回报社会的信念,才能够获得更多的社会支持。这是一个好的企业走得更长远所必需的条件。尤其在我们这样的国情下,社会就是哺育商人成功的摇篮。苏商的成功表明,不忘几百年来商人的美德,不忘社会的馈赠,努力做有良知的企业,努力做回报社会的企业家,才是在商场稳操胜券的秘诀。

【华商生意经】

经商好比做人,越是好的商人越不会惟利是图。就像自成一脉的苏商,他们不仅是成功的商人,也是有道义的企业家。如果说有一个重要的原因让苏商成就不凡,那么就是他们的道义之举,以及对于社会的关爱和回馈。

第 14 章
粤商文化：奉行"商者无域"的生意经

1. 利益交往，少空谈情义

有生意的地方就有广东人，有钱赚的地方就有粤商。经过几百年的商业洗礼，粤商已经成为中国影响深远、惟一没有断代的大商帮，是华人世界中的富有族群。他们信奉"有出息的男人不会呆在家里"，他们天生为了经商而存在，他们的血液里流淌着商业细胞，他们拼搏进取、永不言败，上演了一幕幕掘金大戏，发动了一场场经典商战，他们以敢拼敢闯、勤劳、聪明、善于经营闻名于世。

不在其位，不谋其政。广东人时刻明确自己的使命——赚钱，对其他的东西不分心，这种执着不是常人能够具备的。这种对金钱的迷恋，使广东人在经商上表现出专业水准，也使他们腰缠万贯，比其他地方的人阔绰许多。从广东人身上，我们可以学到一点，那就是专业的精神、执着的态度，这是做好一切事情的基础和前提。

广东人有着天生的商品意识，这既是生存环境作用的结果，也是千年历史的积淀。他们继承和发扬了先人的经商传统，全民皆商，你很难分辨出谁是商人，谁不是商人。一个真正做生意的人，不可不与广东人接触；一个会做生意的人，不可不到广东去。在那里，你可以在耳濡目染中学到广东人经商的技巧，从他们身上感悟经商的真谛。

在广东人眼里，无论干什么事情，都是为了挣钱。有了钱，就有了地位，就有了面子，就有了一切。由于目的单一，方向一致，使广东人在行动中少了些盲目与动摇，多了些动力与恒心。他们是谁的钱都敢赚，外国的、中国的，外省的、本地的，山上的、水里的，总之，只要有钱赚，什么事都可以干。自然，广东人中出现了一批富豪，也出现了一批为了金钱而铤而走险的凶徒。

在粤商看来，天下没有不赚钱的行业，只要是正当赚钱，做什么并不重要，重要的是能够从中获得利润。粤商分布在各行各业，他们什么都干，而且能干好、干出名堂。

广东人的金钱观念很强烈。由于粤商对金钱不问出处，这样保证了他们的思想完全自由，丝毫不受世俗观念的约束。在他们眼里，什么生意都可以做，什么钱都可以赚，哪一行做好了都会赚钱，都有商机。有些商人爱面子，在选择产品的时候有所顾忌，但作为粤商却不然。

比如，许多人对性保健品还不能以开放的心态来面对，而是以世俗的观念作为决策的依据，结果许多人错过了难得的商机。而粤商认为，利益交往，少空谈情义。脸皮太薄，害怕亲戚朋友以另类的眼光看自己，这样的人很难做成生意，也很难在瞬息万变的市场中做到创新。

粤商认为："每一个商务时代，都煅造一大批富翁。而每一批富翁的煅造，都是当人们不明白时，他明白自己在做什么；当人们不理解时，他理解自己在做什么。所以，当人们明白时，他已经成功了；当人们理解时，他已经富有了。"改革开放以来，广东人发了，但是，首先他们是发在观念上。为了赚钱，广东人干得踏踏实实，他们没有心思、也没有工夫空谈哲理、人生。在广东人眼里，赚钱是惟一的正事，空谈情义是没有用的。

【华商生意经】

商人都是很实际、很功利的，广东商人尤其如此。如果说山东商人有儒家文化的影响，安徽商人有徽商传统的继承，那么广东商

人则是纯粹的"商人"。改革开放的号角,就是从广东吹响的,显然,这里更有市场经济的根基。因此,与广东商人打交道,要单刀直入,不用拐弯抹角。跟广东商人讲实在的利益,他们更喜欢听,也更容易达成合作。

2. "商者无域"获取无限商机

做生意,首先要有商业头脑、市场意识;如果你顾虑重重,先要解放思想。做生意时,不要戴着有色眼镜看市场,如果你认为自己应该做这个、不应该做那个,一定要小心,这说明你思考问题的方式出了问题。做生意当然要有所顾忌,但是在选择行业、分析市场的时候,首先要有开放的心胸和视野,不能用个人喜好、他人意见加以限制。做生意要抛弃面子,想发财要不怕羞,什么生意都可以做,什么钱都可以赚,只要有钱赚,就是一门好买卖。

经商,就要大胆想、大胆做。换个思路,突破禁忌,你会发现遍地都是财富。再说,"商者无域"会集中更多行业的信息,可以看到更多商机。信息量多了以后不见得有商机就一定要去做,但你可以发现里面很多共同之处和共通的理念,只是所做的项目不同而已。粤商喜欢做大生意,或者进行多元化的尝试。他们信奉"商者无域",不会只在一个行业里打拼。转行以后,他们能迅速打开局面,在市场中找到自己的正确位置,是因为他们能把风险降到最低。

提起李嘉诚,海内外无人不知,无人不晓。特别是他在地产业的卓越贡献,更是让众人赞叹不已。李嘉诚认为,不能用个人喜好、他人意见加以限制,只要有钱赚,就是一门好买卖。在半个多世纪的经商过程中,李嘉诚不断地变换行业,从塑胶厂,到房地产,以及后来的电信、基建和服务等领域,凸显了他"商者无域"的理念。

第14章
粤商文化：奉行"商者无域"的生意经

　　李嘉诚过人的胆识和魄力则体现在20世纪60年代中后期。当时，香港许多有钱的人士纷纷移民，并抛售物业。结果，香港整个房地产市场立刻陷入低迷。当时，李嘉诚也在房地产市场拥有多处物业。他经过深思熟虑，毅然决定继续在香港房地产市场投入资金。李嘉诚公开宣称："你们大拍卖！我来大收买！以后，你们有追悔莫及的那一天！"于是，他一座接一座地廉价买进大楼，还趁建筑材料疲软之时大兴土木，建起了一座座高楼大厦。

　　到了20世纪70年代初期，香港地价再度回升，房价上涨。而此时的李嘉诚已经建起了一座座漂亮的大楼和厂房，不久即全部出售，利润成倍增长。就这样，李嘉诚凭借敏锐的洞察力，最后成为这次地产大灾难中的大赢家。

　　粤商奉行"商者无域"的生意经，在他们眼里，每个行业都有赚钱的机会，任何时候都有发财的契机。最令人生畏的是，粤商总能先人一步把握市场脉搏，似乎有一种本能的商业天分。其实，"商者无域"是说经营的方法、思维的角度只有专业与否，没有套路之分。

　　有的人做生意很挑剔，这也不做，那也不做，到头来不知道自己适合做什么。忽然有一天，发现曾经和自己站在同一个起跑线上的人已经发财了，而自己还一事无成。粤商认为，做生意不应该有禁忌，不能给自己预先设定行业。生意无禁忌，才能大胆尝试，与形形色色的人接触，了解各个行业的特点，知道商场上的各种门道。

【华商生意经】

　　在经济全球化、资讯网络化时代，一个商人还抱着种种禁忌不放，是可怜的、可悲的，也是危险的。粤商做生意，从来不自我限制，他们最在乎的是能否赚钱。可以说，他们抓住了商业的本质，找到了做生意的诀窍。

3. "专注"成就了今天的辉煌

商业圈里流传着一句话:"懂哪行做哪行。"也就是说,做生意必须对所从事的行业特别了解,而且要深入,能掌握别人不能掌握的技术,能看到别人看不到的市场和利润点。怎么做到这一点呢?那就要专注,力争使自己成为这一行的行家。粤商走单纯的市场之路,没有官场的影响,反而成就了他们专业的商人角色。

俗话说:"内行看门道,外行看热闹。"经商是一门大学问,是学问就会有内在的门道,如果摸准了这一门道去实践,那么就容易掌握做生意的规律,赚钱也就比较容易了。外行看热闹,内行看门道。随着市场越来越成熟,做生意越来越讲究专业,内行的人更能抓住市场的命脉,获得丰厚的回报。粤商认为,要干一行爱一行,做一行专一行。一旦决定经商、创业,你就要把心思全部放到这上面来,具备一定的商业知识和经营之道,学会眼观六路、耳听八方,把握商机,开拓业务。如果三心二意,妄想通过政治、关系等方式发财,势必背离市场经济规律,注定无法创造丰厚的利润。

广东商人马化腾热爱网络,对腾讯公司的产品由衷地热爱,并利用一切时间和机会去体验它们,把自己的感受反馈给研发人员,进而提升新产品的质量。这充分印证了一点,内行的生意人才有发言权,才能把生意做到专业和极致。

马化腾创业的时候,正是中国互联网发展的关键时刻,许多同龄人跟他一样,都在努力在网络世界里掘金。不同的是,当别人多次尝试不同网络投资项目的时候,马化腾却始终坚持做网络通信,直到胜利时刻的来临。马化腾自称是公司的"首席产品体验官",他说:"我最重要的工作就是体验产品,一些产品工程师半夜会收到我的产品改进意见,有时候我们会争执,但决定权不在我,也不在工程师,而在用户,最终改进是跟随更多用户的意见。"

专注，才能业精于勤，才能成就自己的专业和专长，超越竞争对手。如果水平不够，不能在同行中占有一席之地，自然难以在市场上立足。其实，正是因为马化腾是一位绝对内行的生意人，才会全身心地投入到产品布局、技术研发等日常管理工作中，并在第一时间体验公司产品，及时了解最新的产品动态，做到查漏补缺，最大程度上保证了腾讯公司的产品引领市场潮流。

总之，内行，就是专业，也就是对某一领域、某一行业特别熟悉，有多年的经验积累，并对市场有相当的把握。马化腾的成功，有人总结原因说是运气太好。而他自己则说："是对QQ的专注成就了今天的我。"马化腾如此阐述腾讯的专注："最初有几家有实力的企业都在做与我们类似的事，可只有我们一家公司专注于做即时通信服务，专注使我们在技术上有了积累。"

做生意要面临激烈的竞争，为此必须有自己擅长的业务，专注于自己的优势领域，并加强这种优势。这是粤商多年从商的宝贵经验。当你确定了一个目标后，你就必须全力以赴，这样才能实现你的目标。如果你今天想做这，明天想做那，到头来，你会因为欲望太多而分散精力，事业也会因此失去规划，也就谈不上聚集财富了。只要专注于某一行，日积月累，自然会成为专业人士，获取利润就水到渠成了。

【华商生意经】

商业竞争的一个重要法则是优胜劣汰，谁的产品品质更好，谁就能胜出。因此，商业利润来自于专业品质。实现财富和成功的途径有很多种，可以投资的行业也是五花八门。但是你必须专注于你能力和精力所及的其中一个或几个行业。

4.快速结账,远离呆账、坏账

俗话说,现钱买现货——无赊。做生意最忌呆账、坏账,因为如果开始没能结算清楚账目,以后很容易就会引发争执,会给经商者带来很大的麻烦。如果赊账过多,甚至会因资金无法周转而使资金链断裂,最终导致一方破产,另一方货款也无着落。所以,快速结账才能降低风险,从而保持良好的盈利水平。

作为一个商人,养成快速结账的好习惯还能让自己有长期合作的生意伙伴。因为,做生意不仅讲究规则,还要讲究人缘。如果你一开始就快速结账,那么对方也会受到你的影响,养成好的习惯。时间长了,你会选择那些能够快速结账的生意伙伴,而那些人也会很乐意与你合作。大家彼此投缘了,做生意自然就会相互信任,产生默契。这样你的生意才能形成良性运转,远离呆账、坏账。

粤商是我国著名的一大商帮,粤商之所以厉害,就在于他们能很好地避免呆账、坏账。无论是在创业之初还是生意做大以后,他们都特别重视流动资金。他们并非天生就有这样的商业素养,而是在商业实践中得到的经验和教训。他们喜欢快速结账的原因有以下几点:

第一,早期贸易的需要。粤商开始经商的时候,进行的是海上贸易,他们采取的生意方式就是互通有无,这样的生意方式直接决定了双方不能拖延时间,只能以最快的速度入货出货。在那种情况下,就要求货如轮转,那些囤积居奇者根本就没有生存的可能。渐渐地,粤商便养成了快速结账的好习惯。自此,粤商也就有了快速结账的经商传统。

第二,避免争执,与生意伙伴长期合作。粤商大多是在"自己人"之间进行贸易,一旦出现呆账、坏账,很容易就会引起双方的矛盾,一不小心便会"两败俱伤"。所以,快速结账,你不拖我,我不拖你,你旺我也旺,防患于未然,大家做事也放心。

第三,确保流动资金充裕,让整个生意"活"起来。有的商人,账面上营业收入、利润均很丰厚,但却多为呆账、死账,或者凝结在无用的固定资产上。粤商实现了快速结账,这样就很好地避免了流动资金被占用。减少流动资金被占用的情况,正是一种预防措施,是解决危机的最好方法。所以,粤商的生意能越做越火。

粤商生意的旺盛为所有商人所羡慕,他们经商的策略更值得其他经商者去借鉴。如果所有的商人都能像粤商一样养成快速结账的好习惯,历史上又怎么会出现因资金周转不灵而无法进行生意的情况?还怎么会有因呆账、坏账而破产的商人?

由此可见,如果做生意没有可周转的资金,那必然会难以施展拳脚,可能许多经商机会就会从眼前溜掉。要想有足够的现金,远离呆账、坏账才是关键。

【华商生意经】

在"流动资金"这个环节快速结账为生意人带来的利益是无法估量的。商人如果能很好地注意到这一点,不仅能获得更多、更稳定的客户资源,还能降低自己与合作者的风险,又能保证自己的生意不会陷入"死棋"的境地,可以说是达到了"一石三鸟"的效果。

5. "以钱生钱"才是经商的真谛

做生意就像滚雪球,要越做越大,不能停止前进的步伐。商人的本质就是赚钱,真正的商人在手里有了一定的资金后,会考虑用这仅有的资金去赚更多的钱。俗话说:"你不理财,财不理你。"你可以去投资、去炒股、去扩大经营……总之,"以钱生钱"是一个商人最该秉承的理念。它会让你手上的钱以几倍甚至几十倍的速度膨胀,实现"原子弹爆炸"式的增长。

反之,那些赚了一点儿钱就开始飘飘然的商人是不会走远的。他们容易被手里的钱乱了心智,会认为赚钱太容易了,因此就花天酒地,挥霍无

度。这样的结果往往会是坐吃山空,等到想改过时已经来不及了,不得不再从头开始。

那些白手起家的商人,用手上仅有的钱创造了一个又一个的奇迹。哪怕有的人已经坐拥亿万财产,他们仍然继续驰骋于商海之中。因为他们始终明白,商人之道就在于赚更多的钱,而要想在商业社会上立足,死守着手里的财产是不行的,必须"以钱生钱"。

宜华集团有限公司董事长刘绍喜目前总资产达30多亿元,手下员工有23000多人,涉及制造、房地产、文化等多个领域。如此辉煌的成就背后,谁又能想到当初创业之时的他只有800元呢?800元,对于任何一个创业青年来说,都是微不足道的,可刘绍喜却能成功地将800元发展成为30多亿元,完成了人生中华丽的逆转。他是怎样将一个名不见经传的小作坊做成汕头市数一数二的大集团的呢?这其中的奥秘值得每个商人去思考。

在一次采访中,刘绍喜说:"宜华木业股份有限公司是汕头市民企第一股,也是国内木地板行业第一股,这是我们的本业。但是生意做到一定程度,必然要纵向发展,寻找新的利润增长点。于是我们选择了房地产,后来又进军文化产业,成为一家现代化大型综合性民营企业,在汕头市五十强企业中名列第二名。"

做生意的目的都是获取更多的利润,从刘绍喜的话中可以看出,他之所以可以从无到有、从弱到强,无非都是想尽方法"以钱生钱",最终才实现了"滚雪球"式的发展。会做生意的商人都会借用"资本"的力量完成"产业"的腾飞,实现做强做大的目标,这也是"股神"巴菲特所坚信的一点。

古人有云:"天下攘攘,皆为利往。"自古以来,追求更多的利润就是每一个商人经商的理念。商人最开始做生意,都是埋头苦干,深入第一线劳动,积累资金;等到手头宽裕了,行业经验也相当丰富的时候,他们就开始琢磨怎样才能以钱生钱,由此,便进入了经商的另一种境界。如果一直停留在埋头苦干的阶段,根本就学不会以钱生钱,那么就注定落后于他人，获取不到更大的利益，这也是经商所忌讳的。

【华商生意经】

以钱生钱是一种智慧，是一种经营手段。一个出色的商人在赚到一定数量的钱之后，会选择投资、理财，以钱生钱，让自己的财富水涨船高。不懂得做生意的人，只会一味地进货、卖货，这样的交易只是简单的"倒手"而已，所以也注定了这些商人无法发家致富。

6. 让家族生意"富过三代"

富贵人家总是难以持久，似乎成了中国历史的规律。《老子》认为，上天没有清静就会破灭，大地没有安宁就要倾覆。"贵"必须要以"贱"为根本，才能维持长久的富贵；"高"必须以"下"为基础，才能长久高高在上。强大的事物需要保持谦卑的姿态才能维持长久的生命，否则就会由盛转衰。粤商在商业活动中积累了财富以后，学会了"以贱为本"，打破了"富不过三代"的宿命。

粤商是中国最富有的商人群体，也是最懂得"以贱为本"的族群。追求"富过三代"，始终是粤商家族的最大愿望。从创立者白手起家，到子辈共财同居，最后到达家族王朝，这种财富的创造、传承，其实代表了家族一种最原始的冲动，那就是家族的兴旺。

自古以来，兴亡盛衰是不可避免的客观规律。但是，尽力把富贵延续下去，是人们孜孜以求的事情。中国经济快速发展，造就了许多富人。在激烈的市场竞争中，长江后浪推前浪，一代新人在成长。经历了早期创业阶段，企业到了稳定发展时期，随着创始人年龄增长，选择接班人就成为一个现实的问题。对商人来说，尽力把富贵延续下去，是人们孜孜以求的事情。

创业难,守业更难。对富豪来说,一掷千金很潇洒,但是奢侈浪费最容易败家。李嘉诚早年经历了困苦的人生,所以懂得以"贱"为本、维持长久富贵的道理。他还说,以"下"为基础,才能长久高高在上,家业兴旺的前提是要保持勤俭、低调的作风。而如何教育子女,让他们会做人、成大事,李嘉诚颇有心得:"他们一定要听我讲话。我带着书本,是文言文那种,解释给他们听,然后问他们问题。我想当时他们亦未必能懂,但那些是中国人最宝贵的经验和做人的宗旨。"

其实,把生意做大了,坐拥巨大财富,一个人在心态上肯定会发生变化。花钱开始大手大脚,放弃了以往勤俭节约的原则,是许多人的通病。然而,因为财富增加就骄奢淫逸,这样的人难以让财富传承下去,生意也很难做得长久。因此,在日常生活中,李嘉诚经常把悟出的人生道理讲给儿子听。早年,他带着孩子坐电车坐巴士,又跑到路边报纸摊档,看小女孩边卖报纸边温习功课的那种苦学态度。

这种方法很管用。每次回忆起父亲带给自己的深刻影响,李泽楷总是说:"我从家父那里学到的东西很多,最主要的是怎样做一个正直的商人,以及如何正确处理与合伙人的关系。"两个儿子都称赞父亲是最好的导师,是最好的商业教授。让孩子成为挑重担的人,最重要的是有志气,首先是一个合格的人,其次才是经商知识的学习。粤商告诫我们要牢记一点,做人永远比做事更重要。

在经商过程中,许多粤商都经历了常人难以理解的辛酸,对人情冷暖体会深刻。因此,在子女教育问题上,如何让下一代具备成功的品质,从自己手中接过家族财富的权杖,他们更有发言权。李嘉诚最常给孩子们讲的,仍然是他的那种为人处世中的中国古代哲学思想。可以说,从李泽钜、李泽楷出生到长大成人,李嘉诚对他们教得最多的是怎样做人,怎样从古代圣贤的著作中吸收做人的营养。

李泽钜和李泽楷在香港读完中学后，李嘉诚把他们送到国外留学深造，他说："作为父母，让孩子们在十五六岁时就远离家乡，远离亲人，当然有些于心不忍，但是为了他们的将来，就要忍心。不管你拥有多少家财，对于孩子，应该从小培养他们独立自强的能力，特别不能让他们养成娇生惯养、任意挥霍的生活习惯。"

让财富延续下去，相当于把财富事业传承下去。谈到做生意的秘诀，李嘉诚最看重的就是一个"信"字。他在对儿子们进行教育时也反复强调，"要令别人对你信任。不只是商人，一个国家亦是无信不立。"幼年的李泽钜曾在李嘉诚的耳提面命下，亲眼目睹父亲"全凭一张嘴搞掂"一单单大生意，而不用签一个字的合同。李嘉诚并不计较孩子听懂了什么，重要的是商业氛围的熏陶。让李嘉诚高兴的是，自己的两个儿子已经完全成为老练的商人了。站在一个父亲的角度来看，还有比这更令人兴奋的事情吗！

可以说，粤商让子女或者公司骨干在基层得到历练，在考察、培养中完成了接班人的选拔工作。一旦被考察者具备了卓越的组织管理才能和深谋善断的企业家气魄，粤商就会放心地把财政大权交出去，完成财富的代际传递。

【华商生意经】

历尽千辛万苦，创下了一份家业，实在不容易。把财富延续下去，是每个商人的夙愿。这与重视人才的开发和培养密不可分。粤商是如何做到这一点的呢？那就是让接班人得到历练。有了人才，就有了一切。他们既从家族内部选拔才俊，也从公司里挑选值得信赖的人才，这是基业长青的秘诀。

第 15 章
闽商文化：海洋基因成就爱拼才会赢的天性

1. 从蛇到龙的蜕变

福建地区依山傍水，这种特殊的地理位置，使人们迫于生计从事海上贸易，出海从商。然而福建的门一打开，蛇便入海成龙，骨子里的海洋基因让福建商人天生就爱与人打交道，甚至漂洋过海结交朋友，利用海上资源优势，开拓海外市场，把人脉圈扩展到了全世界，使闽商的崛起真正成为学者和民众关注的热点。如果说第一代闽商是为生计而远走他乡，现代闽商则是为了发展而向外扩张，开放、拓展人脉圈的意识早已融入他们的血液，成为闽商文化特有的禀赋。

如果我们仔细观察这个"闽"字，你会发现它是一个很有趣的字：门内关着一条虫。这是它的本意吗？是的。而且，这虫在古代就是指的蛇。试想，蛇被关在房子里，很难有大的作为。但如果游出门外呢？那就是另一番气象了。福建门外是东海，只要福建的门一打开，蛇有机会游入海里，就会立刻变成大龙。

闽商遍布世界各地，其经营特点也很突出。留意观察后不难发现，市场上缺什么，很快就会有福建人来做什么，大到工矿企业、房地产开发，小到陶瓷洁具、水暖阀门、海鲜茶叶，甚至是医院、饭店、小食品店等。

而且福建人开办的企业和销售的产品，往往在当地有着非常高的知名度，只是由于他们一贯的内敛和低调，很少有人知道到底哪些东西是出自闽商之手。

在中国幅员辽阔的土地上，闽商凭借他们龙的精神和天生的生意头脑，已经占得一席之地。在中国经济最为发达的上海市场上，有八成的网吧掌握在闽商手中。在钢材现货交易市场，闽商已经成为上海钢材现货市场的重要控制力量。闽商在上海木材行业市场占据半壁江山，做进口原木板材的莆田人、做进口地板材料的福清人，都已成为行业细分市场不可忽视的商业群体。

其实，不单单在经济发达的北京、上海等地，而且北至内蒙古、南至海南的全国各地，闽商的影子也是随处可见，并已在当地经济发展中充当着重要的角色。

"闽商"实际上是"海商"。追溯源头，闽商最为辉煌的时期恰是郑成功和他的父亲郑芝龙率领海商集团纵横东南沿海的明清岁月，他们军商合一，被欧洲人称为海上王国的统治者。郑氏父子驰骋海洋的冒险精神，以及开放兼容的国际视野，是闽商身上"海洋文化"的集中投射。正是这种商业精神的支撑，18世纪中期始，在东南亚各国形成了经济实力强大的福建帮。如在东南亚涌现出的陈嘉庚、郭鹤年、黄双安、林文镜等商业巨子。在海外，闽商无疑成为华商的标志。

【华商生意经】

自古而然，闽风尚贾。翻检典籍，闽字有虫蛇出没之地的意思，意指地理环境和自然环境恶劣，加上土地贫瘠，不适宜农耕。因此，"出海从商"就成了闽南人的最佳职业选择。敢打敢拼正是根植于闽商灵魂深处的商业信条。置身惊涛骇浪之中，屹立潮头、处变不惊、敢打敢拼，这些正是闽商从蛇到龙发生蜕变的内因所在。

2. 爱拼才会赢的闽南商人

"打拼"这个词是福建人发明的。经商办企业当老板是闽南人的价值取向，是他们的第一职业选择。翻遍《现代汉语词典》，上百个有关打的组词，就是没有打拼这个词。闽南人造出的这个词，其含义可能是：不顾一切地干，闯出去，联合起来去做事，拼命也要做成功。准确点儿说是"不赚钱，毋宁死"。

在闽南地区，流行着一首歌曲《爱拼才会赢》。在这里，还流行着一句话："不当老板不算好猛男。"福建商人的拼劲、闯劲、干劲，生动地展现在世人面前。一个"拼"字，拼出了人脉，拼出了亿万资产，拼出了福建男人一种独特的经营模式："没文化不怕，照样能做外贸；没经验不怕，一样搞开发；没有钱也不怕，照样搞投资。选了就干，不分析、不考证、不调查也不研究。"这种魄力不正是闽商的魅力所在吗？

闽南人一生下来，耳闻目睹的便是前辈外出经商的情景，所受到的教育也是"商中自有黄金屋，商中自有颜如玉"。所以，很多闽南人十三四岁就走上了经商之路。闽南人搞清了市场就办厂，他们不做守财奴，不喜欢存款而喜欢创业。赚钱是一种满足，创业过程是一种最大的满足。他们在本地办了厂，然后向内地延伸，他们不会陶醉在已有的世界里，外面的世界更精彩。

走进闽南，可以经常看到，20出头的小伙子有条不紊地管理着一个几十人甚至上百人的企业。而在海外，早年勇闯天涯的游子早已成了华人巨富，他们回报家乡，上演了一幕幕感人大戏。闽商相信：爱拼才能在圈里站稳脚跟。那"圈子"是什么？它是中国人生活的文化，它代表了你的社会地位，它令你的人脉不断延伸，它可以为你带来滚滚财富。因此，打造一个属于自己的人脉圈、生意圈显得尤为重要。而要想在圈子里站稳脚跟，还要有打拼的精神。

由于闽南不适宜农耕，所以，"出海从商"就成了闽南人的最佳职业选择。晋江恒安集团公司总经理许连捷就是一位敢为天

第15章
闽商文化：海洋基因成就爱拼才会赢的天性

下先、敢闯敢拼的农民企业家。许连捷出生于闽南安海，从十几岁就开始打拼天下，他做过红薯粉条，卖过水果蔬菜。

改革开放后，许连捷压抑已久的创业欲望和经营才能一下子迸发出来。他率先在家乡办起了服装加工厂，接着内联外引，创立了以"安乐"卫生巾为主要产品的中外合资企业——恒安实业有限公司。公司刚刚打好基础，许连捷就把眼光瞄准了中国最大的商业城市——上海。有胆识的许连捷亲自披挂上阵，带着一批能征善战的业务员，开进了上海。可是，两个月过去，任凭他们磨破嘴唇踏破鞋，在十里洋场连试一试的女士都找不到。

当时，许连捷不无感慨地说："那段日子，风风雨雨，一言难尽。"但他并不灰心。"苦心人，天不负"，终于有一家公司愿意进货，但压价太凶。当时"安乐"卫生巾算上各种费用，最少也得卖9毛，可对方只肯出8毛，多一分也不要。

虽然说"赚头生意有人做，蚀本生意没人做"，但精明灵活的许连捷，早对这家公司的信誉、销量了解得一清二楚，就怕你不买，等你尝到甜头还得找我。有了这层把握，许连捷当场拍板："卖，但只给200箱。"

对方见他如此痛快，立即变卦："7毛9成交，不然不买。"商场如战场，事已至此，许连捷只好签约交付。好一笔不公平的交易！不过，他早已成竹在胸。果然，几天后，这家公司便自找上门要求再购，并愿以每包9毛7分的价格订购2000箱。此后，便一发不可收，现在这家公司已成为恒安公司的最大贸易伙伴，每年订购十万箱，成交金额上千万元。

狭路相逢勇者胜。在弱肉强食的生意场上，不拼、不抢就不足以生存下来，更不要说把生意做大了。福建商人性格彪悍，又团结讲义气，所以他们的冒险精神很强，表现在商场上就是乐于打交道，主动与人结交，善于和老乡做生意，能够带出一支狼性团队，借助商帮会馆发展合作关系，与海峡另一边的台湾广结贸易……

福建商人的成功，是对海洋文明的出色演绎的胜利。有人曾说过，闽南人生来就懂得打拼，所以才有了早早成熟的闽南人闯天下的许多故事。无论做什么，闽南人都勇于拼博，他们知道不经受风雨，就难以到达成功的巅峰。所以，在面对失败时，别人也许会绝望至极，而闽南人则不会。他们会再一次冲向激流浪尖，这是海上水手的勇气，也是中国闽南人独有的经商魄力，也正是这种魄力为他们赢得了更多的人脉。

闽商最津津乐道于自己的族群特质就是性格剽悍，团结义气。闽商虽然奔走各地，但团结义气的特质始终像风筝线一样牵扯着他们，取得成就后回馈桑梓成了他们普遍的做法。向前闯的时候，丝毫不怕；回馈家乡的时候，丝毫不犹豫，这就是敢拼能闯的福建商人。

【华商生意经】

成功始于坚定的信念和勇往直前的精神。在人生的道路上，没有敢拼敢闯信念的人永远迈不出前进的一步。机遇对于每个人都是平等的，不同的是看你是否有做强者的信念。只要敢于面对一切，敢于打破常规，没有什么是不可能的。闽商做生意坚持开拓进取、敢爱敢赢的信念，最终赢得了人脉，赢得了赞誉，赢得了成功。

3. 靠山面海，造就经商优势

福建商人自古就有移民和崇商的传统，这是与福建的地理位置条件分不开的。可谓是：一方水土孕育一方"商"。《山海经·海内南经》云："闽在海中，其西北有山"。这句话基本上概括了福建省的地理特征，福建不仅有山，而且靠海，素有"八山一水一分田"之称，"地狭人稠"以致没有足够的粮食养活自己，历史上曾有不少福建人被迫背井离乡到外地谋生，有的甚至冒着生命危险远渡重洋到异国他邦去发展。在异地艰苦谋生的历练，练就了福建商人精明的经商头脑。

第15章
闽商文化：海洋基因成就爱拼才会赢的天性

与多山这一不利的生存条件相对应的是，福建拥有绵长曲折的海岸线和众多的港湾岛屿。宋元时期，福建人开辟了"海上丝绸之路"，从本地带着丝绸、药物、纸、糖、茶、手工艺品等特产漂洋过海，将商品销往世界各地，开始海外贸易活动。凭着天生做生意的头脑，交际圈越来越大，人脉资源也越来越丰富，自然生意就如滚雪球般越做越大。于是他们更加乐于玩转经商。

闽商靠山面海造就海运优势，以"民本"为生发力量，以外向型为经商战略，正不断穿越历史的跌宕起伏、狂风巨浪，在新时代的背景之下突现出伟岸身躯。

"行船走马三分命，东洋无洋过西洋"。追寻闽商的足迹，如同翻阅一本厚重的历史。自东晋唐宋五代以来，许多北方人迫于战乱举家南迁，导致闽地人口激增，形成人口过剩的局面。同时，闽南和闽西山区，土地贫瘠，"漳泉诸府，负山环海，田少民多，出米不敷民食"。因此，当地民众只能出洋谋生，以寻求生路。

泉州地处福建省东南沿海，介于上海和湛江两大港口之间的海岸线中段，东北与莆田市、福州市交界，北部和西北部与三明市、龙岩地区接壤，西南面与漳州市、厦门市毗邻，东南隔台湾海峡与台湾省遥遥相望。唐宋元时代，泉州的海外交通发达，那时已有泉州人侨居东南亚、日本和高丽。明末清初，泉属各县人民纷纷出洋谋生，出现"浮大海趋利，十家而九"的局面。鸦片战争前后，欧洲殖民者"开拓"东南亚，掠夺资源，急需大量劳动力，因而开始进行掠卖华工的罪恶活动。

《中英南京条约》签订后，厦门辟为通商港埠，成为华工出洋的口岸，从厦门贩运出国的华工，被鄙称为"猪仔"。殖民者雇佣流民充当"猪仔头"，在泉州、漳州拐骗绑架贫民。殖民者的种种暴行，使华工们压抑在心中的怒火像火山一样地喷发出来。他们不畏强暴，揭竿而起，同殖民者进行生死的搏斗。

近代泉州人民受帝国主义和封建主义的压迫剥削，国家动乱，天灾人祸，无以为计，仍然通过各种途径出洋谋生。至今，旅居海外的泉州

籍华侨、华人有600多万人，分布于菲律宾、新加坡、马来西亚、印度尼西亚、越南、柬埔寨、泰国、缅甸、日本、美国、英国、澳大利亚等110多个国家和地区，其中90%居住在东南亚各国。旅居东南亚的泉籍华侨，勇敢朴实，吃苦耐劳，与当地人民和睦相处，共同开发东南亚，促进了东南亚经济文化的发展。

其实，福建商人并不满足于本土优越的自然资源。明清之际，福建商人对全国各地尤其是江浙沿海地区大量渗透，仅苏州一地，就有漳州、泉州、兴化、福州等地商人。大量的福建商人同时还向上海进发。福建出产的木材在全国最为有名，明清时期，上海及附近由美国人、日本人修建的洋房楼馆、铺筑铁路或者中国人造房子所需木材几乎都是从福建供给，而提供者均为福建建宁府等地方的商人。沿黄浦江两岸木厂木行营业颇盛，此等福建的木材商通过水路将木材运到这里，当时属于此帮的大木材商就有30多家。

清代时期，福建西部地区曾涌现出大批商人，活跃在海内外商界中，成为明清时期福建商帮中的一支劲旅。该地区商人依托闽西山区丰富的自然资源，凭借吃苦耐劳的奋斗精神，闯荡商界，为繁荣闽西山区商品经济，推动闽西地区社会经济的发展作出了较大的贡献。这些商人就是闽西客家商人。

在恶劣的条件下，只有把自己的劣势转化为优势，企业才会得到发展。客家商人依托本地得天独厚的土特产资源，向内地和海外开发拓展，努力扩大经营，建立人脉网络，利用各地的优势资源来武装自己，进行多种形式的贸易，形成了中国封建社会晚期一个很有影响的商帮。客家商人做生意都很机灵敏锐，而且善于筹划。闽西客家人一贯待人诚恳，经商时也不例外，因此，更多的人愿意与他们交易合作，这样客家人的人脉圈从闽西本土向外开拓，形成了广泛的人脉网络。

总之，闽商能够在国内外形成颇具实力、商界不可小觑的商人集团，这与福建特殊的地理环境和丰富的自然资源分不开。枕山面海的地理环境，使福建与内省的陆上交通极不方便。但正是由于面临大海，海运则成为福建与省外交通的特殊优势。福建海外贸易发达,这不仅为福建注入大量资金,带来许多海外洋货,而且还扩大了人脉圈,这为闽商从事国内贸易提供了有利条件。

【华商生意经】

福建土地贫瘠,耕地稀少,但物产资源丰富,海上交通发达。聪敏的闽商利用地缘优势,积极向内地输入特产,开展海外贸易,逐步扩大生意圈。这不仅为福建注入大量资金,带来许多海外洋货,同时也带来了很多的人缘。人缘好,人脉关系就广,财源必定广进。

4. 借助文化图腾连接海峡两岸

据史料记载,自宋朝在台湾设立行政机构,到清朝光绪 11 年即 1885 年台湾单独建省之前,台湾都归福建管辖。一位在厦台胞,至今还保存着一块清代镌刻着乾隆皇帝圣旨的匾额,上面就有"福建台湾府"的记述。因此,历史上福建曾有"九闽"之称。即便台湾建省时,还称作"福建台湾省"。从历史上来看,从闽治台湾到闽台分治,闽台之间都存在密不可分的法缘关系。

谈到闽商的文化图腾,最明显的就是海峡两岸的"妈祖"。与传统中原文化大为不同的是,尽管闽商也受儒家思想的影响,但其海洋文明的特质中,还是秉信着"妈祖"文明的精神支柱。我们从闽商的发展历史和文化基因上来看,闽商的崛起和发展,是"妈祖文化"的一种凝聚和推动。今天,在剖析闽商的特性时,我们应归结于一大特质元素,就是"运输"。

据《货殖列传》记载分析,台湾商业的发展从郑成功时代,每年靠海运获得利润数以万计,而台湾的开发者大多是漳、泉一带的移民。到了乾

隆、嘉庆年间，台湾的商务非常兴盛，"贸易之船，充积港内，北至津沽，南达岭峤，挹彼注兹，以增富裕，一时号称百万者十数人"。或许，正是这样一种通贯两岸的运输贸易，才使得闽商能够在以台湾为"码头"的东南亚乃至全世界的各个角落里有着骄人的身影和声音。

其实，妈祖是福建莆田望族九牧林氏后裔，最先就是受福建沿海谋生者所崇拜，继而成为中国沿海乃至海外华人社区顶礼膜拜的最重要神祇之一。湄洲岛与大陆之间的海峡有不少礁石，在这个海域里遇难的渔舟、商船，常得到妈祖的救助，因而人们传说她能乘席渡海。闽南海商水手经常出没于风口浪尖，足迹遍及东亚和印度洋各港，作为航海守护神的妈祖，自然而然成为了众人顶礼膜拜的对象。

当时福建商人在出洋行商时，总是把祭祀妈祖作为出洋远航的仪式，大小船舶多供奉妈祖神龛，而妈祖也保佑闽商不断向海外拓展并加强其在中国海上贸易的地位。"妈祖文化"在中国沿海地区、内地商埠和海外华人社区的信仰范围不断扩大，则正好印证了闽南商人的海外商业范围及商业思维的不断扩张。

福建和台湾人共同的特点是家族观念很重，饮水思源，总希望到自己祖籍的地方看一看，给自己的祖先拜一拜，因此很多村庄也因为同姓台湾人不断来拜访而出了名，正所谓"本是同根生"。其实，台湾对妈祖的信仰是从中国东南沿海，特别是泉州一带传去的。妈祖娘娘一直被台湾渔民和航海者奉为海上保护神，她在台湾同胞心目中占据非常重要的地位，影响也最为深刻。

福建和台湾一衣带水，有着密切的亲缘关系。研究表明，台湾人的祖籍，除了少数为广东省东部外，其他都来自福建，而且绝大多数来自闽南地区的泉州府和漳州府。闽台两地闽南人所拥有的价值观、心理定势是基本一致的。反映到商业活动中，两地人有更多共同的商业语言，有更多成功合作的可能，也取得了许多商业成就，这一切，都是同宗文化的力量。

李春生，福建厦门人，早年被英国人雇佣，了解外国局势，

第15章
闽商文化：海洋基因成就爱拼才会赢的天性

因而眼界开阔。后自己经营茶叶，贩运到南洋、美国，每年获利甚丰。清朝光绪年间，与林维源出资仿照西式筑千秋、建昌二街，又帮修台北铁路，是厦门商人对台湾建设作出贡献的典范之一。

闽商和台商有着共同的文化图腾及特性，闽商同台商做生意时要充分利用天时地利人和，拓展人脉网和生意圈。大量的历史事实证明，闽商在两岸经济、文化上对当地产生了深刻的影响，在富国利民上发挥了实际的作用，也为企业打出了名声，赢得了人气。

【华商生意经】

越来越多的海内外客商特别是闽商已投身到海峡两岸的建设热潮中来，促进了海峡两岸的发展、进步和繁荣。对于闽商而言，则要利用"五缘"优势，扩大自己的人脉网，积极与台商交流合作，为全面发展闽台关系作出应有的贡献。

5. 一经承诺就要负责到底

在激烈的市场竞争下，作为一名商人，必须要重视自己所说的每一句话、所做出的每一个承诺，要做到"忠实可靠""言行一致"，将自己的承诺负责到底。只有这样，事业才会不断地获得成功。

福建商人陈嘉庚之所以声名卓著，就在于它遵循"一诺千金"的商业道德。良好口碑是源自他早年信守诚信，替父还债一事。

1904年，陈嘉庚的父亲所营企业破产，欠印度债主哈利20多万元巨款。陈父不久抑郁成疾，不幸去世。按照新加坡的法律，"父债子免还"。但以信誉为重的陈嘉庚虽然经济拮据，却宣布"立志不计久暂，力能做到者，决代还清以免遗憾也"。

　　白手创业的陈嘉庚艰苦奋斗了4年时间,终于有些盈利,他便不顾亲友反对,花了许多时间和精力找到债主,连本带利还清了父亲所欠的债务。当时曾有人说他"傻",但他却说:"中国人取信于世界,决不能把脸丢在外国人面前!""我们中国人一向言必信,行必果。"为此,陈嘉庚"一诺千金"的信誉迅速传遍了东南亚。

　　此后,人们十分相信陈嘉庚的商业道德和信誉,都愿意与他做生意。可以说,陈嘉庚之所以能在家业衰败后艰苦创业成为百万富翁,与他"一诺千金"的诚信商誉有着密不可分的关系。

　　诚信是一种自律行为,诚信者生意昌盛。要做生意先做人,一个为人诚信、讲求信誉的人在经商方面才能卓有成就。"君子必诚其意",陈嘉庚无论经商还是做其他事,历来铁骨铮铮,永不毁诺。

　　一经承诺就负责到底,是商业中最大的资本,所谓"恒信者昌",就是说的这个意思。缺少谋算,也许你的钱箱子就会装不满;但是,如果不能够践行承诺、将承诺负责到底,失信于人,那么你的钱袋子就永远也立不住。所以,一个商人无论从事什么样的行业,若想取得事业上的成功,都必须要建立良好的人际关系,都必须要获得合作伙伴、顾客、员工的信任,只有这样,别人才会愿意帮助你、支持你,才会不断地加深与你的合作,让你的事业之路越走越宽。这一切的获得,都需要以信用作为投资,将你许下的承诺负责到底,让合作伙伴满意、让顾客满意、让员工满意,这可以说是商人的成功之"本"。

　　可以说,商场从来不是平静的港湾,对于那些只能说得出而做不到的人,即使是上天给予了他们成为百万富豪的机会,他们也会错失良机,因为他们得不到众人的支持与信赖,这也是他们缺乏商业素质的表现。对于那些能够说到做到,将承诺负责到底的人,他们也许在不经意间就获得了上天的青睐,引领着事业不断地走向辉煌。

第15章
闽商文化：海洋基因成就爱拼才会赢的天性

【华商生意经】

唐代大诗人李白曾经说过："三杯吐然诺，五岳倒为轻。"他认为，承诺的分量比大山还重，一经承诺就要负责到底，这是十分重要的。尤其是在当今社会，对于一名商人来说，更要重视承诺，讲究信誉。只有这样，在长期的经济交往中才能获得他人的信任，事业才能逐步地走向辉煌。

6. 共聚一群齐心创业的伙伴

事业的成功，不是仅靠单个人的力量就可以实现的，而是必须通过所有合作伙伴的共同努力才可以做到，这就是我们通常所说的要齐心协力，发挥团队效应。团队效应不仅可以充分发挥每个人的最佳效能，而且可能产生彼此都不曾拥有的新力量，使整体实力得到强化和延伸。可以说，个体永远存在缺陷，而团队则可以互相弥补，甚至创造完美。

众所周知，实达公司就是在一群齐心的创业伙伴的努力下发展起来的。1988年，在福州温泉大饭店的一间会议室，叶龙和他的16位同事一起成立了一家名叫"实达"的公司。他们约定合力办好这家公司，树立自己的品牌，赚取更多的利润。这样的一个约定，使一群志同道合的年轻人集聚在一起，齐心创业。

公司成立以后，创业伙伴们根据各自的专业特长和工作经验分担公司事务，为了共同的目标，他们不辞辛苦，相互鼓励。为了加速资金积累，他们做过油料、电话机和空调生意，甚至搞劳务输出，无论多么艰难，他们都在默默地忍受着。也正是这种齐心协力、同甘共苦的合作精神，使他们为实达公司赚取了足够的原始资本。

之后，在叶龙和他那一群齐心的创业伙伴的带领下，实达公司不断发展壮大，逐渐成为了国内最大的终端生产厂家，并进入

了中国电子百强企业，年销售收入达2.58亿元；同时，为了扩大公司的影响力，在软件方面，实达先后投资了"铭泰"和"东方龙马"等软件企业，并成功开通了Soyou网站。这一连串的举措，令世人惊讶，实达企业也因此成为了同行中的"黑马"。现如今，实达集团的总资本已超过16亿元，年销售额突破30亿元，被列入"中国电子百强企业"。

实达企业在十几年的发展过程中，将最初的25万元的资产扩展为16亿元的巨额资产，从由16人组成的小公司发展为"中国电子百强企业"，创造了又一个"商业神话"。如此迅猛发展之势，正是得益于一群齐聚协力的创业伙伴。

现代社会是一个交往频繁的社会，现代市场是一个竞争激烈的市场。社会化大生产的集约化，交通、通信技术的发达，使世界变成了"地球村"，人际、国际交往日益频繁，市场竞争日益激烈。作为一名商人，这要求其具备全球观念、合作意识，凝聚一批齐心的创业伙伴，携起手来，通力合作，这样才能够在激烈的商业竞争中集思广益，获得长足发展。

作为一名商人，如果不能团结周围的人，齐聚创业伙伴，抓住人脉，争取一切可以争取的外部力量来共同奋斗，而是选择我行我素、闭门造车，最终，只会因势单力薄而败下阵来。

所谓"众人拾柴火焰高"，说的就是这个道理。成功的商人认为，在今天这个市场竞争激烈的社会里，一个人的力量着实有限。中国人也常说："三个臭皮匠顶个诸葛亮，一个好汉还需三个帮。"所以，一个好的领导，身边必定需要凝聚众多优秀的人才，以及共聚一群齐心的创业伙伴。他们始终相信：广泛的人脉资源对一个企业的发展所产生的影响是无法估量的。

【华商生意经】

在创业之初，对于一名商人来说，共聚一群齐心的创业伙伴是

第15章
闽商文化：海洋基因成就爱拼才会赢的天性

重中之重。一个齐心协力的团队，可以使工作效率大大提高，这往往也代表着完成了全部工作的80%。凭借个人的力量永远都无法建立伟大的公司，就像叶龙他们一样，正是清晰地意识到了这一点，所以才会抱团取暖、共同奋斗，通过人才的团结合作来获得成功。

第 16 章
港台华商文化：借助家族纽带把生意做大

1. 勤俭基因是发财的根本

"创业不易，守成亦难"，创业者一旦在经营态度上有所松懈，即可能引发衰败的危机。为此，勤奋刻苦才能有更大收获，保持节俭才可以获得更大利润。

"他的一生就是台湾经济的缩影，他几乎影响了整个石化行业，从单个企业到集团企业，再到改变台湾政策，不愧于留下'经营之神'的美誉，贡献有目共睹。"作为台湾企业家的代表人物，王永庆一手创办了台塑集团，与这家企业有着存亡与共关系的下游加工厂超过 1500 家。

"王永庆的一生可以用艰、苦、卓、绝四个字来形容。"台湾鸿海集团总裁郭台铭这样评价王永庆，"坚，是指王永庆一生相信公理正义，不投机取巧；苦，指的是他从小过困苦日子；卓，指的是台塑是产业领域推动合理化管理的最佳典范；绝，是指他在台湾产业界绝无仅有，前无古人。"

童年的生活，最令人难忘。而王永庆记忆尤深的是"贫苦"，经常三餐吃不饱，衣服破烂。1931 年，他跟着叔叔到嘉义县城

第16章
港台华商文化：借助家族纽带把生意做大

闯荡，到一家日本人开的米店打工。在那里，王永庆表现得比同龄人更勤奋。他在干活的时候，总是留心观察，看老板如何做生意，包括怎样记账、算账。到了晚上，他躺上床就回想一天的事，回忆老板的每个动作、每句话，参透其中的深意，并牢牢记在心里。就这样，过了短短半年，王永庆就熟悉米店生意了。

这种勤奋的直接后果是，第二年春节过后，王永庆带着两个弟弟，用家里凑的200元钱开了一家米店。那一年他刚刚16岁。由于本钱少，他们只能在最偏僻的地段租一间最小的房子。结果，开业后生意惨淡，根本没人来买米。后来，王永庆推陈出新以后，米店的口碑越来越好，最多一天可卖出一百多斗大米，逐渐走上了发家之路。

王永庆熬过创业时的艰辛，深刻体会出"天下没有容易的事，但也没有做不到的事"，这对他后来在面对困境时能无所畏惧，并以坚定信心克服难关，有着相当重要的启发。勤奋，让王永庆得到了丰厚的回报，使他的生意一步步做大。而他的商业思维、经营理念，也离不开这种勤劳苦干、勤于思考。与"勤奋"形影不离的是"节俭"，从始至终王永庆都坚持用这两条腿走路，才有了日后的辉煌。

王永庆一生节俭，在生活上从不浪费，且利用任何机会和方法了解细节以节约成本，虽然富可敌国，却被人誉为"最抠门的有钱人"。这正是他致富的第一秘诀。生活中，王永庆处处奉行节俭的原则。在排场方面，剑湖山王子饭店的总经理萧柏勋回忆说："有一次王永庆过来，虽然早就知道他节俭成习，但考虑到身份与地位还是安排了总统套房。但王永庆说，'不用那么大间，这样我晚上尿尿要走一大段，麻烦。'而后改成了一般的贵宾套房。"

凭借节约，尽自己的能力努力创造财富；节约下来的就是赚到的，节约的就是利润。身处微利时代，除了赚钱的思路和观念需要及时进行调

整、转变、更新外,更重要的是用节约的方法来降低成本,增加利润。

勤俭之中蕴藏着一切美德。"勤能补拙,俭能持家",任何成功的事业都在于点滴的积累,没有真正理解"勤奋""节俭"含义的人,就无法洞悉成功的秘诀,也永远不会拥有成功的事业。

【华商生意经】

最有效的摒除惰性的方法就是保持节俭。节俭可以使企业领导者和员工冷静、理智、勤劳,从而使企业获得成功。王永庆说:"多争取一块钱生意,也许要受到外界环境的限制;但节约一块钱,可以靠自己努力。节省一块钱就等于净赚一块钱。"今天,"勤劳朴实"已成为王氏家族的家训。

2. 台湾知识管理的典范

松下幸之助有句名言:"企业管理过去是沟通,现在是沟通,未来还是沟通。"管理者的真正工作就是沟通。不管到了什么时候,企业管理都离不开沟通。组织的知识管理是组织内的经验、知识可以有效记录、分类、储存、扩散以及更新的过程。未来的企业一定要有效管理组织内各种专业知识,不能像过去只将经营的目光放在有效管理资金、设备、产品、人员等。

台湾大学教授汤明哲指出,台积(台湾积体电路制造股份有限公司)是台湾惟一做好知识管理的企业。台湾交通大学管理科学研究所教授朱博涌说,台积内部一定有一套非常严密的制程不断更新的流程。而这正是台积知识管理的一个良好典范。

朱博涌曾在1995年问台湾积体电路制造股份有限公司创始人张忠谋:"台积的获利有40%,一定会吸引竞争者投入,你如

第16章
港台华商文化：借助家族纽带把生意做大

何应付？"张忠谋回答："市场是大家的，你不能限制别人不能做，你要反过来自己要求自己。"张忠谋同时认为，像联电常常挑战台积，他却不响应，因为他看的都是世界最好的企业，不断地向标杆学习，不断要激荡出最好的知识。

有一年，英特尔来台湾准备找工厂代工生产零件。到台积发现台积有266个缺点，就说台积不能当英特尔的代工厂。半年后，台积努力将缺点降为66个；再半年后，只剩下6个。这令人惊奇的数字背后，显示出台积最令人值得挖掘的不是一股可分配多少盈余，股价会涨到多少，而是在张忠谋光环的覆盖之下，旁人看不到的台积核心优势——优异的知识管理能力。

长期就近观察台积的朱博涌分析，台积人之所以能不断开发出新知识，与台积内部有一套非常强的标杆学习风气有关。台积每人每天由工作中、书本中挖掘出最好的工作方式以及专业知识。台积人最感觉痛快的是，可以随时把学到的新技术用在工作当中。"上面很容易接受新技术，也一直让们要这样做，"台积信息科技处处长林锦富说。

永争第一是张忠谋作为一个企业家的魅力所在，其为半导体代工帝国的建立提供了坚实的支持。台积公司内部的标杆学习也频频上演。比如这个工厂操作这个机器达到最好的效能，一定记录下来，供台积别的工厂学习。跨部门的沟通也十分积极，信息部门会尽量去满足生产部门的需求。最高领导者张忠谋一看到什么好文章，随时拿出来与同仁共享，台积发言人黄彦群也常在午餐时间与同仁分享他新学习到的新知。

知识不能共享通常是隐性的，给公司带来的直接后果是：新人上手的时间相当长；公司经常犯已经犯过的错误；公司文化形象进程缓慢；各类成本居高不下等。知识不能传递，比信息混乱更难解决。因为它不但要解决如何有效传递的问题，更要解决如何识别知识，以及如何将隐性知识显性化的问题。

【华商生意经】

信息混乱、知识不能共享必然弱化员工的信息沟通力，削弱团队的竞争力，也给公司经理人的领导、管理工作带来麻烦。在"向管理要效益"的时代，做好企业内部的沟通工作，让人才的"知识"与"技术"发挥最大效力，提升其附加价值，团队才会更有战斗力，企业才会更有竞争力。

3. 世情才是经商的大学问

人际关系的亲疏远近对一个生意人来说尤为重要。经验表明，那些成功的大商人往往能够洞察世事人情，在做人上很有一套，所以才取得了非凡的成就。想把生意做得足够大，不能终日谈论"利益"，而应把"诚实""厚道"放在心头。如何维护长久的情义呢？最重要的是让对方认同你这个人，能够获得对方的信任、理解和支持，那么双方自然容易坦诚相待，从而维持良好的商业关系。

在港台的亿万富翁中，霍英东的知名度可以说是最高的。霍英东坦荡的胸怀，毫不做作的为人，真诚的处世方式，为他赢得了无数的朋友，也为自己辉煌的事业打下了坚实的基础。当霍英东成为富豪之后，曾有人问他是否担心被绑架。霍英东坦然地回答说："我从不担心别人会绑架我，因为我这一辈子没有对不起任何一个人！"

霍英东不止一次对人说过："无论是从政还是做生意，无论你属于哪个行业，最重要也是最根本的，就是做人。"会做人，能够得到别人的认同，而不得罪于人，那么前面的道路就会很宽广，做什么事情都会游刃有余。

早年，霍英东和一个合作者共同开发新项目，不料对方公司突然出现危机，急需现金。对此，他主动并巧妙地将利润重新划

第16章
港台华商文化：借助家族纽带把生意做大

分，不仅不露声色地帮助对方渡过了难关，还有效地维护了对方的尊严。在那之后的几十年里，当年的合作者及他的后代都将霍英东看做最值得信任的朋友，这种身份的认同是最难能可贵的。

在香港众多富商中，霍英东是唯一一个敢不带保镖独行的人。在很长一段时间里，香港市民常常能看见他独自一人散步、爬山，沿途还不时和大家打招呼，就像一个友善而熟识的好邻居。

"做人，关键是问心无愧！"霍英东不仅是这样说的，并且用其一生为后人做出了榜样。叱咤商界半个世纪，他至今没有在商业行为或其他任何行为上有过负面传闻，个人形象获得了很高的评价。

霍英东能有无愧于心的坦荡，在于他一生都将人与人之间的感情看得比金钱更重要。在很多时候，他宁可牺牲自己的利益，也要维护他人的尊严和利益。他认为，只有尊重他人的人，才能赢得人们更多的尊敬。这样一个处处得到人们尊敬、人人都愿意为他尽力的人，想不成功都难。

在经商过程中，商德是决定一个生意人能否成功的关键要素。许多成功的商人在谈到自己的成功之路时，都谈到了"人格"的作用。"做人的一等智慧"就是"经商的一流学问"。从表面上看，做人与经商是两回事：做人要诚实，经商则多变。但诚实中不妨要灵活些，多变中亦不可丢失本分。要想在商业上取得成功，首先要学会做人，因为世情才是大学问。

很多没有经验的商人初涉商海时，往往以为凭借自己的雄心壮志便能有一番大作为，但结果却不尽如人意。经过一段时间的打击，变得垂头丧气，意志消沉。事实上，并不是他们的能力不行，也不是他们缺少文化知识，而是他们尚未懂得人情世故，在人际交往上还处于弱势。行走商海，离不开"世事洞明"和"人情练达"，古语有云"世事洞明皆学问，人情练达即文章"。洞察世事人情，从中找到有利条件并为己所用，让自己在更高的起点上开拓事业，对于那些有志经商的人来说尤为重要。

【华商生意经】

商人以忠厚为基础,给人巨大的信任感,有助于与合作伙伴建立牢固的买卖关系。一个成功的企业背后必定有一位出色的商人,学会做人是前提,成为一个值得信赖的人才有可能成就一番大事业。

4. 经商要有不屈不挠的精神

在很多人的眼里,沿街乞讨是很丢面子的事情。但事实上,一些沿街乞讨的人在没有耗费一点成本的情况下却获得了相当可观的钱财。很多人经商创业的目的是什么,就是为了赚钱,获得收益。那么在创业的时候就应该放下脸面和架子,不去计较丢不丢脸的问题,只有这样,才能更好地打开局面,成就大事业。

台湾首富郭台铭在回忆创办富士康最初的那段日子,感慨连连。当初为了争取到一个美国客户的订单,他坐飞机前往美国。到达纽约的时候美国客户已经开始周末度假了,郭台铭只好住进了附近最便宜的汽车旅馆。在美国的两天对郭台铭来说可谓是终身难忘,因为没钱没车,语言也不通,只能终日呆在旅馆里。而吃饭也成了最大的问题,每天只吃一顿饭,都只是最便宜的汉堡。在耐心的等待后,终于在星期二的下午他和对方见了面,而对方只给他留下了两张图纸,让他们照着做。郭台铭拿着两张图纸默默无言,晚上在旅馆里辗转反侧,夜不能寐,而这次的美国之行也坚定了他进攻海外市场的决心。

郭台铭在1974年创办鸿海集团,最初的时候,鸿海只能替别的厂商做塑料零件代工,一切都听命于别人。如果对方卖的电视机或收音机出现问题影响销售,自己的零件也会受到牵连,鸿海的发展空间大大地受限。鸿海低迷的经济效益给了郭台铭很大

第16章
港台华商文化：借助家族纽带把生意做大

的压力，他迫切地想要寻找解决之道。

逆境造就人才，面对如此严峻的情形，郭台铭强调创新思维，用新科技、新生态来改造现有的企业形态，对公司的每一笔投资都先进行严格仔细的模拟计算，凭借自身的努力克服了严酷的外部环境，并取得了成功。郭台铭说过，要想成功必须要有付出，轻而易举的成功是不可靠的。

成功的商人总是有这样一种不屈不挠的精神，可以说这就是"乞丐精神"，不畏惧，不轻言放弃，从不轻易退却，坚持自己的理念直到成功。赚钱不易，尤其是在创业初期，那些能够挺过商业寒潮的商人总是饱尝了许多常人难以想象的辛酸。他们把挫折看做财富，在不断的失败中积累经验，才造就了日后的胜利。

会赚钱的人从来不会为失败赔本而羞愧，相反的是他们总能从中找到问题的所在，积累经验。只要有一线机会，就坚定信心，哪怕遭遇更大的苦难也毫不在意。一个屡败屡战的斗士，一个有明确目标知道自己想要的是什么的人，才有可能成为真正的赢家。

【华商生意经】

遭遇困难并不可怕，可怕的是一蹶不振。生意场上总是免不了遭遇挫折，那些自暴自弃的、缺乏意志的人是迟早要被淘汰的，只有敢于反思、挑战自我的人，才能成为赢家。

5. 从不惹事，但也绝不怕事

经商需要有一个良好的心态，常年在外，会遇到三教九流的人物，很多时候都要看世情冷暖。在这种情况下，商人必须有与人为善的心态，不轻易与人起争执，处理好人与人之间的关系，不去随意地惹事。当然，这并不是说商人就要不在意底线和原则，当涉及到关键利益和大是大非时，

仍然要有自己的坚持，绝不能怕事。

霍英东是著名的香港富豪，他一生与人为善，但并没有因为有钱就放弃了商人的坚持。虽然是一名商人，但是霍英东身上没有一般生意人的傲气和势利，而表现出有血气、讲义气的一面。

广州著名的洛溪大桥是霍英东无偿捐款所建，而当地某政府部门却将这座桥变成了自己的生财之路，肆意收取过桥费。此事传到霍英东耳中，他非常气愤。于是，他委托别人在报上发表声明，说明自己并没有收到过一分所谓的"过桥钱"，以此来警告当地政府，并且通过人大来解决这样的问题。最后的结果是当地政府部门认识到了错误，还了霍英东一个公正。

由小见大，一件小事就能看出霍英东的品格。霍英东有善心为民捐款建桥，但他没有让自己的善举被别有用心之人利用，亲自监督，保证了自己的钱用到了实处，还维护了自己的名誉。很多商人一味地捐款只是为了讨好相关的部门，并不管自己捐的钱用到了何处。这种行为其实是将捐款看做一个交易，是为了获得更大的回报，这种过于势利的算计是最令人厌恶的。

霍英东所表现出来的品质才是今天商人应该坚持的，绝不允许玷污自己的声誉，同样也不能让别人把自己的名望变成谋取私利的工具。这种不惹事，也绝不怕事的品质是今天的商人最应该继承的品质，令人敬仰。

很多成功的企业家都尝遍了世情的冷暖，都有一套自己的处事方式，同样也形成了自己的人格魅力。这种人格魅力来自于经商多年的历练与积淀，而后成为他们指导经商活动的成功理念。

企业家的魅力来自于他们的性格，同样也体现在他们的价值观上，尤其是成功后的待人处事之道，以及对待财富的态度。一个生意人富有了，仍然不放弃最根本的做人原则，不畏权贵，兼济天下，这种魅力能够得到人们的赞同，也容易赢得更多追随者。

【华商生意经】

做人、做事、做生意是密不可分的一个整体。精明的大商人注重修炼自己的领导魅力,具备做人的风骨、做事的坦荡,不轻易与人为恶。同时,他们也坚持着自己的底线,从而赢得认同,在生意场有人拥护,这就是"得道多助"。

6. 人弃我取,发现盈利之道

在商业竞争中,商人没有万无一失的成功之路。动态的市场总带有很大的随机性,各种组合要素往往变幻莫测,难以捉摸。想要在波涛汹涌的商海中自由遨游,就必须练就一双火眼金睛,发现隐藏在商业社会背后的商机。正所谓"人弃我取,发现盈利之道"。

成功的商人绝对不会因为有人说不可能成功就停止探索的步伐。不管做什么事,他们都敢于大胆尝试,不惧失败。那些挣小钱的商人绝大多数都很胆怯,怕赔钱,怕失败。这种怯懦的心态注定他们看不见处于萌芽状态下的商机,一辈子处于商业社会的边缘,过着小康生活,积累不到财富。"抓住机遇,全身投入"是一个出色的商人必须坚持的人生信条。

亿万富翁郑裕彤就是这样的一个商人。1968年,中国香港社会暴动,经济下滑严重,人心惶惶。香港众多商人纷纷选择弃产移民之路,而郑裕彤却在此时逆向操作"捡便宜货",大量购置被低价贱卖的房产地产,遭至众人嘲笑。可等到购置的房产地产以高价卖出,郑裕彤赚得盆满钵满时,很多商人都后悔当时目光短浅。当时郑裕彤以90万元买下的大宅如今市值已经超过10亿元。这是多么大的差距啊!

1984年,中英谈判,股市、地产跌入低谷。香港"贸发局"拟建会展场所,但是,地产商都怕赔钱不愿与"贸发局"合作。这时,郑裕彤站了出来,表示愿意与"贸发局"共同开发那块宝

地。由"贸发局"提供地皮，郑裕彤领导的新世界负责兴建的香港国际会议展览中心尚未成形时就已名扬海外：英国女王伊丽莎白二世亲自为奠基盛典铲了第一把土。竣工后，英国王储查尔斯携带戴安娜王妃欣然为国际会议展览中心揭幕。这将郑裕彤和他的国际会议展览中心推向了全世界。

郑裕彤大胆尝试、敢于冒险的精神还未止步。1989年6月，许多外资投资商纷纷从国内撤资，郑裕彤却毅然决然地与广州市政府签约，投资了一系列不被看好的项目。尽管一开始，新世界的股票跌了将近20%。可两年后，新世界交上了一份令人满意的成绩单，以270亿元市值居香港上市公司第14位，众多商家对郑裕彤刮目相看。

郑裕彤之所以会成为大赢家，在于他敢瞄准商机并且大胆尝试。这同时也为他赢得了"鲨胆彤"的称号。在成功的商人眼中，生意本身对于经商而言就是一种想战胜他人赢得胜利的挑战。大胆尝试，即便失败了也处之泰然并且及时改正错误，才能一生落棋无悔。在茫茫商海中，瞄准不被看好的商机，大胆行动，必会势如破竹，发现盈利之道。

"人弃我取，人取我予"，在别人趋之若鹜投资同一行业时，你要冷静下来，用发展的眼光去看待这一行业的未来前景；在别人纷纷撤资之时，你也要看到这一行业潜伏存在的商机，用冒险家的精神挖掘商机蕴藏的巨大财富。要想成为一个成功的商人，就必须具有"拼着失败也要试试看"的勇气和胆识，哪怕真失败了，也要学会分析失败的原因并且善于总结经验。

【华商生意经】

"一旦看准，就大胆行动"已成为许多商界成功人士的经验之谈。生意场上，人人都应具有强烈的竞争意识，用探险家的眼光去看待"被遗弃"的商机，做到"人弃我取，人舍我予"，发现盈利之道，积累巨大财富。

7. 一分钱都计算清楚

很多人认为，成功的商人一定不拘小节，对花钱没有太大的概念。他们有资本，可以肆意地挥霍，享受着自己的成功所带来的奢侈。其实不然，仔细观察那些在生意场上驰骋的商人，不难发现，不论他们在创业之初还是成功之后，都会精打细算，将每一分钱的用途都计算得清清楚楚。这是商人普遍的一种态度，一种境界。在他们看来，只有把钱计算得清清楚楚，才能有计划地用钱、有条理地赚钱、有目的地花钱，才能真正做到"数中有术，术中有数"。

但凡精明的商人都是善于分配资金的，他们很清楚哪些钱必须要花，哪些钱省下来用于别的投资。这也是对资金的一种尊重，精打细算可以在很大程度上减少产品的成本，让产品在同行业中变得更加有竞争力。同时，也可以为商人自身积累一笔很大的财富。

有这样一位企业家，他虽只是小学毕业，但却身怀绝技：用算盘计算快过电脑；被人称为"亚洲股神"，香港著名商界巨头；作为地产界的"大哥大"，他在香港政府适应市民要求压楼价之时，曾带头将马鞍山新港城最新楼盘自贬身价百分之八，为其他地产公司做出了一个榜样；他屡次捐款支持国际康复机构、香港公益金及爱丁堡公爵奖励计划……这就是"亚洲股神"李兆基。

李兆基从一个默默无闻的年轻人变成坐拥亿万资产的大富翁，短短几十年时间，他创下了令世人瞩目的基业。他的经商之道令很多人称赞，其中，最重要的一点，则在于他对金钱的合理分配，不乱花一分钱，充分发挥了每一分钱的商业价值。

李兆基始终信奉一句格言："小生意怕食不怕息，大生意怕息不怕食。"这句话的意思是：做小生意要勤奋，做大生意要精于计算。他坚信做小生意靠的是勤；做大生意，则需要计算精确。因为，大生意牵涉的本金和盈利大，如果计算得不周密，很容易浪费不该浪费的资金，甚至做成亏本买卖。所以，碰到大生

意，他一定会合理地分配资金的用途，争取做到不浪费每一分钱，保证赚到每一分钱。

除此之外，李兆基一个鲜明的特色就是厌恶应酬。在他看来，应酬表面上是在谈生意，却包含了太多虚假和奉承。真情的互动，真心实意地帮助别人，这样更容易进入别人的内心，进而赢得对方的支持。而且，吃吃喝喝的应酬很容易浪费大把的时间和金钱，这是对钱财的一种不尊重。像李兆基这种精于计算的商人，不会允许辛苦赚的钱就这样白白地流走，浪费了金钱，又浪费了赚钱的时间，这是一种得不偿失的行为。

精于计算，才能快速地积累到发家致富的第一桶金，日后才可以完成财富的增长。这就是李兆基取得成功的最大原因。

有些商人为了炫耀自己的财富，不惜大肆挥霍，这样一来，的确赚足了面子。可要是养成了摆阔的习惯，不精于计算，那么辛辛苦苦挣的钱也就在不经意间飞走了。一个商人想要发展一个企业是很不容易的，如果赚到一笔钱就没计划地用掉，那么就不可能有多余的钱来壮大一个公司。

善于算计每一分钱，微薄的利润也能成为致富的商机。像微不足道的打火机、牙签、餐巾纸之类的小生意，若是你能善于计算，照样也可以做成跨国大集团。能将百万财产变成千万财产的商人没什么了不起，而能够将一分钱经营成亿万财富的商人才是最让人佩服的。

【华商生意经】

商人都想赚得更多的钱，就需要精打细算，该花的就大胆地花，不该花的就要存起来以备日后不时之需。将每一分钱都计算清楚，即使刚开始一段时间会赔钱，坚持下去，日后肯定会收到意想不到的效果，获得让人眼红的利润。

第 17 章
海外华商文化：低调、务实地走在成功的路上

1. 做事喜低调，做人不张扬

低调做人，是一种品格，一种姿态，一种风度，一种修养，一种胸襟，一种智慧，一种谋略，是做人的最佳姿态。无论在官场、商场还是政治军事斗争中都是一种进可攻、退可守，看似平淡、实则高深的处世谋略。

"亚洲糖王"郭鹤年一生为人低调，并没有将赚得的财富当做自己炫耀的资本，而是踏踏实实地做自己的生意，不显山不露水，待众多成就铸造之时，获得众多殊荣。正是他的这种低调风格使他在商界不但没有树立针锋相对的劲敌，反而更加得到了大众的认可，使事业如日中天。

郭鹤年被传媒界称为"神秘大亨"，他荣获了很多项荣誉，但在颁奖典礼中人们对于他的身份有众多说法。作为一名富豪，对于他的个人生活人们几乎一无所知，的确让人觉得有些疑惑。其实这其中的原因很简单，那就是郭鹤年本人非常低调。作为一名海外商人，郭鹤年保留着华人的传统品德和作风。他为人随和，没有豪门巨富惯有的那种霸气，以至于在人群当中，常常不为人注意。一贯低调的郭鹤年有很多值得关注的小事件，处处体

现了他低调的处事作风。

1986年,马华公会前总会长、国会议员陈群川不慎卷入与新加坡有关的经济案,在新加坡法庭受审。法庭上出现了一位相貌忠厚、慈祥的中年人,默默地坐在众人当中。一位记者与他攀谈,当问他从事何种职业时,中年人平淡而简短地答道:"卖糖的。"后来他在法庭出面保释陈群川时,人们才惊讶地发现这个中年人就是大名鼎鼎的"糖王"郭鹤年。

郭鹤年身边的人都说:"他是一位真正的绅士。"这的确给了他一个合适的定位。他虽然拥有巨额的财富,却生活朴素,从来不讲排场。他从不坐高级轿车,他说公司的宝马与林肯是为外宾及专家服务的;他从不穿名牌服装,不戴名牌手表,他说富豪李嘉诚手腕上也只是戴着一只普通的电子表。

作为香格里拉酒店集团的大老板,郭鹤年不喜欢抛头露面,不爱宣传招摇,也从不炫耀自己的财富,而且生活节俭简朴,作风平易近人,处处体现出他那地道的绅士风度,赢得了他的朋友、下属乃至对手的一致称赞。

几十年来,素有"隐秘富豪"之称的郭鹤年一直是大马首屈一指的超级富豪;二十年来,他也是全球华人十大富豪榜的常客。潮去潮来,沧海桑田,郭鹤年何以能屹立大马富豪第一高峰于不倒?郭鹤年致富之后,成为公众人物,一向谨言慎行,平时甚少曝光,在公开场合更不多语,保持低调的作风。他几乎从不接受传媒的采访,亦很少在公众面前亮相,在一般社交场合甚少看到他的身影。

低调的作风彰显了一种高贵的姿态,正是因为这样不张扬、不显富的心态,让人们更加崇敬这位神秘的富翁。1985年,他被选为马来西亚十大企业家之一,他却没有出席该次典礼,而由别人代为领奖。1985年2月中旬在马来西亚最杰出企业家的领奖典礼中,人们才得以一睹他的尊容。许多人是第一次从电视上

第17章
海外华商文化：低调、务实地走在成功的路上

看到这位超级富豪的模样。

自信而不自满，昂扬而不张扬，一向低调的郭鹤年在商界得到了很多赞誉，这是对他最好的肯定了。这位被称为香格里拉之父的大老板，办公室被客人们戏称为鸽子窝，书桌与沙发仍是十几年前的款式，他说整洁即好。他每次因事住店时，总是住在普通的客房。他的长子郭孔丞举行婚礼时，他在马来西亚、新加坡和中国香港分别宴请亲朋好友，每次不过20席。

同样，人们很少有机会在媒体上看到他的照片，而新闻界要访问他，也是难于登天。对大众传媒界而言，他是一个好像近在眼前，却又远在天边的人物。因为他几乎从不接受记者的采访，以至于报纸杂志上刊印的有关郭鹤年的照片，差不多都是同一个样子，都是记者在他难得露面的几个场合拍摄的。

优秀的商人都有共性，这些大老板私下里都潜心于产业与企业的发展，充分反映了现代商人诚信、低调、务实的性格特点，也正因为这样才使得他们的生意越做越大，为人们所信赖和称颂。

【华商生意经】

保持低调，才能避免树大招风，才能避免成为别人进攻的靶子。能够不露锋芒，则避免了被其他人攻击的机会。人生在世，有人追求多姿多彩，但如果处处树敌，经常为他人所攻击，则不可以说是多姿多彩，只可以说是烦恼多多。是非是构成烦恼的原因。能低调一点，则减少了不必要的是是非非，就能维持良好的商界人际关系。

2. 抑奢从俭，去华存朴

"历览前贤国与家，成由勤俭败由奢"。历任带领国家兴起的大人物，都有着一种同样的品质，那就是节俭。勤俭是立德之本，勤俭是为人之

道。曾国藩说:"身勤则强,逸则病;家勤则兴,惰则衰;国勤则治,怠则乱;军勤则胜,惰则败。"综观中外历史,一个民族、一个国家,如果具备勤俭风气,必然蓬勃向上,兴旺发达;如果一味追求享受,只知坐享其成、纸醉金迷,没有不衰败的。

他是被毛泽东誉为"华侨旗帜,民族光辉"的伟人,他半生纾难救国,施大惠于国,被大德于民;他一生兴学强国,财富自他辛苦得来,他又慷慨捐出;他的一生是丰富的一生,也是辉煌的一生。他就是爱国侨领陈嘉庚。他之所以能够发家致富,成为橡胶大王,不是偶然,而是他本身就具备一个成功商人的优秀习惯。其中,勤俭节约就是很重要的一个品质。

陈嘉庚的节俭是革命时期逐步被影响,慢慢形成的。陈嘉庚把节俭当做一种人生习惯,悟到小处节俭、大处辉煌的道理。

他常对家人说:"事业上该花的钱,千百万都要舍得花。生活上该省的钱,一分一文也要注意节省。"陈嘉庚身体力行,一生奉行这句话,他的所言所行,充分体现出了中华民族崇尚节俭的传统美德。

"节俭"是商人的必修课。一个对自己节俭、对他人慷慨的商人,其实已经掌握了经商的真谛。陈嘉庚这种抑奢从俭、去华存朴的作风正是他商德的最好体现。

陈嘉庚一生俭朴,从不夸耀自己,但是在投资办学方面却不惜一切。据有关人员统计,以1981年人民币和黄金比价计算,陈嘉庚一生用来办学的捐款达一亿美元以上。陈嘉庚的用财之道遵循"取诸社会用诸社会"的原则。他时常对友人说,"我的金钱取诸社会,亦当用诸社会","财自我辛苦得来,亦当由我慷慨捐出"。

节俭是一种美德。当然,一时节约易,天天节约则难;一事节约易,处处节约则难。要把这种美德发扬下去,需要一定的坚韧和自觉,需要道德约束,只有人人都以勤俭节约为荣,理性消费,才能形成节俭持家的良

第17章
海外华商文化：低调、务实地走在成功的路上

好社会风尚。

因此，无论是平时还是过节，都要以俭行事，尤其在全面建设小康社会的今天，更需要全民的节俭，该花的钱省着花，可花可不花的钱就不要花，自觉把节俭落实到方方面面。

【华商生意经】

节俭不仅能积累财富，还能培养人艰苦创业的精神、奋发向上的品质。懂得节俭的人都会不断积蓄财富，不懂得节俭的人，即使家产万贯，他所拥有的财富也会慢慢地消失。精打细算是一名商人创业的必备条件，创业难，守业更难。要想在商界立于不败之地，就必须珍惜这条商道的法宝。

3. 市场需要什么就做什么

在竞争日益激烈的电脑领域中，有一位华人开办的电脑公司力挫群雄，不断兼并扩张，异军突起，令世界同行刮目相看，这就是华人企业家王嘉廉创办的国际联合电脑公司。

王嘉廉是一个由上海滩随父母移居美国，一心痴迷电脑的穷孩子。他用超凡的智慧和毅力，在软件领域拼搏驰骋，把一个只有四名员工的公司，发展成大型跨国集团，成为软件产业的真正先行者，名列全球华裔科技首富。

王嘉廉认准了编程，就一门心思地钻研了下去，找准方向是成功的第一步。1966年毕业后，为了找工作，王嘉廉翻阅《纽约时报》的招聘专栏，注意到报纸整整两版的篇幅全是在招电脑程序员。于是王嘉廉便根据招聘信息做了一个决定，没有想到的是当时的这个决定改变了他的整个人生。

王嘉廉对母亲说："我想成为一名电脑程序员。"母亲便问

他:"什么是电脑程序员?"王嘉廉说:"我也不清楚,但市场真是需要大量的电脑程序员。"为了实现做电脑程序员的梦想,王嘉廉到哥伦比亚大学电子研究实验室,学习程序设计,结果一下子就爱上了编程。对电脑一无所知的他通过学习很快便掌握了程序编写的诀窍。

做了两个程序以后,王嘉廉便决定一辈子干这一行了。在哥伦比亚大学做了四年编程员以后,他又去了许多小公司做软件推销员,这期间发生的许多版权法律纠纷给了他许多警示。

他还在好几家公司从事软件工作,其中包括标准数据公司。在那里,王嘉廉和大学的伙伴 Russ Artzt 编写并出售用于 IBM 大型机的系统软件。两人经常拜访客户,倾听企业信息系统管理员反映的各种问题。从而看到了商机,萌生了创业的念头。

1976 年,一家瑞士的 CA 国际公司,正在寻求一家美国公司,代理销售 CA-EARL 大型机软件。他终于可以将想法付诸实践。此前 CA 国际已在美国推出一个十分成功的产品 CA-SORT,是由 Pansophic 公司代理。由于 Pansophic 有一个自己的产品直接与 EARL 竞争,因此,他们放弃了代理机会。CA 找到了标准数据,双方成立了一个合资公司。

几个月后,标准数据准备放弃软件业务。王嘉廉、Artzt 和另外两位朋友 Sedino 和 Habermass 就成立了 CA 国际公司,作为瑞士公司的子公司。在曼哈顿麦迪逊大街的一间办公室里,他们开始推销 CA-SORT。

当时条件十分艰难,他们是用服务换回了上机机时和办公室。Sedino 为房东担任招待员,Artzt 和 Habermass 负责产品开发,王嘉廉则是销售和市场部的光杆司令,负责销售业务。开始没有任何业绩,王嘉廉就为大楼的休息厅铺地毯、在走廊中挂镜子,以抵消房租。

这家位于纽约的软件公司从一开始可以说一文不名,但

第 17 章
海外华商文化：低调、务实地走在成功的路上

1980年4月，他们却以280万美元买下了瑞士的母公司，从此CA完全属于了他们。也就是从这时开始，CA实施了一系列的购并举措，以实现高速增长。此后王嘉廉进入标准数据电脑公司工作，负责编写及推销，加强IBM商户主机应用率的系统程序。

这段期间，王嘉廉经常到客户部听取他们的意见，这些经验给王嘉廉相当大的启发："电脑界最大的弊端是仅靠技术为驱动力，但科技人员却从不聆听客户的需求。如果有人愿意听取客户的需求，必定有很大的发展机会。"CA被美国媒体称为"世界规模最大，却不为人知的软件公司"。而他的创始人王嘉廉，则被誉为"软件产业真正的先行者，业绩卓越的企业家"。

王嘉廉是全球惟一和世界软件盟主比尔·盖茨比肩的人。他以独特的华人面孔，在全球软件行业叱咤风云。他倡导的"技术到底能为普通人做什么"的观点，曾经打动了世界。他创建的全球慈善事业"微笑列车"，让患有兔唇的孩子从此笑靥如花，"寻找失踪儿童"项目则让成千上万的父母与子女惊喜团聚。

如果我们能看清财势的走向，着眼将来，我们做事就会有目标，因为我们知道做这件事有什么意义，我们为什么要做，我们做了之后会有什么样的后果。这样的话，我们就能够从努力奋斗之中获得成就感，获得乐趣。

【华商生意经】

有的人做生意既看着盆里的，又盯着锅里的，所以在这一锅粥里，他总能吃得最多。正所谓眼睛只在一盆，利益也只能局限于眼前那一点。如果你善于观测市场的远景，打开思路，就等于掌握了财势走向，就可以对未来的变化做出判断，为今后的行动进行准备。

4. 善于利用本地资源做生意

海外华商早已经走出了在一个地区，某一个行业做生意的窠臼。他们具备全球化的视野，率先实现"地球是平的"这一商业理念，走出了一条成功的国际化道路。有的商人是海外资源的利用者，利用国外资源在中国进行竞争；有些商人通过海外并购来强化其在中国市场和全球市场的竞争力；也有些商人则是全球市场的经营者，利用中国在资源和劳动力等方面的优势进军国外市场，利用全球资源在全球展开竞争。总之，在未来的商业竞争中，善用全球资源的人，才能取得比较优势，获取超级利润。

他是华侨中的商业巨子，他也是商业巨子中的爱国华侨，掌舵着正大集团，心系着祖国故乡，他是改革开放后第一个投资国内的成功企业家。他就是掌舵着有"世界三大饲料厂"之称，在泰国十大集团中被称为"饲料王国"的最大跨国公司——泰国正大（卜蜂）集团的谢国民。

"我可以说是一个事业迷。我一谈到事业，就感觉到精神很足，多累的时候一谈到事业，就有劲儿了。你能够解决这些问题以后，就等于你打胜了一场仗。"谢国民就是喜欢做生意，并且善于利用各种资源来壮大自己的生意。正大集团也依仗着谢国民在资源利用上的领导取得了商业场上的巨大成功。

其实，从事任何生意，都要利用资源。一个生意人，首先有资源意识，才会把资源优势化为财源，赚足银子。这不仅是谢国民的成功之道，也是众多成功的经营者的经商大道。当中国大陆刚刚开放之时，谢国民作出了在中国投资这一令世界经济人士震撼的举动。正大集团成了第一个来中国投资的外资集团，也是在中国投资项目最多、投贸额最大的外国公司之一。

谢国民利用全球资源做生意，到海外谋求发展，闯出了自己的天地。今天，便捷的通讯和交通手段，让他如虎添翼。他不仅善于开创，更善于顺应趋势，采取行动。正大集团与中国合资及独资经营的企业超过70家，范围从初期的饲料加工、摩托车制造发展到房地产、金融及通信领域。

有人说，谢国民的成功是因为他比较聪明地利用了泰国丰富的农业资源和农业优势。这话一点儿没错。泰国是一个得天独厚、资源丰富的农业国，农业既是泰国国民经济的基础，又是泰国国民经济的优势。正大集团以农产品加工为起点，就地取材，发挥泰国农业优势，符合泰国国情，有利于泰国的国计民生，可以说是在泰国历史的交接点上应运而生的。

谢国民的"正大"生产所需的各种原材料，均取自泰国的农产品、畜产品和水产品。这样使原料来源有了绝对保证。地产原料价格低廉，加工运输距离短，运费也少，有利于降低成本，减少消费者的负担，增强了产品的竞争力。他所经营的养鸡业、养猪业、蔬菜业、养虾业、养鸭业等，都适应战后泰国和世界各国经济有所发展、人口有所增长后提出改善生活、增加肉食的需求，因此销路畅旺，生产不断扩大，为正大集团由农业集团发展为农牧工商综合集团铺平了道路。泰国的农业资源和农业的优势满足了"正大"成功的基本条件。

【华商生意经】

全球化整合资源是一个成长战略，是打破国家界限，利用国家以外的资源掌握商机，帮助商人做生意，帮助企业成长的战略。谢国民从泰国崛起，充分利用了当地丰富、发达的农业资源。没有这一点，再聪明的人也做不好大买卖。当今社会全球化已经真真切切地来到我们身边，不论你是否承认与赞同，地球已经成为一个"平"的世界，利用全球资源做生意已经成为时代的主题。

5. 成功是旅程，而非终点

成功是没有终点的。如果企业要永续经营，就要培养一种不断学习、不断进步的文化。只要把改进的工作视为一个任务，那么任何挑战都不再是问题了。而且，可以化为竞争上的一个优势。

郑鸿标是一位作风低调、勤奋、精通金融、重视诚信、拥有卓越的领导及管理能力的企业家，他在1966年、年仅36岁的时候，获得了马来西亚政府颁发的一张银行执照。自此这位在银行界打拼多年的职业经理人开始了自主创业，成立了马来西亚大众银行，并荣获首次颁发的"亚洲金融服务发展卓越贡献奖"。

当时的马来西亚公众还没有储蓄习惯，他从获取公众信心入手，推出一系列举措，从而培养了大批中小储户，如今大众银行已成为马来西亚第二大银行，并被誉为马来西亚"最佳银行"。

郑鸿标出生在新加坡东海岸一个普通华裔大家庭，家中共有九个兄弟姐妹，只靠父亲的收入维持生计。由于饱尝金钱与物资贫乏的困苦，郑鸿标从小就立志一定要闯出一番大事业："我要改善自己的经济条件，只有这样，将来成家后才能扮演一个很好的家庭支柱。"

郑鸿标回顾自己的人生历程时深有感触，觉得人生路上，"成功是一个旅程，而非终点"，如果企业要永续经营，就要培养一种不断学习、不断进步的文化。只要把改进工作视为一个任务，那么任何挑战都不再是问题，更可以化为竞争上的优势。马来西亚的企业家必须认同，在全球化过程与信息工艺时代，有威胁，自也有机会。郑鸿标说："最重要的是，我们必须对改变了的环境，迅速作出反应。"他认为，马来西亚的企业家必须更具活力，依据可靠的市场信息与研究，持续地发展业务与产品。

郑鸿标的一生饱尝了各种辛酸，然而始终能坚持下来的动力，是对自己成功梦的追求；有了一份追求，便有了对抗困难的勇气和直面危机的胆识。这位企业界长辈，人生阅历丰富，深感一个国家的和平、经济成长与稳定的商业环境，绝不是平白得来的，而是举国努力所缔造。郑鸿标展望国家大好前景，深信"有志者，事竟成"。他说："无论是受雇人士或者企业家，凡是能够以专业手法创立事业，而且又肯付出时间与精力去做的人，他们都有无限的发展空间。"

"竞争""生存"与"危机"，这类词语既是耳熟能详的常见词语，又是令所有企业管理者都感到头疼的、想要逃避的字眼。但是，正如同非洲草原上的狮子和羚羊奔跑一样，即便有一千个、一万个不情愿，经营者都必须要面对。

成功是旅程，而非终点。在经营公司的过程中，一些人遭遇挫折和难题时，也会选择和鸵鸟相似的做法。采用"鸵鸟政策"，只能使自己对危险视而不见，而不愿正视现实；只抱住自己的陈旧观念，会使我们对周围的环境失去应变能力，降低自己的生存本领。

在一个公司成长的过程中，总会遇到一些困难和挫折。这时候，经营者一定要敢于正视这些困难和挫折，为了击退它们持续地挥棒、不懈地追求，就能够渡过难关，而如果中途退却就看不到成功的曙光。

【华商生意经】

没有任何东西是不劳而获的，选择不逃避可能会使我们有所付出，但是逃避可能得到了一时的安逸，从长远来看却使我们失去得更多。成功是旅程，而非终点。在成功这条道路上，面对种种困境，我们要培养自己勇敢面对、不逃避的心态。

下篇

华商文化趋势

第 18 章

电商崛起：新一代华商赢在互联网思维

1. 阿里巴巴与中国电商时代

2017 年，电商"双十一"活动再次刷新历史纪录。"阿里＋京东"的"双十一"交易额达 2953 亿元。其中，淘宝天猫的交易额就达到 1682 亿元。中国"双十一"的交易额远远超过了美国"黑色星期五"的交易额，中国的电子商务已经成为电子商务时代的佼佼者。中国开始进入电商时代，新一代的华商利用互联网走在了时代的前端。而说到这一成就不得不提马云创立的阿里巴巴。

马云从一个大学老师做到电商教父，其人生足以定义为"传奇"。在马云之前全球 B2B 公司中没有一家互联网公司是中国模式，马云创建的阿里巴巴成为中国电商的楷模，他定义了中国模式的电商，推动了中国电商时代的到来。

是什么原因让马云放弃在当时算得上是铁饭碗的教师职业下海经商？是什么原因让他敢于从事当时谁也不懂的互联网？又是什么原因让他完成了 B2B 到 B2C 的转变？显然，这离不开马云永不放弃的意志，他的成功归功于他有着长远的眼光，制定了长远的奋斗目标，就像他创建阿里巴巴时所说，要在第一天就要站在世界的舞台上，他相信只要自己坚持去做互

第18章
电商崛起：新一代华商赢在互联网思维

联网，就一定会成功。

当互联网思维还没有传到中国时，马云就开始思考了，他记得尼葛洛庞帝曾在《数字化生存》中说"互联网精灵的尖叫是大型公司走向覆灭的丧钟"。虽然当时大多数人都无法理解互联网思维，但是马云坚持要做互联网。成功后的马云回忆说："并不是我对互联网信心十足，但是我看好互联网的发展前景，而且我觉得做一件事，经历就是一种成功，要去闯一闯。"

马云在创办阿里巴巴之前，已经在互联网行业摸爬滚打了好几年。有一次他去美国，发现在市场经济相对成熟的美国，在各行各业中排名前三的那些大公司、大企业掌握了绝大多数的市场和资源，对市场有着绝对的话语权，而且由于大公司和大企业的规模大、资金多，吸引了绝大多数的电子商务公司为其服务。而在中国，99%的企业都是中小型的，而且市场环境和美国的截然不同。所以马云认为中国和美国不同，不能照搬美国那些电子商务的模式，像eBay、AOL、亚马逊和雅虎那些大的互联网公司在美国成功运营的方法，在中国不可能适用，因为中国80%的企业都是中小企业。在中国，电子商务一定要有属于自己的模式。

马云的这一想法与当时大多数企业的想法都不同，当时并不被看好甚至被嘲笑。但是马云没有被外界这些嘈杂的声音所扰乱，他特别坚定地说："我就是要创办中国式的电商，并且要让全世界都知晓，这是我的梦想，也是我们这一代人的梦想。"他对自己的员工说："无论别人怎么说都不要紧，只要我们明白自己在干什么、我们的目标是什么、我们要创造什么样的价值，坚定地去做，一定会成功。"

马云是一个具有敏锐眼光的商人，这使他做出了战略性的决断。他断定中国一定会加入世界贸易组织，况且世界经济一体化是大势所趋。于是马云决定通过互联网思维建立商务网站，通过互联网把全球商业连成一体，既可以帮助中国企业出口商品，也可以帮助国外企业的商品进入中国。

为了把阿里巴巴做成全球的网站，马云不断到全世界各地区演讲，在不同人群中宣传自己的网站。他曾一个月去过3次欧洲，一个星期去过7个不同的国家。每到一个地方，他都不厌其烦地做着重复的事情，那就是

不停地演讲。每次演讲他都会说:"电子商务是一个新的领域,我们最重要的事情就是永远为你激情的事情激情下去。做电子商务不容易,但我很高兴能有这么多人从事网络。"一段时间后,马云和阿里巴巴就在欧美地区变得特别火爆。

功夫不负有心人,马云成功了,他最终站在了世界的舞台上,他利用互联网建立全球性的网站,使得阿里巴巴享誉全球。凭借阿里巴巴提供的平台,在全球有数千万个中小企业找到了自己的商业机会,有了价格更加低廉的进货渠道,也有了更多的出货选择,这些中小企业终于找到了自己生存发展的机会。

马云用阿里巴巴帮助中小企业开创了一个新的时代,一个新的事业格局。阿里巴巴的淘宝网缩减了产品中间费用,帮助广大的中小企业扩大了出货量,也增加了企业的利润,又帮助买家以更低的价格买到心仪的产品。

作为一个经商者,去管理自己的企业必须相信自己、肯定自己,坚定不移地走自己认为正确的道路,不能被市场上流行的思维所左右。这样的精神会感染企业的员工,使大家不断奋进,最终走向成功。

【华商生意经】

对于一个经商者来说,必须要把眼光放得长远一些,要想让企业长久地发展必须要制定一个长远的奋斗目标。就像马云曾经说的那样:"我们绝对是放眼世界的,正真做到打到全世界。"企业的管理者必须在开始时就制定宏大的目标,只有心中装着世界,才能走在世界的前列。

2.玩转微商,让钱包鼓起来

现在越来越多的人做微商,他们把微信朋友圈作为自己的销售平台,通过社交关系产生买卖关系。而要想真正玩转微商,需要做好以下几件事。

第一，要明确对产品的定位。产品并不是做得越多越好，而是要有主推、有辅助，产品少而精，做起来容易，也便于优化商品结构。

第二，选择合适的发广告时间。早上一般不要发广告，因为这个时候大家都很忙碌，没有时间玩手机。吃午饭前是一个好时机，因为一上午的工作结束，大家都很疲惫，就想在吃午饭的时候玩玩手机、刷刷微博、看看朋友圈动态。但是发广告时必须讲究技巧，不能发得太明显，因为大家在忙碌一上午后对广告会产生厌烦感。午饭之后的那段午休时间，也可以考虑发发广告。

第三，要做微商首先必须要有强大的微信朋友圈。微商处于爆发期，大家都在疯狂地加粉丝，不管用什么方法只要有粉丝就是赢家。注册一个微信号要一个手机号码，一个微信号最多可以添加5000个粉丝。而只要把你的微信号绑定你的QQ号，然后推广你的QQ号，这样别人只要输入几个字母就可以成为你的粉丝。要是第一个微信号满了，你只要解绑QQ号，再绑定到新的微信上面，就可以留住每一个粉丝。这样在网络上推广就只有唯一的数字ID，连接的也是唯一的一个人，大大提高了粉丝加入的成功率。

第四，真人头像，并保持不变。不论什么时候一定要用真人头像，因为真人头像才具有可信度，而且不要轻易改变自己的头像。

第五，利用微商软文吸引顾客，微商软文必须具有原创性。要想做好微商需要无时无刻不在思考下一条微信应该如何发，只有自己写的微商软文能够吸引顾客以及粉丝的关注，才能经营好朋友圈。只有原创才会让人知道你在用心做事，你的粉丝以及顾客会因为欣赏你的态度而认可你的产品。

最重要的是信任，信任是成交的必要条件，没有信任就没有成交。这话是有着一定道理的，试问，我不相信你的产品，不相信你这个人，我为何要购买你的产品？因此，取得消费者的信任是非常必要的，微商应待消费者如朋友一般，一起谈心交流，从而有利于产生交易。

【华商生意经】

在微商时代面对新的销售模式、销售渠道时,我们要抓住机会,争取财富蛋糕。作为微商,我们必须善于抓住消费者的深层心理需求,甚至发掘新的需求,引导消费者的思维跟着自己走,一定能获得好的销售量。绝对禁止销售假货,微商经营靠的是口碑,产品必须保证品质。微商广告要做给消费者看,产品要卖给消费者体验,晒图要晒消费者真实的感受。充分利用各种社交媒体推销自己的产品,并逐渐发展成体系,做到一定阶段需要有自己的手机店铺,微信也需要个人号向公众号发展,便于管理粉丝,也会趋于规范化、系统化,这将会是微商的未来发展趋势。

3. 开创颠覆式创新

互联网是一种生活方式,一种告别了过去、颠覆了传统的全新的生活方式。"颠覆式创新"含义丰富,有广义和狭义之分。

狭义的"颠覆式"的创新产品是指我们的企业通过采用新的科学技术,来给消费者提供价格更低、更能满足需求、质量更好的产品。既然是"颠覆",那么首先要挑战人类的常规思维规律,需要去挑战既有的传统模式,对以往的一些习惯或假设提出挑战,从而形成一套新的、有说服力的体系。这些都建立在我们所熟知的习惯的基础上。而接下来我们试着提出新的愿景,这是在描绘品牌或企业未来之路。新的愿景和现在的状态一形成对比,最后就会给内心形成一种巨大的冲击。而只有到了这一步,我们才会接触到"颠覆",它是一种理念,将令我们从前面的质疑惯例加速过渡到后面的崭新愿景。

而广义的颠覆性创新,是指对现有科技和商业的规则和理念进行颠覆以及创新。最现实的经济效益就是颠覆性创新能给市场带来与以往截然不同的价值主张。价值观念的创新十分重要,我国古代闭关锁国,落后就要挨打，就是因为腐朽保守的统治，思想观念不开放。

基于颠覆性创新的产品，通常是价格更低、性能更简单、体积更小的产品，也通常都是便宜并且是客户容易使用的产品。

360公司创始人周鸿祎在其2010年的微博上说，"一只大鳄鱼，你要打败它，在水里抱着打，肯定打不过。但是，你把鳄鱼引到树上，猴子就能把它收拾了。"这就告诉了我们一个道理，同样的战场，不同的时代，环境在不断改变，那么你对待对手的策略也需要改变和创新。互联网时代的商业，一个突出的特点便是颠覆传统，在传统商业领域能够为企业带来优势的一些元素，在互联网时代就显得不那么重要了。

互联网时代，小公司能打败大公司是很常见的事，既然企业改良没有出路，那么我们只能靠颠覆去创新，也就是"革命"。互联网时代是一个更看重个人用户的时代，个人用户的需求是复杂多变的，能满足这种变化的企业会获得生存的机会，而那些无法做出应变的企业，则最终会被用户所抛弃。所以说，你需要更有效率、更有执行力、更勤奋地创造出属于自己的系统。

我们做任何事情，它都包含两个要素：目的和方法。我们通常所理解的创新的含义，是在目标既定的基础上，想方设法地去改变，这种创新可以统一归结为"技术创新"。技术创新带来了人类科学技术的加速发展，物质文明的日益繁荣。但是"颠覆式创新"，在于改变基础，推翻传统，破旧立新。总之，只有敢于颠覆、敢于创新，社会才能有所改变。

【华商生意经】

互联网热潮的到来，让我们很多人不能面对如此快节奏的生活。为了在互联网时代不被淘汰，我们应该跟上步伐。而对于企业来说，则更为残酷，需要时刻保持敏锐，去洞察市场的细枝末节，突破传统模式限制，颠覆传统思路，创造出属于自身的成就。

4. 投身移动互联时代热潮

互联网自从进入中国已有20多年,使整个中国社会发生了翻天覆地的变化。近些年互联网企业如雨后春笋般地迅速发展起来。各种各样的企业基本都离不开互联网。而且随着时代的发展,移动互联网成了当前的时代趋势,且势不可挡,它已全面进入人们的日常生活,随处可见通过移动终端交流、上网、娱乐、办公的各类人群。随着信息技术的迅速发展,移动互联全面渗透人类生活的恢宏过程,必将是线上、线下人类活动的全面融合与聚变。

我们的日常生活离不开互联网,同时互联网又离不开大数据。现如今,互联网与大数据的联合已经融入我们生活的方方面面。消费者网购衣服时,要通过互联网软件进行注册,这就留下了自己的信息;消费者通过App订餐时,也会在App中留下自己的信息;消费者通过打车软件、购票软件出去旅行、住宿时,无不用到互联网和大数据。

在这个时代,没有人会离开互联网、逃得开数据信息。企业亦是如此,企业不通过互联网来吸引消费者,它的发展就会变得举步维艰。对企业而言,在移动互联时代热潮的影响之下,生产、销售、库存、广告和管理模式都发生了巨大的变化,企业要从多方面进行变革升级,才能适应新时代的需求。

那么企业该如何通过互联网抓住消费者内心的需求呢?首先是要通过互联网构建属于自己的数据平台,然后通过收集消费者提供的数据来挖掘他们的消费需求和特点,制定出恰当的营销决策,实现线上、线下的完美结合,给消费者人性化、智能化的服务体验。但是同时也不能生硬刻板,毕竟每个行业、每家企业都有自己的特点,要精准营销就不能一概而论,要有与众不同的东西,要根据自身的资源和特点寻求属于自己特色的营销方法。

移动互联网的本质是什么?就是连接一切。比如,在很多人眼中,微信只是一个可以聊天的工具,或者在朋友圈中发表动态,引发围观。其实这只是微信强大功能的冰山一角,微信更大的意义在于它具有强大的营销功能。目前微信的O2O已经伸展到了"便民生活""本地消费""团购服务"等领域,比如大众点评、滴滴打车、58同城,还先后与王府井百货、上品折扣、新世界百货、天虹百货等线下百货商场在O2O上进行了深度合作。

事实上,移动互联网改变了我们的生活,更改变了商业经营模式,一个诱人的红利时代已经开启。微信一经问世便得到了众人的拥趸,在极短的时间内就所向披靡,坐稳了移动社交的头把交椅。除了微信的社交功能之外,很多人也从中嗅到了商机,"微商"作为一种新兴的商业模式已逐渐发展起来。

移动互联时代的到来改变了企业的生产和营销行为。通过互联网的作用,消费者已经变成了这个时代真正的主人。从衣、食、住、行,到娱乐、通信、社交、金融等,社会中的一切都因为互联网和大数据技术的诞生而发生了十分深刻的变化。互联网也使消费者的生活、消费方式发生了变化,故而企业的生产、营销方式也发生着改变。传统企业只负责生产制造的时代已经结束了,每个企业要想生存下去就得随时代而改进,就不得不与消费者、与互联网发生亲密互动,在消费者的需求引导下寻求新的生存发展方式。而来自于消费者的数据,就是企业最好的决策依据。

新一代的互联网技术主要成功应用在个人信息服务和个人消费电商领域。产业互联网的应用虽然已经处在蓄势待发的阶段,但基于互联网技术的行业生态链还远远没有形成,我们需要改进的还有很多。各行业企业可以分别从云计算、大数据、移动互联网和物联网的技术优势出发,寻找对原有业务模式和管理模式的变革机会。

我们之所以要采用互联网技术,进入当今的移动互联热潮,是因为这是一条永恒的发展路径,互联网技术正成为生产力发展的重要因素,对各行各业的各个环节都有着举足轻重的影响。

【华商生意经】

互联网时代是一个创新的时代。事业要想成功,还得学会利用符合时代的工具。而现今社会,互联网作为经商工具已经很普遍,那么要想制定精准的营销政策,就得学会用互联网进行创新。人是创造的主体,需要发挥人的主动性、积极性,了解到消费者的共性的同时,也要了解到消费者的个性。利用共性引路,利用个性创新。在移动互联热潮中,我们既要迎风直上,也要看清自己的方向。

5. 利用直播软件赚取收益

网络直播的形式由来已久,早在20世纪末互联网普及之时就已经有大量网民"泡"在聊天室里,这些人参与的是文字的直播。由于移动互联热潮的到来,从2015年下半年开始,视频直播行业突然进入加速发展阶段,尤其是移动网络直播更为突出。2016年则被业内称为"视频直播元年",资本涌入、用户暴涨、媒体关注、主播激增,行业呈现繁荣兴盛的局面。据相关资料,目前国内有直播平台近200个,网络主播50万人,直播观众2亿人。智能移动设备和移动网络的普及,使直播更加接近平民化。

直播行业已经成为互联网行业的最新风口。那么如何利用直播软件赚取收益呢?我们来分析一下,直播有两类用户,一类是粉丝,一类是主播,一个是需求方,一个是供给方。直播软件的功能则是提供双方互动的平台,提高双方匹配的效率,减少粉丝的搜寻成本,评估主播的内容质量。从粉丝层面来看,需要抓住他们的需求,得符合时代潮流与大众心理。

直播平台的粉丝,也就是我们所说的需求方,大部分呈现出低龄化特征,以19到25岁为主,年轻的粉丝有激情,活跃程度较高。而且直播粉丝大部分是女性,"90后"超过75%。"90后"和"00后"较为活跃,多是明星粉丝群体。"00后"目前多数为追星族,个性化、特殊化是他们的典型特征,他们有标新立异的心理,追求自我,虽然消费能力略弱,但是热衷于各种网红的直播活动。

  网红粉丝的整体受教育程度较高,主要集中在经济水平较发达的城市,所以具有较高的消费能力,同时身边有追星的浓厚氛围。对于自己喜爱的主播每天都去看他们想出来的好段子,"打赏"成为网红粉丝的主流行为。网红粉丝热爱新鲜事物,追求个性,富有创造能力。娱乐类直播的粉丝往往不局限于只观看一种类型的直播,他们的兴趣更加广泛,创造力也更加丰富,因此能够探索出更多的直播模式和内容。这一代年轻人具有清晰的价值观:崇尚真实,摒弃虚伪,批判一切假装时尚的行为,倡导个体自由。

  从主播这一方来说,简单划分,可分为三个层次:头部主播,高收入;中层主播,有底薪,有收入保障,已经签约直播平台;基层主播,收入无保障,无底薪,只有打赏分成。而现在利用直播软件直播的多半属于第三类与第二类主播。既然用户的碎片化时间可以充分用于观看视频直播,那么主播也可以利用自己的闲暇时间进行互动。同时,软件的设置也非常重要,受欢迎的直播软件便于搜寻用户想要看的视频,步骤简单,节省时间。

  主播要能够利用现在互联网科技的优势,移动智能手机的普及使得看直播更为方便,移动WiFi的普及使得看直播更为便宜,移动4G使得看直播更为流畅,移动支付使得直播打赏变得更为简单快捷。当然,各类电视台娱乐节目的相对缺乏与受限也促进了直播平台的快速发展。直播视频比文字、图片、音频等内容带来的感官冲击更大。从传播媒介或形式来看,视频本身也比文字、图片或音频等形式更容易获得传播。

【华商生意经】

中国自古就讲究"天时""地利""人和",而经商和市场息息相关。互联网时代的发展,直播业的崛起,表明了经济环境、人文价值、需求方式正在转型。经商之道在于及时抓住时机、利用现存科技,用创意吸引大众眼球。在视频直播中,大部分用户是消遣型用户,他们希望在自己的闲暇时段中可以有好的娱乐内容来进行消费和互动。国内的主流用户更偏好网红主播的消遣和娱乐价值,希望通过网络娱乐寻找有趣味的话题,远离生活的压力。一项事业不能进行颠覆式创新,那么市场就会慢慢萎缩,从而使社会倒退。

6. 读懂"网红经济学"

网红经济的定义就一句话:价值观货币化。网红经济的万能公式就是:网红 = 价值观,经济 = 货币化,价值观 + 货币化 = 网红经济。

网红经济学就是将一些人——这些人必须具有话题性——把他们通过互联网快速品牌化,吸引大批粉丝,然后再通过各种营销渠道来赚钱。

一提到网红我们容易与"颜值"联系在一起,其实这只是对网红表面化的理解。网红按照其人格的外化可以分为不同的类型:颜值类网红、情感类网红、达人类网红、虚拟 IP 类网红等。

不同的网红代表不同类型的人格、价值观。网红依靠自己的天赋或者个性特点,吸引一大批垂直领域内的粉丝,把粉丝变为定向销售群体,进而得以将互联网红利加速变现。

例如模特张大奕,她拥有 193 万粉丝,2014 年 5 月开了淘宝店,在不到一年的时间内就做到四皇冠。只要她的淘宝店上新,当晚的销售额一定位居榜首。其淘宝店在"双十一"晚上的销售额轻轻松松就过百万元。

在微博上,著名段子手"天才小熊猫"拥有 500 多万粉丝,他微博上单条微博广告创意的报价是 10 万元。

艾企锐旗下的网红杨英鹏从读大学开始在线上做视频，有各种滑稽搞笑类、批判吐槽大会等，这些视频使他很早就成名，当时主要是通过人人网的视频点击以及转载来赚钱。现在，杨英鹏以YP为个人品牌做脱口秀节目，成为时下很受欢迎的网红。艾企锐在他的节目中植入了一条零食电商广告，这条广告在短短20天中为店铺带来26万元的收入。

网红产业链的生产模式由传统的内容生产模式改为人本生产模式，网红经济的产业链模式是由网红、网红经济公司和MCN公司等网红内容生产者生产出段子类、淘宝类网红电商、秀场主播等网红内容，然后通过各种网络平台进行内容分发，吸引大批粉丝之后通过卖产品、卖服务和卖广告三种方式来变现赚取收益。

既然网红经济能够带来巨大的经济效益，那么如何通过网红产业链将网红经济的潜力和优势发挥到最大，就成为商家关注点。网红经济最主要的在于社交平台的打造。因此，强大的数据分析能力、网红社交账号的运营维护能力和持续的话题生产能力、强大的新品设计能力、灵活的供应链支持等就成为网红经济公司打造网红产业链的重点。

网红现象昭示了内容时代向人本时代的变迁，而且这种走势会愈演愈烈。

【华商生意经】

经商必须解放思想，关注消费者日益变化的产品需求。网红经济的背后反映了互联网时代社会环境和社会心理的巨大变化。目前，社会正处于高速发展期，市场千变万化，市场产品需求日新月异，必须把我们的商业头脑、商业眼光聚集在社会最新消费群体身上。

经商必须要面向市场，不断随着市场变化寻找新的推销渠道。网红模式正好迎合了传统商品寻找新营销路径的愿望，同时有望为品牌商打开吸引客流的新渠道。

第 19 章
商业趋势：将华商智慧与传统融入商业新世界

1. 中华复兴背景下的"一带一路"

丝绸之路是历史上横贯欧亚大陆的贸易交通线。汉武帝时期派遣张骞出使西域后，正式开通了这条从中国通往欧、非大陆的陆路通道。丝绸之路有两条，一条是陆路，一条是海路（也被称为"海上丝绸之路"）。

2013年9月和10月，中国国家主席习近平先后提出共建"丝绸之路经济带"和"21世纪海上丝绸之路"（简称"一带一路"）倡议，得到国际社会的广泛关注和相关国家的大力支持。

共建"一带一路"倡议是借用古丝绸之路的历史记忆，融入了时代内涵，既是维护开放型世界经济体系，实现多元、自主、平衡和可持续发展的中国方案；深化区域合作，加强文明交流借鉴，维护世界和平与稳定的中国主张；更体现了中国作为最大的发展中国家和全球第二大经济体，对推动国际经济治理体系朝着公平、公正、合理方向发展的责任担当。

中国提出"一带一路"倡议，旨在与世界分享中国发展带来的广阔机遇，欢迎各国搭乘中国和地区经济增长的快车，共同谱写合作共赢新乐章。

"一带一路"所蕴涵的传统中国智慧首先体现在将传统的"天下为公"

思想发展为建设人类命运共同体。"一带一路"所蕴涵的传统中国智慧同时体现了中国伦理：己欲立而立人，己欲达而达人。

在这样的时代背景下，中国企业要认真思考一个问题：我们为"一带一路"准备好了吗？

中国企业需要面向"海洋"，增强开放、竞争、冒险意识，要有对细节的关照、要有对创新的自觉性并用积极的态度对待竞争。

走出去的企业应逐步提升能力、树立品牌，致力于增强品牌意识，自主创新和国际业务本地化，培育中国品牌崛起，实现中国品牌走出去。

以前中国企业出口多是重资产项目，现在我们要对沿线的发展中国家进行全面投资，通过资源的整合与转化来很好的对接国际需求，在"必需品"上做文章。

走出去的企业要将西方的"术"与中国的"势""道"相结合，代表"一带一路"的中国企业，在国际社会要慎谈战略问题、政治需求，多谈跨国界的经贸合作，多谈全球化的企业社会责任。

【华商生意经】

有条件的企业应积极参与"一带一路"沿线国家的投资与合作，贸易、基建、能源与资源开发是企业参与"一带一路"战略的切入点。

2. 新时代呼唤"工匠精神"

工匠精神，就是不惧艰难、顽强拼搏、精益求精、追求卓越的精神。新时代从业者，从事高精度工作，需要不断开拓创新、锐意进取，不断钻研新技术，更加注重产品的突破性和创新性，强调创造而非制造。

其实，所谓"工匠精神"的核心就是：不仅仅是把工作当作赚钱的工具，而是树立一种对工作执着，对所做的事情和生产的产品精益求精、精雕细琢的精神。工匠精神是一国之根本。在当今日新月异、科技发达的中

国,工匠精神无疑是促进国家繁荣昌盛的良药,是民族振兴的动力源泉,助力中国在世界的舞台上彰显大国之风采。

工匠精神不是口号,它存在于每一个人的身上、心中。在资源日渐匮乏的后成长时代,重提工匠精神、重塑工匠精神,是生存、发展的必经之路。我们必须要有精益求精的工匠精神,才能使我国从一个制造大国转变为一个创造大国。

谷丰是天津西青区电装产业工人,他担负着公司自动化设备以及高精度模具的生产制造任务。谷丰说原先加工螺纹制品是工人手动操作机器,时间长人会疲劳,加工出的螺纹也会变形。后来他们在设备尾座上加了一个外螺纹加工制具,实现了机械自动化加工。这样一来,每一个部件的生产过程可以缩短2～3分钟,确保了产品的高精度,提高了生产效率。

年仅25岁的谷丰带领5个人组成技术团队,在工作中不断发现问题、不断创新,曾经获得多项国家实用新型专利,他们攻克的技术难关使得许多关键生产环节实现了技术、设备完全国产化。谷丰带领团队伙伴们一次次挑战"不可能",他们用事实说明——安全生产同样可以用科技搞定。

正是由于谷丰团队的不断创新才使得他们整个西区的电装产业得到极大的发展,他们攻克的难关也使得中国的电装产业实现国有化,摆脱过去完全依靠进口的局面。

全球寿命超过200年的企业,日本有3146家,为全球最多,德国有837家,荷兰有222家,法国有196家。这些企业长寿的原因就是它们都在传承着一种精神——工匠精神。

这些企业共同的特点就是技术的传承与创新相结合,讲究精雕细琢、精益求精,对原有好的技术进行传承,同时进行改良与创新,注重提升品质,追求完美,努力给用户带来更好的体验。

在互联网思维叱咤风云的今天,所有的创新,无不在强大制造业的基础上诞生;制造业的强大,必然在工匠精神广泛普及的前提下实现。新时代呼唤工匠精神,工匠精神是对职业的敬畏,不仅是制造业的支撑,更适用于每一个工作岗位。

【华商生意经】

　　新时代下社会消费需求越来越注重生活的品质和细节，所以我们的企业需要放慢脚步、静心思考，着力提升供给质量。我们需要从低端制造的泥淖中走出，淘汰落后重复产能，加强技术创新，其最终目的是"增品种、提品质、创品牌"，提升企业的整体水平与形象。需要通过研发与技术创新不断提升产品品质，更好地满足客户需求，打造品牌影响力，而这一切需要工匠精神的引领。

3. 人工智能引发商业洗牌

　　人工智能是指研究人类的行为规律从而制造出来的人工系统，这套系统具有和人类行为相同的智慧能力。

　　人工智能领域处于科技与人文之间，其中既需要数学、统计学、数理逻辑、计算机科学、神经科学等的贡献，也需要哲学、心理学、认知科学、法学、社会学等的参与。中国、美国、欧盟、联合国等国家或国际组织的人工智能战略或政策文件都特别强调人工智能领域的综合性研究，包括跨学科与人文视角。中国发布的《新一代人工智能发展规划》中，"人工智能伦理"这一字眼出现了15次之多；美国的《国家人工智能研究和发展战略计划》，将"研究并解决人工智能的法律、伦理、社会经济等影响"列为主要的战略方向之一。史蒂芬·霍金曾经评价人工智能是人类历史上最了不起的发明。

　　世界主要国家高度重视人工智能的发展。美国白宫接连发布关于人工智能的政府报告，是世界上第一个将人工智能发展上升到国家战略层面的国家，人工智能的战略规划被视为美国新的"阿波罗登月计划"，美国希望能够在人工智能领域发展迅速，成为人工智能领先国家；英国通过《2020年发展战略》加速人工智能技术应用；欧盟2014年启动了全球最大的民用机器人研发计划"SPARC"；日本政府在2015年制定了《日本机

器人战略：愿景、战略、行动计划》，以此来促进人工智能机器人的发展。我国也发布了《新一代人工智能发展规划》，培养人工智能的先发优势，加快创新型国家建设和跻身于世界科技强国之列。

人工智能给社会带来了世界性、革命性的影响，在经济、社会、法律、监管这些领域将有重大变化，甚至可能颠覆现有的治理体系。

人工智能正在深刻而广泛地改变着人们的社会生活。从手机智能系统、机器视觉到图像识别，从嵌入软件到智能控制，从大数据采集到分析理解等，都渗透着人工智能的创新应用。人们日常出行依靠智能导航系统，通过语音或者打字来与机器互动，应用各种智能软件来搜索想要知道信息……我们已自觉或不自觉地处于人工智能的环境中。许多过去我们认为只有依靠人的智力才能操作的工作，开始慢慢被人工智能所取代。今天，我们要选择的已经不是是否接受人工智能，而只能是选择以科学理性的方式应用人工智能造福于人类。不仅如此，我们还要共同应对人工智能的投入应用可能带来的法律伦理、公共和国家安全等新的挑战。

人工智能在未来有非常大的发展潜力，企业家们应该抓住这个机会。人工智能创业公司跟其他场景结合做人工智能应用的机会还很多，还可能会诞生出新的巨头。国内还会发掘更多应用场景，所以深挖下去还有大量机会。

【华商生意经】

人工智能在生产领域中的应用，为新时代的产业结构升级变革提供了新的机遇。在这个互联网广泛应用的时代，人工智能将以增强机器智力的方式替代人或与人协同工作，促进网络智能设计制造与服务的发展，这将促使劳动生产率大幅度提升，对产业链和价值创造进行重新塑造。灵活多样的众创、众筹能力与人工智能技术相结合，促进节能减排、绿色发展、提质增效、产业升级，创造新的机会。要学会利用人工智能，给自己经营的企业增加新的机遇，为用户提供更优质的服务。

4. 共享经济重构未来商业新模式

古代社会就有共享形式，例如传统租赁服务、邻里之间互借东西、古代的私塾老师等。现代社会的共享形式，例如公交车、图书馆、休闲娱乐场所等。其实共享经济一直存在于我们身边。只是在移动互联网的快速发展下，共享单车出现并走向世界，让"共享经济"的概念引起现代社会的广泛关注。

共享经济是指拥有闲置资源的机构或个人有偿让渡资源使用权给他人，让渡者获取回报，分享者利用分享自己的闲置资源创造价值。

共享经济就是利用网站信息平台为供求双方提供结对机会，可以直接将主人与租用者连接起来；社交网络平台提供了查看他人评价并建立信任的途径；共享交易通过网上付费，网上支付系统解决了资金支付事务，使得资产共享更加便宜、更加便捷。

共享经济的便捷使得交易成本降低，在各自收益最大化的目标激励下，劳动者、企业家、消费者等微观主体自发博弈互动，打破原有的商业模式，重构相互关系，最终形成符合需求的、低交易成本要求的新商业模式。

第一，"劳动者——企业——消费者"的传统商业模式逐渐被"劳动者——共享平台——消费者"的共享模式所取代，完成了共享经济对传统商业模式的破坏式创新。

第二，市场交易成本的降低导致传统企业边界收缩，带来个体经济的强势回归。

第三，共享经济改变了企业的雇用模式和劳动力的全职就业模式，给那些富有创造力的个人提供了一种全新的在家谋生方式，人们可以自由选

择自己感兴趣和擅长的事务、工作时间和工资。

第四，传统生产方式是企业家组织生产要素提供产品，在生产环节的组织化程度很高，消费者主要是分散的散客。而网络平台提高了消费者的组织化程度，将每一个顾客的消费需求变得更加精确，"柔性生产"和"准时供给"成为普遍性的生产方式，预示着精细生活时代的到来。从整个社会供给来看，共享经济减少了社会供给总量，推动了绿色革命，有可能开启下一轮产业革命，将成为过度消费的终结者。

共享经济模式实现了寻找闲置资源的行业并使其数字化、智慧化、平台化发展；设置激励机制，让共享者有经济、精神上的回报；供给、需求的数字化，有助于让平台对接供给的富余资源，最后供给与需求可被切割或者复用，这样更优化地实现了资源匹配。

科技的进步，推动着商业模式的不断演变和升级，未来的经济是数字化的、共享形态的经济。

【华商生意经】

要在未来共享经济领域成为大公司必须具备以下几点：首先，产品或者服务的个性化，供给端提供的产品或服务按标准化程度从高至低分配。其次，轻资产属性的第三方平台端必须要在竞争中不被淘汰而且要发展壮大起来，必须要正确定位并坚持平台的使命，充分利用顾客品牌认知的能力。再次，关注市场消费群体的细化、消费需求的价格弹性以及消费频次。最后，要在核心业务之外的行业轴扩展或跨行业拓展。

5. 掀起"大众创业、万众创新"热潮

创业是一种行为，也是人类的一种自主自发的活动。当然，随着社会的不断进步和发展，创业的概念也在不断地发生变化。

第19章
商业趋势：将华商智慧与传统融入商业新世界

在古代，由于自然经济的分工和协作比较简单，"创业"一词有时甚至不用于经济活动而用于政治活动。"创业"一词被人们主要作为甚至专门当作经济管理领域的概念来使用，是从近代开始的。在近代，随着资本主义商品生产的出现和发展，社会分工日趋细密，人类在经济领域的活动越来越被重视。而在现代，企业与企业、地区与地区、国家与国家之间的竞争主要不取决于资源、人力的多寡，而取决于科技、经济发展水平的高低。于是"创业"一词的外延和内涵逐渐发生了历史性转变，终于演化为我们今天看到的多种创业概念。

在现代社会，"大众创业、万众创新"已经成为一种价值导向和时代气息，成为年轻一代的生活方式。"双创"具有鲜明的时代特征和重大的现实意义，契合我国广大人民的心理，是推动我国经济稳定发展和促进企业升级的新引擎，是改革开放在新时期的新航标，也是全面建成小康社会和我国实现现代化的关键。

创新是引领发展的第一动力，国家要求坚持创新发展，必须把创新摆在国家发展全局的核心位置，不断推进理论、制度、科技、文化等各方面创新，优化劳动力、资本、土地、技术、管理等要素配置，激发创新创业活力，推动"大众创业、万众创新"，释放消费者新需求，企业要创造新的供给。

伴随着新技术的迅速发展，创新创业开始慢慢接近平民化，出现以大学生创业者、大企业高管及连续创业者、科技人员创业者、留学归国创业者为代表的创业"新四军"，越来越多的大众群体投身创新创业大潮当中。很多企业家看好这种态势，如李志能等人认为："创业是一个发现和捕捉机会并由此创造出新颖的产品或服务和实现其潜在价值的过程。"宋克勤认为："创业是创业者通过发现和识别商业机会，组织各种资源提供产品和服务以创造价值的过程。"创业包括创业者、商业机会和资源等要素。

现代社会需要创业者有灵活的应变能力，面对风云诡谲的市场要懂得及时调整自己的方案。如果不知道和别人打交道的技巧，不懂得把各种

情况考虑周全，不懂得灵活应变，就根本无法驾驭大的局面，这种人将很难成大事。同时创业需要开阔的眼界，需要知道自己与他人的差距。对于创业者来说，只有真正见多识广、开阔眼界，才能有效地拉近自己与成功的距离，在创业途中少走弯路。创业也需要谋略，创业者的智谋，将在很大程度上决定其创业成败。尤其是在目前产品日益同质化、市场有限、竞争激烈的情况下，创业者不但要能够守正，更需要自身出色的创新能力。

【华商生意经】

优秀是一种习惯。作为年轻一代，我们创业应该有良好的心态。创业需要坚持，90%以上的人不能成功是因为不能坚持。坚持的心态是不管市场如何改变，都要坚持自己的思路不能乱套。信念是我们的立足之本，只有坚定信念，才能赋予创业者激情。创业者需要谦虚，要做一个品德良好的人，学习和吸取别人有益的经验和知识，从而提高自己，避免浅薄无知。创业需要付出，付出的心态是老板心态，是为自己做事的心态。要懂得舍得的关系，舍的本身就是得，小舍小得，大舍大得，不舍不得。不愿付出的人，总是省钱、省力、省事，最后把成功也省了。

6. 新零售带来的变革与机遇

我们所说的新零售，是建立在互联网基础上的零售，主要的特征是运用大数据、人工智能等先进技术手段，对商品的生产、流通与销售过程进行升级改造。零售的新模式是对线上、线下服务的融合，以及和现代物流进行合作。它的基础构架在于场景洞察和体验设计，偏向于高效影响消费者当下的和潜在的需求，从而与消费者构建新的零售关系，打造属于零售商自身新的效率体系。

第19章
商业趋势：将华商智慧与传统融入商业新世界

2016年10月，马云称，从2017年开始阿里巴巴不再强调电商概念，而是专注于线上、线下结合的新零售发展，"未来的十年、二十年，没有电子商务这一说，只有新零售"。作为在中国零售市场举足轻重的阿里集团的掌舵者，这一句话让各个市场的零售商们对新零售趋之若鹜。

随着用户在需求领域的不断变化，越来越多的新零售浮出水面。比如，便利蜂通过APP线上选购到线下自提或送货上门，建立用户数据搜集与分析端口，不仅扩展和优化无形货架，更提升本地化服务效率。还有以闲鱼、转转、瓜子等为代表的二手交易平台精准地洞察了新的消费场景，不仅提升闲置物品的使用价值流转效率，更是经由物品流转带来意义承接。互联网技术的不断发展创新，彻底改变了消费者的行为方式和购物模式，使得消费者拥有了广泛的信息来源和前所未有的选择权，消费者在购物方面也开始呈现出广泛的、个性化的特点。

同时，消费者的支付方式已发生明显变化，我国支付模式的便捷已经处于领先地位。支付是消费的最后一个环节，也是最关键的环节，支付方式既然可以电子化、快捷化，那么商品选择环节便也能做到。

新零售带给用户的是带有温度的新体验，要以消费者需求的变化为基准，这就更能满足未来消费者需求的多元化和个性化，所以说新零售不是零售模式升级，而是用户思维的进化与商业本质的更变。打破"线上"与"线下"的渠道界限，随着"新零售"模式的逐步落地，线上和线下彼此融合配合，电子商务的表现形式和商业路径必定会发生根本性的转变。

【华商生意经】

消费市场的变化非常迅速，从接地气的路边摊到各种奢侈品的百货商场、大型超市、购物广场，再到新世纪的电商以及今天的新零售，每个时代都有每个时代的消费者的消费特色。本世纪初期，当传统零售企业还未能觉察到电子商务对整个商业生态圈所可能产

生的颠覆性作用之时,以淘宝、京东等为代表的电子商务平台却开始破土而出。电子商务发展到今天,已经占据中国零售市场主导地位。经商之道就是在于敢于突破传统模式,创造新模式。刚开始可能会遭受质疑与非议,但是只要自己坚持并不断改进,就一定能取得突破。